拙学集

李运明教学与研究文汇

李运明 著

安徽师范大学出版社

ANHUI NORMAL UNIVERSITY PRESS

·芜湖·

图书在版编目(CIP)数据

拙学集:李运明教学与研究文汇 / 李运明著.—芜湖:安徽师范大学出版社,2024.5

ISBN 978-7-5676-5962-9

Ⅰ.①拙… Ⅱ.①李… Ⅲ.①史学—教学研究—高等学校—文集 Ⅳ.①K0-4

中国国家版本馆CIP数据核字(2024)第078920号

ZHUOXUEJI LIYUNMING JIAOXUE YU YANJIU WENHUI

拙学集——李运明教学与研究文汇

李运明◎著

责任编辑:孙新文　　　　　　　责任校对:李慧芳　卫和成
装帧设计:王晴晴　姚　远　　　责任印制:桑国磊
出版发行:安徽师范大学出版社
　　　　　芜湖市北京中路2号安徽师范大学赭山校区　邮政编码:241000
网　　　址:http://www.ahnupress.com/
发 行 部:0553-3883578　5910327　5910310(传真)
印　　　刷:苏州市古得堡数码印刷有限公司
版　　　次:2024年5月第1版
印　　　次:2024年5月第1次印刷
规　　　格:700 mm×1000 mm　1/16
印　　　张:16.5　插页:7
字　　　数:260千字
书　　　号:ISBN 978-7-5676-5962-9
定　　　价:60.00元

安徽师范大学20世纪50年代的初始校园

1

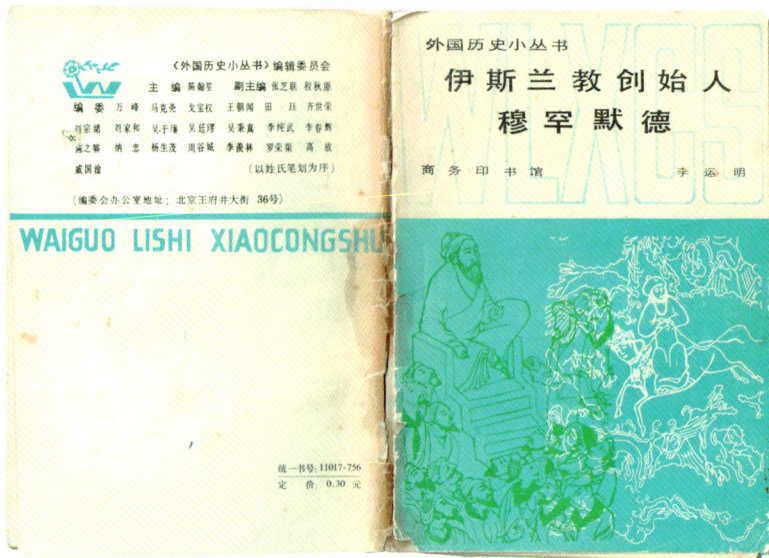

《伊斯兰教创始人穆罕默德》书影

2

《人民日报》1993年3月15日第五版摘录《社会史的研究对象和定义》

1972年1月高中毕业班合影

高中篮球队合影

高中同学合影

大学入学第四天拉练赴宣城峰山农场

在全椒考古时大学同学合影

考察云岭新四军军部时大学同学合影

大学同学在南京中山陵留影

大学同组同学在南京雨花台留影

同期毕业留校的同学合影

与系领导吴俊、叶孟明、夏子贤等老师
参观南京雨花台烈士纪念馆时合影

4

北大进修时同室四君子
（辽宁大学郝秉让、华东师大沈坚、
中山大学邹华、安徽师大李运明）

同居一室的四君子与外籍教师霍金斯先生夫妇
合影

安徽师范大学太和籍同学毕业合影

西方社会史学术讨论会代表合影

第十个教师节座谈会后历史系教师合影

指导历史系1982级学生教育实习时合影

走访广东高校师培中心时与广东高校师培中心同仁合影

主持召开全省高校师资培训工作会议时合影

参加华东地区高校师资培训工作会议（中为教育部北京高校师培中心
主任俞启定，右为山东高校师培中心主任吕正东）

华东地区高校师资培训工作会议时与其他省高校师培中心主任合影
（左起：福建高校师培中心魏守珍、山东高校师培中心吕正东、
江西高校师培中心周剑萍、安徽高校师培中心李运明）

8

在北京与安徽省委原书记黄璜合影并喜获其墨宝

编写《安徽师范大学校史》时采访安徽省原省长王郁昭先生

在北京与弟子、校友聚会合影

在安徽师范大学北京校友联谊会成立大会上与校友合影

筹建校友会时与海南校友聚会合影

出席华东地区高校师资培训工作会议（后排右五为作者）

在安庆档案馆查阅《安徽师范大学校史》编写资料

全总领导与全国教育工会高校工会主席培训班学员合影 1999.6.5于北京

参加全国教育工会高校工会主席培训班（四排左七为作者）

自 序

杏坛耕耘万余天，
学研无成有汗颜。
数篇拙文辑小书，
奉与世人作笑谈。

余出生于1950年3月26日，祖辈务农，家世贫寒。幸赖新中国建立，在党的哺育下，脱离祖辈文盲状态，完成小学、中学、大学学业，得以成为新中国新一代有知识有文化的农家后人。值此《拙学集》出版之际，借"自序"之机，回顾往昔，检讨人事，说些愚言浪语，抒发人生感悟，以供世人批评。

一、艰难岁月

余祖籍安徽省太和县一个边远偏僻的小乡村——肖桥，距县城20公里。这里村野静谧，民风淳朴，但经济薄弱，文化落后，所在的胡大庄大队及周边近20个自然村一万多人口，仅有一所"胡大庄小学"。1958年秋，我8岁入该小学接受教育。班主任李圣昭老师的语文课教得特棒。记得他曾来我家家访，父母告诉他我晚上常就着煤油灯读书的事儿（其实我是在读二哥从部队寄来的小说《三家巷》），他回到学校在班里批评另一位既聪明又调皮的孩子时说："肖士文，你就是不认识真学习，全班除了李运明，哪个比你更聪明？"老师的话是变相表扬我啊！这弄得我很不好意思，脸红了半天，至今仍留下深刻印象。教数学的王老师亦是非常细心认真，总是不厌其烦地教导我们。由于老师们的认真教学，辛勤浇灌，我们这个班的农家孩子得到福报，升学率很高，1964年6月参加全县升学统考，这所小学毕业生仅有八名，有五人成功考入初中，两名学生被县级中学录取（孙天才考入太和一中，我考入太和二中），三名学生（李继光、肖士文、韩贵保）被区级关集中学录取。五人中除了我和韩贵保是应届生，其他都是留级生，孙天才是在六年级留了两级的学生。

青少年时期的我，命运多舛，生活坎坷。我出生在一个多子女家庭，兄弟姐妹七人，我排行第六，上有大姐二姐和三个哥哥，下有一个妹妹。父母为了养活我们七个姐弟，历尽千辛万苦。我朦胧记得1954年5月份发洪水，大地一片汪洋，成熟的麦子淹泡在大水中，16岁的大哥提着篮子，从齐腰深水的麦田里摘回一篮子麦穗，母亲把麦穗搓成麦粒，煮了一锅麦粒饭，不谙世事的我吃得津津有味，丝毫没有感受到母亲的艰辛。尽管家庭贫寒，父母还是含辛茹苦、节衣缩食地把四个男孩送进学堂，三个哥哥都读完了高小，此后限于条件都辍学了。两个姐姐和妹妹，由于父母传统的重男轻女观念和家庭现状，都没能入学接受文化教育。1959年至1961年三年困难时期，全家人日子过得艰辛程度，无法言表。此前，大姐、二姐为分担家庭负担，早早地嫁了人，大哥1957年不满19岁就结婚娶了媳妇另立家庭。即便这样，家庭的粮食、收入，仍不足以支撑全家人的生活。这时，母亲在县城二姐家看护新生婴儿（二姐在县制帽厂当工人，姐夫北京水电学院毕业分配在吉林小丰满工作），空闲时，常去县城郊区捡菜农剥离扔下的大白菜叶子带回乡下家里，父亲就用它煮菜叶子山芋汤饭，为我们充饥，真是度日如年。1960年恰逢部队招兵，二哥就报名入伍进了部队。庆幸大姐、二姐家条件稍好，时常接济娘家，这样，我们全家人勉强度过了三年困难时期。

初中时代，是我成长的重要阶段，留下了很多难忘的记忆。1964年秋，我考入太和二中时，我们农村考入城里的学生，可以住在学校，吃饭自己解决，粮食自带，学校食堂帮助加工。每到周末，大家都回家筹集下一个星期的食物。我每周六下午离开学校，步行20公里回家住一晚，第二天母亲给我蒸一锅杂面馍（一种地瓜干面粉与高粱或玉米面混合在一起做的馒头），装入一个布袋里背回学校，根据季节不同有时背一口袋山芋回学校，分成六份，每天吃一份。就这样循环往复，度过了三年的初中生活。记得当时中午一下课，学生们纷纷涌出教室，争先恐后地跑向食堂，在学校食堂为学生代蒸的蒸笼里拿取自己寄蒸的食物。我们这些农村来的寄宿生，每人都有一个蒸食物的袋子，有的是特制的布袋子，有的是网状的尼龙袋子，里面放上自己食物，袋子上做着不同的标记，上课前送到食堂，由食堂工人师傅分类放入蒸笼，蒸熟后于下课前抬到饭厅门外，由学生自取。当时全校三个年级，每个年级三个班，下课一拥而上，争相去拿自己的食物，往往拿错，我有几次去迟一步，蒸山芋的袋子被别人错拿走了，只好饿肚子。后来我也学"精"了，干出"糗事"，别人拿我的，我就拿别人的，如果找不到自己的袋子，就最后把蒸笼剩下的别人的东西拎回寝室吃了。现在回想起来，真是可怜又可笑。

　　吃饭虽然可怜，但大家学习却非常认真。我们这些农村来的孩子，深知学习机会不易，大家都如饥似渴地学习。我在班里，语文成绩是比较好的，记得语文老师张如荫（班主任）出了一个作文题"运动场上健儿逞英豪"，当时学校刚开完运动会，要学生依此题材作文。可能是我的作文符合老师的口味，也可能写得确实好，班主任老师在课堂上作为范文，向全班学生朗读了我的作文。记得文章开头，我是这样写的："'哇，真过劲''好样的！好样的！'一片欢呼声吸引了我的目光，我跑过去一看，原来是一个绰号叫'大狗熊'的运动员，跳远破了校纪录，赢得运动场上一片欢呼、叫好！"张如荫老师读到"一个绰号叫'大狗熊'的运动员"时，他"大、大、大"了半天，才急中生智说了一句"一个绰号叫大、大、大虎子的运动员"。现在想想，语文老师确实了得，临时应变把"大狗熊"置换成"大虎子"。作文发下来我一看，老师红笔旁批道："这是骂人的话，不能这样说"。我的几何成绩在全班也是名列前茅的，不论作业还是考试每次都是满分，多次受到任课老师车兴广老师的表扬。但代数成绩不行，在全班属二三流角色，记得有次李书田老师上代数时，我在下边扣手指甲、不注意听，他为此在课堂上对我训斥了一句粗口，惹得同学们哄堂大笑，我则面红耳赤。自此，李书田老师的课，我再也不敢分神。

天有不测风云。正当我们如饥似渴地学习时，1966年"文化大革命"爆发了。当时学校正好要放暑假了，我就卷起铺盖溜回家帮助父母干农活了，整个暑假的学生运动，我都没有参加。我哪有"闲心"弄这个，平常上学还要从家背口粮，现在回家干点农活帮助家里挣点工分吧！直到9月份新学期开学，我才回到学校。这时，音乐老师时仲春、数学老师吴金波、语文老师何怀良、食堂工友王文升等发起成立毛泽东思想宣传队。我和我们班的王道俭等几个同学被吸收到宣传队里，全队有三四十个老师和学生。我们在老师的带领和指导下，排练了一些歌舞节目，到原墙公社、双浮公社、税镇公社以及受邀到邻近的界首县等地演出，宣传毛泽东思想，度过了一段自认为很有意义的美好时光。

1967年6月末，我拿着太和二中颁发的一纸初中毕业证书，回到了生我养我的小乡村。由于"文革"还在进行中，大学、高中都停止招生，继续升学读书无望，只能在家务农，帮助父母挣点生产队的工分。这期间，我和其他社员一起，背着绳子像牛一样拉犁耕地（当时生产队缺少耕牛，只好使用人工耕地），手持镰刀、铲子收割麦子、高粱、大豆。我还被生产队长派去做河工，扛着铁锹到县级水利工地（兴修疏浚黑茨河）挖河修坝，如此等等。几年下来，我学会了各种农活。只是当时生产队的粮食产量很低，工分分值也很低，辛苦劳动一年，全家从生产队分得的粮食，仅够勉强糊口，日子过得非常艰辛。衣食虽然清苦，但难挡我对读书的贪婪。农闲之余，到处搜罗借阅各种书籍，我二哥当兵时给我寄来的两本书《苦斗》《三家巷》，我看了一遍又一遍，主人公周炳的革命意志和浪漫情操深深激励、感染了我。邻村一朋友的《红楼梦》我借阅了半年舍不得归还，书中的警句和美诗，我摘抄下来反复吟念，诸如"身后有余忘缩手，眼前无路想回头""世事洞明皆学问，人情练达即文章"的楹联，当时都囫囵吞枣地背了下来。特别是上海知青下放到我们大队后，我就向他们借书看，从他们那里我借阅了《钢铁是怎样炼成的》《红日》《苦菜花》等书籍。实在没书看，就在同村老中医那里借阅《汤头歌》《药性》等中医药书籍消遣，当时背的"人参味甘，大补元气，止渴生津""甘草甘甜性本温，调和诸药首为尊"等药性歌，仍历久不忘，深深体会了青少年时代背诵的好处。

1969年，合肥市把一些学校迁到全省部分县办学，合肥师范专科学校下迁到太和县，在太和三塔、三堂、苗集、原墙等公社办了四所高中。1970年2月，原合肥师范专科学校语文教师王世华老师（1957年华东师大中文系毕业，与安徽师大中文系孙慧芬老师夫妇是同学，）通过摸底（在全公社调研统计有多少初中毕业生及其住址），来到我家家访，动员我到新开办的高中读书，于是我又有了学习机会，有幸成为三塔中学的首届高中生。合肥师范专科学校的老师都是大学毕业生，功底深厚，教学水平非常了得，陈敏振老师的数学、王世华老师的语文、王净诚老师的物理、光德升老师的化学、储成瑞老师的政治、孙伯雄老师的体育等等，每门课都教得出神入化、炉火纯青，令我们这些农村的孩子高山仰止、大开眼界。经过两年的高中学习，我们这届高中生收获满满，知识大有长进。合肥师范专科学校这批老师的"传道、授业、解惑"，使我深受教益，留下深刻印象。

二、幸入大学

1972年1月，我学完了当时两年制高中规定的课程毕业了，人生又陷入迷茫，不知何去何从。2月15日是农历春节，家家户户都沉浸在欢乐的气氛中，我的心情却很低沉。大年初六，有两位同样心情低沉的女同学来我家拜年（当时家乡流行的一种习俗，过年期间，亲朋好友互相登门问候），饭后我送她们回家，没想到在路上遇到了改变我人生的天大机遇。两位女同学回程须经过三塔公社，我们拟一起去三塔中学看看，给留在学校的老师拜个年。路上，我恰巧遇到大队书记李传效去公社开会，我紧走几步追上他，并和他攀谈起来。我说："李书记，我现在高中毕业了，大队有什么工作需要我干的，请尽管吩咐；如果有招工或者参军当兵的机会，也请书记关心一下。"李书记十分热情，他说："你家情况我了解，我和你大哥都是朋友（我大哥是生产队的会计，与大队书记来往较多），有机会我们会考虑的；大队小学胡校长曾和我说，想请你到小学当民办老师，你看怎么样啊？"我说："好啊！谢谢您和胡校长了。"他说："等过完春节假期，开学前大队研究一下"。不知不觉，我们走完了去公社的路（我家距公社三公里），李书记进公社开会去了，我和同学到高中学校看了老师，又陪他们去其他同学家拜年，第二天上午，我才一个人松松垮垮、百无聊赖地往回走。路上，我遇见骑着自行车满头大汗的三哥，他十分生气地责备道："你干吗去了？你知不知道全家人都在四处找你？赶紧回家，李书记在我们家等你呢！"

事情原来是这样的。李书记到公社开会，先进了公社政工组长刘国印的办公室，看到了县里下达到公社的一个推荐上大学名额的通知。李传效书记说道："这个名额，给我们大队吧，我们有个合适的人选。"刘国印问道："你们准备推荐谁？"李书记当即报了我的名字。刘国印说："这个人可以，在三塔中学表现很突出，我们都知道他，经常看到他参加学校的'宣传队'（三塔中学毛泽东思想宣传队）到基层演出，他还是宣传队主力哩，是三塔中学的名人。"后来经过公社研究，这个推荐上大学的名额就下达给了我们大队。这才有了李书记到我家送推荐表，我哥哥到处找我的情况。这真是喜从天降，是我做梦也没有想到的事儿。

1972年3月，太和县被推荐上大学的人都集中到县教育局，进行考试面试。我一进面试室，看到初中母校太和二中老校长牛希禄坐在里面，其他几位考官是复旦大学、安徽大学和安徽工农大学派出的招生老师，大学招生组组长是安徽工农大学的高杰老师（数学系老师，我进校后曾去看望他）。集中面试后不久，我就收到了录取到安徽工农大学历史学专业学习的入学通知书。

1972年4月25日，我怀揣着入学通知书，背着母亲给我准备的一床旧棉被，手拎一破帆布提袋，身着土布粗衣，留着板发平头，一副"土鳖"形象，战战兢兢地来到了梦寐以求的高等学府——芜湖赭山南麓的安徽工农大学。在报到处，历史系的杨邦兴老师和徐正老师热情地接待了我，徐正老师给我作了报到登记，杨邦兴老师给我发了一个月的饭菜票，回想这一幕，记忆犹新，犹如在昨，虽然这两位老师已作古西去，但他们给我留下的印象永难忘怀。

1972年4月28日，入学后的第四天，按照学校的安排，我们历史系和物理系的新生，即拉练去宣城峄山农场，边劳动边上课。历史系党总支书记谷国华、物理系党总支书记蒋梦华亲自带队，率领这个"拉练团"沿着芜屯公路向宣城峄山进发。我扛着配发给我们班的唯一一支步枪，斗志昂扬、兴致勃勃走在队伍的前面，蒋梦华书记带着当时只有物理系才配有的珍贵设备照相机，给我抓拍了一张照片。有个上海姑娘，扎着两根小辫子，拿着喇叭筒，操着标准的普通话，一路激情万丈地为大家鼓劲、呼口号，后来才知道这个姑娘叫陈力。学校距宣城峄山农场一百多公里的路程，我们走了三天，路上住了两晚，第一晚住湾沚中学，第二晚住宣城中学，第三天下午我们到达峄山农场。在峄山农场的一个月里，我们在农场工人师傅的指导带领下，干了插秧、施肥、修路（田埂）等农活，学校每周安排不同课程的老师，轮换着给我们上课。5月末，我们完成了教务处安排的一个月的劳动教学任务，回到了赭山南麓的校园本部，开始了真正的校园生活。

按照教学计划，我们入学的第一个学期，学校首先给我们这届学生做了打下扎实基本功的"补课"教学活动。文、理各系，分别互相开课，以求我们这些"参差不齐"的学生有个统一学习基础。这一安排，现在回想起来，很有意义，使我们增加了知识面，也领略了兄弟系科很多老师的教学风采，至今仍历历在目。如中文系的祖保泉先生给我们讲了李白的《蜀道难》，李顿先生讲了鲁迅，陈文行老师讲了"诗歌创作和欣赏"，孙慧芬老师讲了《国际歌》。记得祖先生上《蜀道难》时，用家乡的巢湖话吟诵道："噫吁嚱，危乎高哉！蜀道之难，难于上青天！蚕丛及鱼凫，开国何茫然！尔来四万八千岁，不与秦塞通人烟……"他的腔调和表情引得学生哄堂大笑。我同寝室的金恩海同学回到寝室，还故意学着祖先生的腔调念诵"噫吁嚱，危乎高哉！"又惹得我们一阵大笑。学生时代的学习生活真是令人开心。

同时给我们上课的老师还有：地理系左振平老师讲了世界地理；教育教研室（当时还没成立教育系）夏瑞庆和林若男老师讲了教育学；马

列主义教研室（1973年改设为政教系）的张绍龄、田崇勤、杨千朴老师讲了哲学，杨荣华老师讲了中共党史，路修武、吴奎罡老师讲了政治经济学，等等。这些老师的教学，生动严谨，令人耳目一新。

我们这届学生在校待了三个年头、五个学期，学习期间更多的是从本专业历史系的老师那里，学到了扎实的专业知识。当年给我们上过课的老师，世界史有陶梦安老师、杨邦兴老师、张绍叔老师、管敬绪老师、孙正伟老师、汪宏玉老师、徐正老师、周美云老师。中国史有陈怀荃老师、夏子贤老师、万绳楠老师、杨国宜老师、叶孟明老师、张海鹏老师、宋佩华老师、黄绮文老师、王自敏老师、姚国琪老师、董长生老师等。历史系的领导：党总支书记谷国华，副书记施文彬，党总支秘书盛茂产，团总支书记董光琨，我们的辅导员王秉臣老师兼任系团总支副书记。历史系由谷国华主持全面工作，副主任张海鹏老师负责教学业务工作，汪宏玉老师为教学秘书。由于受"文革"影响，大学停办多年，我们这届学生进校后，倍受老师的百般呵护，每个老师都千方百计地把知识传授给我们。如宋佩华老师为讲好"中国近代史"，多次修改、调整、变换讲稿，并深入学生寝室，听取、征求学生意见，其认真、严谨的治学精神让我们十分感动。叶孟明先生的"历史要籍选读"深入浅出、广征博引，分析透彻，有问必答，我们都称他是"活字典"，但凡请教他，没有解决不了的问题。叶先生的讲课风格尤其令人难忘，上课时，嘴上叼根烟卷，好像粘在上嘴唇上一样，边讲课边抽烟，嘴唇上的烟卷也不会掉下来，真是令人叫绝。万绳楠老师的"魏晋南北朝史"讲得出神入化，分析精辟，既有深度又有广度，尤其为曹操"翻案"的讲述，令我们大开眼界，记得他论述这个问题的开场白说道：鲁迅先生说过，"讲到曹操，很容易就想起《三国演义》，进而想起戏台上那位花脸的奸臣，但这不是观察曹操的真正方法。"随后，万先生就论说曹操的功绩、贡献和本事。我们这些学子们听得津津有味。夏子贤老师的"先秦史"，侃侃而谈，声洪音亮，语言清新，富有逻辑，不论人物还是史实，如数家珍，引人入胜。杨国宜老师的"隋唐史"，分析深刻，深入浅出，味如醇酒。孙正伟老师的"世界近代史"讲得风趣幽默，他在讲台上始终面带笑容，记得他写板书时，字写得不是很好看，他自己"嘿嘿"一笑："我的字写得比较蹩脚”，他自嘲的表情和口气，引来同学们一阵笑声。他对法国大革命“雅各宾专政”的分析，至今我记忆犹新。其他老师的课，都各有特色，各具千秋，限于篇幅，就不一一赘述了。总之，三个年头的大学生活，我们没有白过，老师教得严谨认真，学生学得积极踏实。我们犹如一块海绵，得到老师知识的浸润，心灵的干涸、知识的贫乏，得到了极大的改善。

"以学为主，兼学别样"，是当时的教育指导方针。我们除学习专业知识外，还参加了学工、学农、考古、考察等各种实践活动。1973年10月，我们全体同学来到芜湖纺织厂开展学工活动，时间一个月。芜湖纺织厂是芜湖市轻工业的龙头，是一个数千人的大企业，分南纺、北纺两大车间，我们这届学生79人分为两个班，一班在南纺，二班在北纺，插入工人班组进行劳动，我们主要做些辅助性的劳动工作，诸如推着小车运送纱锭、物资，打扫车间，帮助工人出黑板报，参加工人班组的理论学习活动，排练、演出节目等等，真正的纺织操作我们是不能上手的，否则会出乱子的。这种学工，我感到主要是体验工人的劳动生活，学习他（她）们的品质和精神，对我们了解工厂、工人的工作流程、工作性质，以及认识社会、丰富劳动实践和阅历，具有重要意义和帮助。学农活动，除进校时到峰山农场劳动一个月外，我们还在1974年4月份，来到繁昌县中沟公社开展向农民学习活动，时间一个月。我们入驻到中沟公社的洪村、杨村等几个大队，与农民一起劳动。与此同时，专业课程的学习也没有放松，学校每周都轮换着派教师到我们的驻地讲授专业课程，前文提到的路修武和吴奎罡老师，就是这时到乡下给我们上的政治经济学。我们的吃饭问题，学校派了一个炊事员专门为我们烧饭，每个班级小组轮流到伙房帮厨、买菜。记得有次生活委员何年生要我和江登林与他一起去三山街上买菜，我们每人挑着一副担子来到三公里外的三山街上的蔬菜市场，何年生问我能挑多少，我说："你们能挑多少？我在你们基础上再加20斤。"他说："我们每人挑100斤。"我说："那我就挑120斤。"结果他们顺利地把100斤蔬菜挑回了驻地。我就可怜喽，三步一停、五步一歇，累得满头大汗，上衣脱得只剩一件背心（当时是四月份都还穿着厚厚的衣服），双肩磨得通红，加之是雨后天气，道路泥泞，双脚沾着厚厚的泥巴，感到步履艰难，怎么也赶不上他们。后来还是辅导员王老师看我迟迟没有把菜挑回来，派了两个同学接我，才返回到驻地洪村大队。我当时真是太自以为是了，以为个子比他们大，一定能比他们挑得多，哪想到他们是生长在东至、石台山区的农家孩子，从小就磨砺了一副铁肩，我无法与之相比。事后想想，我就是比他们少挑20斤，也未必能跟上他们的步伐一同回到驻地。

考古是历史学科学生学习的重要内容。1973年5月，我们来到滁州地区全椒县，参加安徽省博物馆主持的古汉墓考古发掘工作。系党总支书记谷国华同志亲自带队，中国古代史教研室的夏子贤先生、陈怀荃先生等老师，全程参加指导了我们的这次教学实践活动。安徽省博物馆派著名考古专家胡老师带领一批考古工作人员具体负责发掘工作（胡老师的名字不记得了，我和他交流时，知道他是阜阳颍上人，省博物馆的资深研究员，著名考古学家，多次主持省内的考古发掘工作）。在他和其他几位考古专家的指导下，我们先是进行了挖土、抬土等外围的辅助工作，挖到墓室、清理出墓道后，细致的发掘工作主要由考古人员操作完成，专家们每挖出一个物件，就展现给我们看，并解释物品的名称和作用。当时我们一共开挖了两座汉墓，考古人员从古墓中发掘出了一批铜镜、铜剑、玉器、陶器等汉代物品，出土最多的是"五铢钱"，两个墓室里都挖出了大量的"五铢钱"，考古人员说："'五铢钱'不稀奇，省博物馆已发掘出很多了，倒是有几件玉器很珍贵"。考古期间，时任全椒县委书记王郁昭先生，亲临考古发掘现场，看望考古人员和历史系的师生。王郁昭先生1951年作为"军代表"进入学校（当时学校名字为"安徽大学"，1949年12月从安庆迁到芜湖）工作，曾任学校的办公室主任、马列室主任、宣传部部长、副校长等职，他夫人贾粹华原是历史系1958届毕业留校在世界史教研室的老师。他得知历史系的师生来全椒县考古，特地和夫人贾粹华老师到现场看望大家，令我们十分感动，给我们留下了深刻印象。

考古结束后，我们回程途经南京，在南京大学住了两天，按计划开展了参观、考察。在带队老师的指导和解说下，参观了南京历史博物馆、民国历史档案馆、总统府、太平天国天王府、东王府、随园、梅园新村等历史古迹遗存，进一步丰富了我们的历史知识，开阔了眼界，学到了书本上学不到的东西。

考察"皖南事变"，是我们走出校门，开展社会调查、进行教学实践活动的又一重要内容。1973年11月，我们在辅导员王秉臣和董长生等老师的带领下，来到皖南事变发生地泾县，进行实地考察学习。董长生老师是泾县人，他先前进行了联系对接，落实了我们的考察内容和路线。

考察活动第一站，是云岭新四军军部历史遗存。新四军是第二次国共合作时期经国民政府批准组建、中国共产党领导的抗日武装力量，由红军长征后留在南方八省的游击队组成，1937年12月25日在汉口正式成立，一、二、三支队和特务营于1938年2月至4月，奉命到歙县岩寺集中进行集中点验和军政训练。军部设在岩寺金家大院，叶挺任军长，项英为副军长兼政委（项英在党内地位很高，1928年在莫斯科召开的中共六大上，当选为中共中央政治局常委，红军长征时，与陈毅等留在南方坚持游击战争，新四军驻皖南时，任中共中央东南局书记）。新四军在岩寺集训两个多月后，军部机关辗转于1938年8月移师到泾县云岭驻扎下来，直到"皖南事变"爆发。这段历史，是我们历史学专业的学生必须认真研究和学习的。我们先参观了"云岭新四军历史展览馆"，馆长老林同志（我不知道他的名字，记得董长生老师这样称呼他，我们都喊他老林或者林老师）是个热心肠的人，不仅热情接待了我们，还认真翔实地给我们介绍了新四军在云岭两年零五个月的历史情况，并结合他多年收集在展览馆中的实物和照片，讲述了当年新四军官兵激情四射的事迹和生活，给我们上了一堂生动的"课外课"，使我们深受教育，仿佛我们也回到了那个战火纷飞、激情燃烧的岁月。参观展览馆后，老林同志又带我们瞻仰了叶挺、项英、袁国平、邓子恢等新四军领导的旧居，实地考察了周恩来到云岭时作报告的祠堂会场以及新四军枪械修理所、医院等旧址。

考察活动第二站，是"皖南事变"发生地茂林。茂林距云岭约20公里，1941年1月4日，新四军军部机关及所属部队，奉命离开云岭向外转移、奔赴抗日战场，当部队到达茂林时，遭到国民党部队的围堵和攻击，新四军九千多官兵被国民党军队八万人围困在茂林东流山上。新四军将士在东流山上依据战壕掩体与敌人激战七昼夜，血染层林，血流成河，九千人最终只有约两千人突围出去。这就是震惊中外的"皖南事变"。考察这段历史，缅怀先烈，凭吊先烈浴血奋战的战场，是我们第二站考察学习活动的目的。我们沿着当年新四军的行军路线，徒步拉练经章家渡（青弋江上的渡口）到达皖南重镇茂林。茂林古代商业繁盛，是皖南重要商品集散地，素有"小小的泾县城、大大的茂林镇"之称。当晚我们住在茂林中学，第二天上午，列队向东流山进发。东流山虽然不甚巍峨高大，但草盛林密，无路通达山顶。我们从北面后山沿着荒草土坡向上攀援，到达山顶，大家都累得气喘吁吁。山顶上还遗存着当年新四军浴血鏖战的战壕，大家列队向先烈致敬，表达了对先烈的敬仰。我们在山顶上沿着依稀可辨的战壕，凭吊着、巡视着，放眼遍山苍翠的林海，听着呼啸怒吼的林涛，仿佛又听到了当年新四军声震四野、鏖战敌军的厮杀声。我们在山上细心地搜寻着，以期找到当年新四军血战敌人时散落遗留下来的弹壳、弹片或遗物，留作纪念，可惜无获。

常言说上山容易下山难，事实果真如此。东流山考察活动结束后，返程下山成为我们的难题。原来上山时的草坡，被我们这支80多人的队伍踩成浮土小路，原路下山特别滑，由于路边没有树木可供支撑，大家只能弯着腰横向一步一步往下挪动，若一步不稳，"哧溜"一声就滑倒滚下山来。有的女同学则蹲下来，臀部着地，双手按着身体两侧的土坡，抓着能抓住的荒草，一点一点地向下移动，到了山底，外裤都磨出了洞。我一看这情况，决定不原路下山，就和金宗保、桂荣明、崔固基、黄玮、赵祥生等七八位同学从南麓下山。金宗保是退伍军人，侦查、探险能力较强，我们都跟在他后面下山。东流山南部与北部截然相反，北部长满荒草，树木稀少，南部则树高林密，怪石嶙峋，我们手扶着树木作支撑，边探路、边下山。我们当时还有个想法，从南面山高林密处穿行下山，虽然涉险，但想看看能否找到项英当年藏身并牺牲的山洞。没承想山洞没找到，在过一处灌木丛时，只听"刺啦"一声，我珍爱的一条草绿色军裤（去南京看望服役的初中同学王道俭时，他送的），刮破撕开一个大口子。其他几位同学和我一样狼狈，有的衣服划破了，有的鞋子开了口子，有的手被灌木丛刺出了血。大家无心再探险寻洞，直接挑拣方便行走地方，心急火燎地赶紧下山。太阳快下山时，我们终于到了山下，是最后一批回到驻地的学生。第二天，我们完成了为期一周的教育实践考察活动，乘学校派的大卡车，返回芜湖赭山南麓的校园，又恢复了按部就班的课堂教学生活。

　　大学学习期间，我们还参加了学校开展的"深挖洞"即修建防空洞活动。当时国家面临超级大国的"核"威胁，毛主席提出"深挖洞、广积粮、不称霸"策略，以应对威胁。学校同全国一样，大力开展了"深挖洞"修建地下防空洞工作，全校师生分系科轮流在校园地下挖地道，专业工人师傅用雷管炸开山体碎石，我们把它铲进箩筐，抬到井口，用吊车吊上地面。这样的劳动作业，我们班轮到了两次，每次一周，时间晚上七点至十二点。十二点下班后学校免费提供一顿加餐，每人两个馒头，每个小组一大盆粉丝大白菜肉汤。女同学饭量小，往往只吃一个馒头，剩下的支援给男同学，记得有次我一口气吃下五个张莲波等女同学支援的馒头，感到肚子还没吃饱，实在是又累又饿，现在打死我也吃不下五个馒头啊！

　　1974年8月，是我们毕业的时间节点。我们这届学生是1972年春季入学的，学制规定文科两年，理科三年，由于从1973年开始改为夏季招生、秋季入学，我们这届学生实际文科在校学习两年半，理科学习三年半，加之寒暑假时间短（我们学习期间学校规定寒假两周14天，暑假三周21天），课堂教学和读书的时间还是很充裕的。由于特殊的时代背景，我们到了毕业季，省里的毕业分配方案迟迟没有下达，学校只好于8月20日又放假10天，让大家各自回家，然后再返回学校等待毕业分配。

三、高校生涯

　　1972年9月8日，我们迎来了毕业分配的日子。全班同学集中在陪伴

序

我们度过三年学习生活的生化楼024教室，听辅导员王秉臣老师宣读毕业分配方案。全班七十九位同学绝大部分都分配回原籍县市教育局报到，只有四位同学分配进入省城合肥：刘奇葆、高振书到省委宣传部，李长华到省教育厅，张莲波到安徽大学。另有八位同学尹祥霞、陈力、谭文凤、俞丽青、汤德用、周怀宇、宣守有和我，被选留在学校工作。这大大出乎我的意料，因为此前我已做好了回老家太和的准备，特地和崔固基到二街的一个商店买了两条麻袋，准备把被褥、书籍等行李物品打包托运回家。现在麻袋已用不上了，就送给了同寝室的其他同学了。留在学校的八位同学去向三个单位：尹祥霞到学校党委宣传部当干部，宣守有到刚成立的政教系当老师，汤德用为专职辅导员，我和其他四位同学为本系的专任教师。系领导为我们五位同学开了一个座谈会，听取、征求大家对工作的意见和要求。党总支书记谷国华、副书记施文彬、主持业务工作的系常务副主任张海鹏，以及几个教研室的主任孙仲伟、夏子贤、黄绮文等老师出席座谈会。会上，有的同学说喜欢中国古代史，有的说喜欢中国近代史，等等。我是最后一个表态发言的，我说：大家都讲了自己喜欢的专业选择，我没有任何专业特长，哪一个专业对我来说都是一张白纸，我服从安排，领导、老师们认为我适合干哪个专业，我就干哪个专业吧。当时说的是真心话，完全相信组织、服从组织，一个农民的儿子，上了大学，又留在大学工作，这是祖祖辈辈做梦也没有想过的事情，我有什么权利、资格挑三拣四呢？没承想过了几天，系里宣布大家的专业分工，基本上是座谈会上各自的倾向性选择，我则被安排到历史系最难搞的一个专业"世界古代及中世纪史"。说这个专业难搞，因为这个专业一是外国史，二是外国的古代史，可谓又洋又古，大多数人选择专业时，都不愿意去从事这个专业的教学与研究。我座谈会上既然姿态高高、言之凿凿地表示服从分配，只好接受系里的安排，尽管有点心有不甘。因为这个"又洋又古"的专业，一起留校住五号楼的中文系的同学（我们寝室门对门，每房住四人）开玩笑地说："我们以后不喊你名字了，就叫你'李洋古'吧！"说实话，凭我的能力、水平，是很难在这个专业上做出成就的。第一，我不懂外语，我的中学、大学时代都没有怎么系统地学过外语；第二，我毕业时已二十多岁，这时从头开始学习外语，主要靠自学，是不可能学好的。不懂外语，去从事世界古代及中世纪史的教学和研究，是不可能做出成果的。我曾经把自己的纠结，向一个业务领导和教研室主任流露过，想换个专业，不料招致尖锐批评，只好赶鸭子上架，逼着自己硬着头皮干，硬是坚守在了这块阵地，接过了前辈、专家等老先生手中的教学接力棒，并将其传承下去。

我的高教生涯，大致分为两个时期。1974年至1997年为第一个时期，这个时期主要是锤炼自我、完善自我的时期。

刚留下来参加工作，我各方面都是"一穷二白"，既无执教的"学力"，又无体面生活的"财力"（刚工作月薪37元，次年转正每月41元），好在有个好身体，满腔热情服从领导的安排，听从指挥，让干啥就干啥，什么脏活累活都抢着干。1975年春，姚国琪老师（时任系党总支委员）重病在上海长海医院住院，家属高老师实在忙不过来，请求系里帮助，系党总支书记派我去陪护，整整待了近两个月，晚上高老师陪护，白天早上七点到晚上八点我值班护理，干了四五十天的护理工作。对我这个乡下人而言，第一次有机会踏上"大上海"，领略其繁华盛貌，品味别样人文风味，也留下了几许欣慰和甜蜜。1975年5月中旬，系领导派汤德用到上海接替我陪护姚国琪老师，我离开上海返回学校，恰逢学校开展实行"三三制"改革（三分之一人从事教学，三分之一人做管理和服务，三分之一人到农场劳动学习），各单位要抽调人员到郊区横梗小农场参加"劳动读书班"，在农场边劳动，边学习"马列主义、毛泽东思想及其著作"。组织部部长李益明任"读书班"书记，吴怀东为副书记，主持"读书班"的活动。历史系分配一个名额，可能领导看我刚从上海回来，是个"闲人"，就安排我参加"劳动读书班"。记得这届"读书班"有四十多人，大多是各单位的中青年骨干，只有我和政教系的凤容明、地理系的周秉根等是刚参加工作的小青年，像中文系的吴幼源、严云绥，数学系的丁万鼎，艺术系的辛祥利，体育系的吴佩璋，外语系的陈其民、庞文焕，化学系的邢建新，物理系的赵鹏杰，等等，后来都是学校的大咖、名人。这次"劳动学习"活动，锻炼了自己，增加了重要阅历。

还有一件事令我难忘。1977年5月，学校举行运动会，为给系里争光，我参加了教工队的5000米比赛，参加这个项目比赛的教职工有十四五人，枪声一响，大家箭一般地冲出起跑线，钱广荣、陶根苗在前面领跑，我则漫不经心地跑在最后，房列曙在旁边给我加油，看我跑得满头大汗，问我"吃不吃冰棒"，我点了一下头，他在场外买了一支冰棒递给我，我一边吃冰棒、一边慢慢跑着，我每吃一口冰棒，观众席上的男女学生们就发出一阵呼喊和哄笑，学校公共体育教研室主任唐世林老师（带历史系体育公共课）看我有潜力，特地跑到我身边，催促我向前冲，争取最好成绩。最后一圈的警示铃声一响，我扔掉冰棒，听着看台上的欢呼，一个加速冲刺到达终点，把其他参加赛者甩下200多米，无可争议地跑个第一。这届运动会也是为安徽省高校运动会做准备，因为1977年9月，全省高校运动会要在安徽师范大学举行。不久，学校挑选组建了"安徽师范大学代表队"。高校运动会分学生队和教工队，我被任命为教工队队长，赛前校党委书记陈韧在授旗仪式上，亲手把印着"安徽师范大学"的校旗交到我手上。选我当教工队队长，可能就是因为学校运动会上我一跑成名，"出了风头"的结果。教工队共有男女运动队员二三十个人，分别参加不同的比赛项目，记得有地理系的钱复生、化学系的杜宝辉、政教系的潘泽忠、附中的王厚义、后勤的张义明、光仪厂的沈瑞祥、宣传部的朱小蔓、外语系的胡惠英、数学系的金萍、印刷厂的张云仙等等，领队是机关总支秘书方寿彭，教练是公共体育教研室的袁老师，每天下午四点后在大操场集训两小时。1977年9月，全省高校运动会在芜湖开幕，没想到一件系里安排我的"差事"，几乎让我几个月的训练前功尽弃。比赛前日，教研室主任孙仲伟老师找到我，说"南开大学分来历史系世界史教研室一个女教师史菊花，你找个板车去火车站把她的箱子、行李等物品拉回来。"我只好"遵命"，没承想去火车站来往一趟，累得一身大汗，身上只穿一件背心，受了风寒，当晚即发起高烧。第二天的比赛，我是吃了退烧药上场的，上场前队医刘玉山给我静脉注射了一支葡萄糖。我参赛的项目是男子3000米，全省高校有约二三十个教工比拼。枪声一响，我尽力冲在前面，前三圈我还有模有样、动作协调规范地跑在前面，后来越来越吃力，两腿像灌了铅一样，奔跑的姿态也变了形，咬着牙坚持到冲线，一头跌倒在地，被人架出运动场。紧跟我后面的合肥工业大学运动员，在冲线的一刹那超越了我，获得第五名，成绩比我快了一秒，我获得第六（比赛取前六名）。我真是拼尽了全力，如果不是发烧生病，成绩肯定会好一点。拿个第六名，虽然也给学校争了光、加了分，但心里实在不甘，感到辜负了学校的信任和厚望，枉费了几个月的刻苦训练。

校系安排的"任务性"工作固然重要，但作为教师，最根本的还是提高教学业务能力。留校后，历史系领导、老师，为了让我们这批人尽快成长起来，给我们制订了严格的进修计划，想方设法，多种举措，让我们在实践中成长、提高。我们毕业后不久，1974级学生于国庆节后的10月4日进校，系里安排我们五位青年教师（俞丽青、陈力、谭文凤、周怀宇、李运明）每人为这届学生开设一次专题讲座。分配给我的题目是："历史是谁创造的——批判英雄史观"。张海鹏老师亲自指导撰写讲稿，并修改、审定我们的讲稿。尽管我做了认真准备，查阅了能够查到的这方面的论文及相关书籍、资料写成教案，但真正上台讲授时，仍然两腿发抖、心跳加速、面红耳赤，可谓"战战兢兢"。好在学生素质很高，学习十分认真，对老师既尊重又热情，给我们增添了信心和动力，使我们都完成了第一次的教学实践任务，有了一个良好的开端。

系领导十分重视青年教师的进修提高，千方百计派青年教师到高水平的大学进修。1977年12月，全国世界史学术会议在芜湖召开，历史系是承办单位，这是"文革"以后全国第一次举办的世界史学术会议，全国各高校著名世界史专家、学者都出席了会议。系领导特地借此机会接洽了东北师范大学的朱寰教授，拟派我师从他进修。朱先生回学校联系、汇报后，征得同意，接受我到东北师范大学进修。1978年9月，我来到东北师范大学历史系，与郭守田教授、朱寰教授合招的三名研究生（徐家玲、韩瑞常、郭世稷）一同上课学习，原计划进修两年，我用一年半时间，学完了郭守田老师、朱寰老师给研究生开设的专业课程，并随班系统地听了孙义学教授、林志纯教授、史亚民教授等老师给1977级、

1978级本科班开设的"世界史"课程，这些老师的渊博学识，深厚造诣，高超的授课艺术，让我醍醐灌顶。朱寰老师对我的学习要求严格、指导认真，记得他去北京中国社会科学院世界史所开会期间，还特地给我写了一封信，专门在信中谆谆教诲我、指导我、关心我，这封信我还一直保存着。他还时常喊我去他家蹭饭，所有这些都令我感动不已、长忆难忘。1979年12月30日，我遵照教研室主任张绍叔老师的召唤，提前一学期结束进修返回学校，分担他的教学任务，配合他主讲"世界中世纪史"。此前我虽然已给1975级、1976级、1977级学生讲授了世界史部分章节，但属于一个小助教的试讲试教，而进修回来后则逐渐担负主讲任务。1980年春我为历史系1979级学生主讲了世界中世纪史专业课程，我把进修时学到的东北师大老师讲的特色内容搬进课堂，深受学生喜爱。此后给1980级、1981级、1982级、1983级……多届学生都上了专业课或选修课（世界宗教史、世界宗教改革史），参与培养了历史系的莘莘学子。

不仅为本系学生上课，我还多次受派或受邀到本省其他高校讲授了"世界中世纪史"课程。1981年4月，我受学校指派，到宣城叶家湾麻姑山下的安徽劳动大学，待了整整45天，给安徽劳动大学政教系1980级学生讲授了"世界中世纪史"（安徽劳动大学撤销时，该班学生于1982年并入安徽师范大学）。1982年春按教务处安排为本校政教系1981级学生讲授这门课程。1984年4月，受派为安庆师范学院政教系1983级讲了这门课程。安庆师范学院历史系成立后，夏子贤老师从安徽师范大学历史系调安庆师范学院历史系任系主任，他专程来我家，征求我意见，希望我调安庆师院历史系给他当助手，我考虑再三，婉谢了他的好意，他说："你不愿意去我也不勉强了，能不能来给我们的首届历史系新生上上'世界中世纪史'专业课程呢？"我答应了。于是1987年上半年，我到安庆师范学院给历史系1986级学生讲了课。结束课程，我离开安庆的头天晚上，学生们纷纷到宿舍与我话别，送了各种各样的纪念品，我床铺上放了一堆的笔记本、钢笔、小书之类，有同学还在笔记本中夹了一张纸条"该走的不走，不该走的却走了"，看了很感动，这是对我授课的认可，也体现了恋恋不舍的师生情感。第二天中午夏子贤主任和系党总支陈书记为我饯行时，我说了这个事，夏老师开玩笑地说："看来我们都是该走的人，你是该留下来的人。怎么样？能不能不走、留下来在这里干？"我笑了笑说："谢谢老师美意，不想拖家带口地流动了。"后来回味在师大的往事和遭际，后悔当时如果答应夏先生，也不失为一个好的选择。此外，我还给安徽师范大学夜大学历史班、芜湖联大历史班、巢湖学院首届历史学本科班以及南京空军某部办的几期"历史大专班"等，讲授了"世界中世纪史"课程。

科研是高校教师安身立命的根本，没有过硬的科研，就没有高质量的教学。教学与科研是相辅相成的，教学中发现问题，进行深入研究，反过来又可以促进教学、提高教学。这是当时的系领导秉持的宗旨，这个宗旨激励、鞭策了我们那代人。我的科研能力是在老师的影响下一步一步提高的。我的第一篇公开发表的文章，是收录在安徽人民出版社出版的《法家人物传记》中的"龚自珍"，属于学生时代的作品。该书是安徽人民出版社应时代要求向历史系约的稿，由1972级学生撰写择优选编的。指导我写作"龚自珍"文章的老师是万绳楠先生。我在文章的开头引用龚自珍的诗"九州生气恃风雷，万马齐暗究可哀。我劝天公重抖擞，不拘一格降人材"作为导言，引申出龚自珍"法家"思想的人才观，指出只有雷霆万钧的风雷，才能打破"万马齐暗"的思想禁锢，只有打破选人用人的陈规旧制，让各类人才发挥才智和作用，社会才能充满生气、国家民族才有希望。万绳楠老师对文稿进行了认真批阅修改，后被采用收录在《法家人物传记》里。名师的悉心指导，使我熟谙了撰写史学论文的要领和方法。

我留校工作后发表的第一篇文章，是关于"匈牙利事件"的文章，刊发于《安徽师范大学学报》1976年第2期。这篇文章是《安徽师范大学学报》根据形势需要向历史系约的稿，世界史教研室主任孙仲伟和副主任张绍叔老师把执笔撰写任务交给了我。成稿经学报严格审核发表时，学报主编孙文光先生将"世界史教研室"的集体署名改为"施屏"。

我的真正的学术思考，是从十一届三中全会后开始的。当时全国学术界、思想界呈现百花齐放、百家争鸣的局面，学术科研阵地迎来春天。在老专家的引领下，自己在教学之余，开始思考专业领域的学术问题。时任系主任光仁洪先生、张海鹏先生、汪宏玉先生（他们先后任职）对青年教师提出的指导思想是："以教学带动科研，以科研促进教学"。这一方针，现在回想起来，不仅行之有效，而且让我们受益终身，我们之所以能够站稳讲台并在科研上有些许成就，是与这一指导方针分不开的。没有压力，就没有进步，我们正是在这种"压力"鞭策下成长起来的。1982年秋，我参加了在云南大学举行的世界史学术会议，按要求向会议提交了《查理帝国灭亡的原因》专业论文。这次会议对我促进很大，也收获很大，其一，这篇论文被《安徽师范大学学报》（1983年第2期）采用发表（《人大报刊复印资料》转载）；其二，与会期间，和同住一室的刘正培结识（云大招待所同室入住四人：南开大学陈志强、河北师范大学丁占双、我和刘正培），刘正培南开大学历史系毕业，时为商务印书馆编辑，他是带着商务印书馆《外国历史小丛书》征集选题与会的，由于同住一室，大家相谈甚欢，结下深厚友谊，我近水楼台先得月地从刘正培手里征得一选题"伊斯兰教创始人穆罕默德"，回来后我潜心研究、撰写，几经修改，书稿终被商务印书馆审核采用，于1987年1月出版问世。

1984年春，学校党委进行改革，实行民选系主任，历史系选为试点。党委决定光仁洪先生因到龄不再参选，张海鹏先生和汪宏玉先生二选一。经投票，汪先生得票高于张先生，于是汪先生被学校批准担任系主任，他提名须力求为副主任（两年后须力求辞职，杨国宜继任副主任）。党总支书记仍为檀香元，姜全三为副书记（1985年檀香元调安徽机电学院任职，姜全三改任书记）。新班子新气象，大力推行教学改革，提出"教学科研并重"的原则，青年教师不经试讲，或试讲不通过，不得上讲台；没有论文不得外出参加学术会议；强调以科研促进教学、带动教学。新措施促进了我们这一代人的成长，大家都本着"板凳宁坐十年冷，文章不写一句空"良训，殚精竭虑，刻苦读书，潜心研究，日渐崭露头角成熟起来。这一期间，我于1985年4月被汪宏玉主任指派去北京大学历史系，参加英国学者霍金斯先生讲授的研习班，为期一个月，参加研习班的都是来自全国高校的青年学者，与我同住一室的另三位室友为：辽宁大学郝秉让、华东师范大学沈坚、中山大学邹华，白天听课，晚上我们在寝室切磋交流，结下了深厚友谊。这次进修学习，丰富了知识，开阔了视野，增进了交流，结交了许多学界师友，收获满满。

1985年秋，我参加了在华南师范大学举行的学术会议，会上提交了《西欧城市自治权与封建制度的解体》论文，阐述了西欧城市自治权的作用及西欧封建制度迅速解体的原因。此文被《安徽师范大学学报》1986年第2期刊发。这是学界较早提出这一学术观点的文章，被《人大报刊复印资料》全文转发。这次会议还组织与会代表参观考察了深圳特区，深圳那时刚刚起步，到处是泥巴路，还处于开发前的"蛮荒"时期，但已感受到了与内地不同的气息，有人问我愿不愿意留在深圳干，我犹豫了一下，感到还是回母校过安稳日子吧。

1988年夏，我参加了在北京大学举行的"日本大化革新研讨会"，五位日本学者与会发表演讲，中日学者会上进行了深入切磋交流。我会上提交的论文《论日本大化革新的曲折道路》，被《史学月刊》1990年第1期采用发表。1991年11月11日，中国世界中世纪史研究会在北京首都师大举行了纪念哥伦布发现美洲500周年学术讨论会，我提交了《哥伦布的冒险与开拓精神》论文，并在大会作了发言，主要论述没有冒险就没有开拓的观点。这篇文章被中国社会科学院拉丁美洲研究所刊物《拉丁美洲研究》1991年第6期刊发。同时，受中国世界中世纪史研究会领导委托，对这次会议进行总结、综述，撰写了《纪念两个世界文明汇合学术讨论会简况》在《世界史研究动态》1992年第2期发表，受到研究会领导戚国淦先生、刘明瀚先生、庞卓恒先生等前辈专家的赏识，他们力推我组织举办下届年会。我回学校后向校、系领导作了汇报，得到批准，于是承办了1992年9月22日在安徽歙县深渡举行的"西方社会史学术讨论会"。这次会议由《历史研究》、中国世界中世纪史研究会发起举办，安徽师范大学承办。我之所以选在歙县，一是因为歙县县委宣传部副部长程光华先生是我好友，可以大力支持并做好会务服务；二是会后要组织代表上黄山，而在黄山开会需要巨额经费，在歙县深渡召开则可以降低经费开销，同时还可以让代表们在深渡乘船游览一下千岛湖，会议最后两日安排去黄山，代表们登黄山后散会，各自返程。这一安排，与会代表深为满意。会后，我和《历史研究》编辑部的姚玉民先生分工、合作，撰写了《西方社会史学术讨论会述要》一文，文章共分四个部分：我负责写"一、社会史的研究对象和定义""二、西方社会史研究的历史与现状"；姚玉民负责写了"三、西方社会史学流派评述""四、关于个体农民、宗教、犹太社区、人口等问题"。这篇文章在《历史研究》1993年第1期发表后，引起较大反响，《人民日报》1993年3月15日第五版，全文转发了"社会史的研究对象和定义"一节内容，姚玉民电话我："《历史研究》编辑部领导非常高兴，说这是《人民日报》首次转载《历史研究》的文章"。由于举办的这次会议受到学会领导和同行赞赏、认可，1994年在北戴河召开的中国世界中世纪史研究会换届大会上，我被推选为学会的副秘书长，同时新当选的其他三位副秘书长为：北京大学朱孝远，中国人民大学徐浩，复旦大学赵建民。我出任国家级学会副秘书长，也是为安徽师范大学彰了名、争了光，《安徽师大报》为此还专门发了消息。

20世纪90年代以后，我的"高校生涯"进入第二个时期，这个时期既"时乖命蹇"、悲催沮丧，也有欣喜和慰藉，可谓"忧喜参半"也。

20世纪八九十年代，全国"改革"形势如火如荼，一派"万马奔腾"景象。高校也加入"改革"大潮，改革办法、规则、措施花样百出，力求创新弃旧，似乎"志存高远"，唯怕落伍。一些现象令人不解，让我陷入迷茫、纠结，遂产生调离念头。其实，我有多次调离历史系的机会，第一次是1984年4月，学校组织部陆大胜部长问我愿不愿意到学校机关工作，我表示可以考虑。陆部长之所以看重我，是因为学校1983年抽调我参与"清查三种人"工作，我和他一个组，他当组长，负责几个人的调查，提交的调查材料是我写的，受到他的欣赏。经他提议，学校拟调我到教务处教研科当副科长，杜宜瑾校长将此事通知了系主任汪宏玉。汪先生当晚到我家和我谈话："杜校长上午约见我，说要调你到教务处教研科工作，我吃了一惊，你在历史系干得好好的，干吗要走啊？"我向他汇报了自己的想法和知道的情况。他说："能不能不去？我们这一代人眼看着都老了，系里还准备培养你们这批年轻人挑大梁呢！"我说："您是我尊敬的老师，我听从您的意见。"他说："那好，明天我就去向杜校长汇报，就说你不愿意去，你看行不行？"我心里很矛盾：哪里是我"不愿意去"啊？这是您老的话啊！但又爱面子，不好明说。汪先生是我的恩师，很关心我，讨论我留校时，汪先生很支持，说了我的好话（辅导员后来和我说的）。这次又亲自来我家做工作，我不能拂了老师的面子啊！只好违心地默认了他的话，放弃了"调岗"。这是我的第一次思想波动。

第二次是1985年春，我去合肥出差，见了同学刘奇葆，他请我在省委大食堂吃了饭，他说省委正在组建讲师团，宣传部理论处处长李加蓬任团长，正在物色人员，问我愿不愿到省委讲师团工作（刘分配到省委宣传部后，先在理论处李加蓬手下工作，后出任省委书记赵守一秘书，与李加蓬交谊较深）。征得我同意，他向李加蓬推荐了我。于是省委讲师团办公室主任韩宝玺亲自来到芜湖考察我，和我谈了话。韩宝玺是吉林长春人，交谈中知道我在长春读了两年研究生班，感到很亲切，我们谈得很融洽、愉快。他回去后不久，就直接给安徽师范大学人事处发了调令。当我拿着调令见分管校长张海鹏老师时，我又被他挽留住了。张先生是我大学时代的授课老师和系副主任，后到学校任副校长、校长。他不同意，我能怎么办？只好委屈、遗憾地又放弃了一次人生机遇。刘同学后来见面，开玩笑地抱怨道："你是赵高，指鹿为马。"意即我骗他，说话不算数。我真是有苦说不出。

1988年，学校第三次教职工代表大会召开换届会议，各系选举代表，组成代表团参会。我被选为历史系代表并担任代表团副团长（我当时是历史系工会主席，历史系行政副主任张秀增为团长）。大会闭幕时，我被推选为学校教代会执行委员会委员（每系一人），继被"执委会"选为学校教代会副主任（1984年的第二届执委会，我也担任副主任）。在学校领导出席的历史系代表团征求对学校意见座谈会上，有几位老教师就职称问题未解决，认为评审不公，言辞激烈尖锐地提了学校的意见，惹得与会校领导气愤地拂袖而去。我虽然一言没发，仍然躺着中枪，莫名其妙地被以为和别人意见相同，刁难学校，结果导致误解。在新当选的"执委会全体人员见面会"上，受到校领导不点名的批评。我内心十分委屈，始终不明白错在何处？历史系几位老教师因职称问题"发牢骚"提了尖锐意见，与我何干？我当时可是一言没发啊！说实话，座谈会上一些尖锐言辞我听了也不舒服，感到不妥，但我这种"小人物"又没有表达意见的资格。因这次误解导致我心情沮丧，陷入困扰。

1992年的一次学术会议上，我认识了参加会议的广州学者冯国正先生，我谈了想去广州工作的想法，他推荐我去广州师专（他任历史系副主任，该校后来并入广州师范大学），并约我去试讲，学校人事处、教务处、历史系蔡主任等一众人等，听了我的试讲。我试讲的内容是自己选的"哥伦布发现新大陆"，没带讲稿，临时在一张纸列了几个标题，拟按标题讲三个问题。讲了十几分钟，人事处长喊停："不需要讲了，你这讲课水平还需要试讲吗？"然后在食堂一起请我吃了饭，说："欢迎你来广州师专，但市里老校区没住房，要到分校烧鸡窝过渡一下，等三元里新房落成，分给你一套。""烧鸡窝"这名字一听就知道是个偏僻的地方，我过去一看，在一个山沟里，旁边有个水库，散落着几栋房子，先给我安排一间约20平方米的学生宿舍过渡，等待新房落成，天知道三元里新房何日建成（当时还没开建）。我回来不久就收到了"商调函"，但住房问题令我纠结犹豫，"烧鸡窝"和芜湖现有的条件不可比，主要考虑小孩搬迁去了上学问题没解决，迟迟没去报到，放弃了去广州的机会。1997年，经人推荐介绍，我又到常州技术师范学院接洽，该校常校长热情接待了我，随后即指示人事部门发函安徽师范大学商调。这时学校的校长是丁万鼎先生，他语重心长地和我谈了话，劝我不要去其他学校了，如果想换个工作环境，可以到学校机关工作，我接受了他的好意，放弃了去常州。1998年3月，学校发文任命我为校教育工会副主席主持工作，同时"双肩挑"，在历史系保留一门"世界宗教史"继续给本科生上课。我到工会任职后，得到省教育工会的无限关心和大力支持，省教育工会主席徐德镇立即把我补进省教育工会常委，并担任省教育工会江南片片长，配合省教育工会和兄弟高校工会，做了一些保障职工权益、推进民主管理等方面的工作，度过了一段身心愉快的时光。

2000年3月，学校干部轮岗，把我从工会调整到"安徽省高等学校师资培训中心"任副主任（主持工作）。"高等学校师资培训中心"属于省教育厅的机构，是按教育部的要求设置的，全国每个省均设有一个"高等学校师资培训中心"，大多设在省属重点师范大学，利用省属师范大学学科齐全、师资雄厚的优势，面向全省高校教师开展提升教学能力和学历层次的培训。"安徽省高等学校师资培训中心"受省教育厅和学校双重领导，干部、人员由学校配备、任命，培训职能、任务在教育厅指令下开展。我在"安徽高等学校师资培训中心"干了五个年头，其间因工作需要，与省教育厅人事处、高教处、研究生处、师范处等部门及各高校的对应职能部门多有交集，在教育厅的领导下，卓有成效地开展了全省高校的师资培训工作。"安徽高等学校师资培训中心"每年召开两次全省高校师资培训工作会议：一次是师资培训布置会议，向与会的各高校师资工作负责人下达计划、布置任务、征求意见。教育厅主管部门负责人到会讲话，解读政策。另一次是岗前培训工作会议。每年全省各高校都会引进许多刚毕业的新教师，教育厅政策要求这些新教师上岗前要进行"岗前培训"，任务由"安徽高等学校师资培训中心"组织实施，主要进行三门课的培训："高等教育学""高等教育心理学""高校教师道德修养"，培训结束后，考试合格颁发证书确认高校教师资格，然后才能上岗。与此同时，教育部发文要求各省教育厅举办"同等学力申请硕士学位教师进修班"，以解决当时普遍存在的青年教师学历不合格问题，将那些只有本科学历的高校教师，分不同专业集中分班进行研究生课程培训，学完规定课程考试合格并通过外语统一考试且通过学位论文答辩，授予硕士研究生文凭。这一工作是在省教育厅人事处、研究生处的指导下，由"安徽高等学校师资培训中心"组织实施或直接办班完成。那几年，我们把这个班办得很红火，解决了一大批高校教师的学历学位问题，为全省高校教师队伍建设作出了应有贡献。

2004年8月，学校又进行一次干部轮岗，我从安徽高等学校师资培训中心调整到新设立的"发展与规划办公室"任副主任。2005年1月学校发文成立"校史编写办公室",我任主任,组织、主持编写《安徽师范大学校史》,这是一件很有意义的事情。这项工作,是应时之作、奉命之作,当时的背景是,教育部要组织专家在2007年对学校进行本科教学评估,评估专家需要了解学校的办学历史。同时2008年学校要举行建校80周年庆典,这两件事情都需要展示一部系统、全面、翔实的校史,可能因为我是学历史的,校长蒋玉珉就把这个重任交给了我,并说人员你自己物色、组织。这是个出力不讨好的差使,动员好多人,都不愿意参加编写组,只好逐户登门动员了几个退休的老教师杨克贵、杨宗广、袁起河、李沛儒等人参加,在职的动员了几个支持我的好同事及我教过的学生陈文兵、徐彬、陈九如、徐成进、沈正赋、陈满堂等,勉强搭起一个编写班子。这些同志责任心很强,不计报酬、不图名利,认真地完成了分担的编写任务。为了展示校史的源头,我们查阅了藏于安徽省档案馆、南京市档案馆、国家图书馆等处民国时期的原始资料,走访了健在的建国前的学校领导、校友。给我留下印象最深的是拜访靳树鸿先生。靳树鸿(1917—2008),河北深县人,1937年参加革命,渡江战役时任二野金陵南下支队团政委。1949年6月被华东局南京军管会任命为首席军代表,与副军代表黎洪模及联络员郑玉林、徐静斐(著名画家徐悲鸿之女)四人到安庆接管了国立安徽大学。6月,长江突发洪水,安庆圩破,菱湖校园二楼以下被淹,三个多月校园洪水未退,教室浸泡在洪水中,无法开学,1949年10月华东局决定将国立安徽大学搬迁芜湖。经过一番准备,1949年12月,靳树鸿与校长许杰遵照党的指示,将国立安徽大学全体师生及除房产外的所有图书、资料、档案、桌椅板凳等物品,包括农学院养的八头奶牛,乘南京军管会派遣的一艘军舰成建制地迁到芜湖赭山南麓,与1946年从立煌(金寨)先期迁来的安徽学院合并成为新的国立安徽大学。1950年7月学校建立首个党的组织"中共安徽大学党支部",靳树鸿被选为党支部书记,同时担任学校秘书长,配合校长许杰管理学校。1951年,靳树鸿奉调华东局工作,继到北京任职。我编写校史时在合肥走访了仍然健在的徐静斐女士,她与副军代表黎洪模结婚后于1954年安徽大学拆分时,随独立建院的农学院迁合肥。我采访徐静斐时,她告诉了我靳树鸿的情况及电话和住址。2007年我利用去北京出差机会，专程到西城区党校靳树鸿家，向他请教当年接管国立安徽大学及带学校迁芜湖的历史情况。靳树鸿虽年逾九十，仍然精神矍铄，十分健谈，他兴致盎然地向我介绍了当年奉命接管国立安徽大学及搬迁芜湖等点点滴滴的往事，并翻出影集，把一些珍贵照片送给了我，后来我把部分照片编入校史，原件交学校档案馆保存收藏。考虑到学校不久即将举行建校八十周年庆典，需要征集一些老领导的题词，我即提出请他题词，靳老欣然同意。他老伴杨老师在旁边说道："他年龄大了，写不了太多的字。"我思索了一下说："就写'八十春秋、薪火相传'八个字吧。但落款署名要写上原安徽大学军事代表靳树鸿"。我这样做的目的是想撇清原安徽大学与"今安徽大学"的关系，以正视听，纠正"讹误"，彰显安徽师范大学才是原安徽大学的真正传人。

在北京期间，我还走访了王郁昭先生。王郁昭是1951年3月靳树鸿调华东局任职后继任军代表，曾长期在学校工作，担任过校长办公室主任、马列室主任、宣传部部长、副校长等职，对学校历史十分清楚。我先后两次采访他，聆听了他在学校工作的回忆，以及学校的历史变迁和当年的人和事。我请他为校史题写了书名，又征询他可否为校史"作序"？他欣然同意。我还请他为学校建校八十周年题词，他后来就写了"杏坛桃李万千树，一脉相承八十年"。我把这幅题词拍照收录在校史图片中，原件交档案馆保存。其实，请靳树鸿、王郁昭题词，完全是我个人的爱校之举，当时学校领导并没有让我请他们题词，是我编写校史走访他们时临时起意的，也可以说是编写校史的副产品，这两幅堪称"绝笔"的题词带有一定的抢救性，因为2008年校庆前夕，我再去靳树鸿家时，这位德高望重的前辈已在两个月前去世了。不几年，王郁昭先生也驾鹤西去。

往事如烟。说不尽的陈年旧事，道不尽的往昔苦乐。人生一世，岂有完美？不负自我，不辱人格，则足矣！此"自序"乃自我总结耳，文中多有不美之辞，尚祈阅者见谅或批评。

四、余音

2019年，时任历史与社会学院院长的徐彬教授在教师座谈会上的倡导、推动老教师汇编出版自己的教学科研成果，使我有机会出版了这本小书。感谢世界史教研室老一辈专家光仁洪先生、陶梦安先生、张绍叔先生、杨邦兴先生、汪宏玉先生、管敬绪先生、徐正先生等老师对我的指导和教诲，使我留校后得以成长并有所成就，"无师无我"，是老一辈专家们成就了我，永远感谢并铭记他们的教诲和关心。

2020年，此书编纂完成，时逢刘奇葆同学6月20日回母校视察，学校党委书记胡朝荣、校长张庆亮陪同刘奇葆视察校园，我和陈力、郝晓玲、宣守有三位同学应邀一起陪同参观。在我们读书时的生化楼024教室进行了座谈，重温了昔日生活，并向健在的授课老师杨国宜先生行了致敬礼。走出生化楼，在校园林荫大道东侧眺望赭山时，奇葆同学对我说："李运明，我记得上学时你写过一首打油诗，'赭山脚下一群猴，闲来无事翻跟头。隔三差五考个试，老师出题学生愁。'"没想到五十年前的事，他还记得这么清楚。我说："这哪里是我写的啊，听来的，我只是个传播者！"胡朝荣书记听了我们的对话，开玩笑地说："看来李运明当年很活跃、调皮啊。"大家发出一阵友谊的笑声。

事后回京，刘奇葆怀着对母校的深厚感情，情深意切地写了三首意境深邃的美诗，《安徽师大报》作了刊登，特录如下：

重回安徽师大咏怀

刘奇葆

一

历尽沧桑已不同，
师学傲立大江东。
荷园弟子山河远，
越过昆仑几万重。

二

跃入庠门似水流，
弦歌唱彻晚星稠。
风霜洗面终不悔，
筚路荆荒只待秋。

三

皓首师门聚旧楼，
春秋几度忆风流。
娜嬛授尽书千卷，
育得新桃满兰舟。

刘奇葆同学的诗，经陈力转呈杨国宜老师览阅，杨老师十分欣喜，阅后作了唱和：

喜读校友刘奇葆《重回安徽师大咏怀》有感
杨国宜

一

正道沧桑古今同，
师大依然傲江东。
赭山弦歌镜湖柳，
迎回校友情意重。

二

四十余年似水流，
犹忆赭山桃李稠。
寒窗苦读何惧冷，
育成稻浪金色秋。

三

传道受业生化楼，
师生情谊最风流。

学海无涯书有路，
勤苦造得远航舟。

奉读刘、杨诗后，不揣浅陋，我也依韵唱和歪诗三首，作为《自序》"余音"的附缀，收录在此，供读者指谬。

和刘奇葆同学《咏怀》并请教杨国宜先生

李运明

一

人生沧桑皆不同，
太学毕业奔西东。
青山一道共风雨，
堪叹差别万千重。

二

年与时驰似水流，
苦耕收获有稀稠。
晨钟暮鼓终不倦，
韶华转眼已是秋。

三

长忆当年教学楼，
踌躇满志竞风流。
壮心不已身先退，
笑看后生驶远舟。

李运明
于安徽师大路西淮海村陋室

目　录

史学文论

史海探谜

校史述说

史学文论

试论查理帝国瓦解的原因

查理帝国是中世纪西欧第一个最强大的封建帝国。它与东方的唐王朝、阿拉伯帝国，堪称当时的世界三强。在这三强中，查理帝国存在的时间最短、瓦解得最快。如果以公元800年查理加冕作为帝国最终形成的标志，那么到843年彻底分裂，它的存在还不到半个世纪。过去不论苏联还是我国的一些世界史专著，大都把查理帝国迅速瓦解的原因归结为斯大林的一句话："没有自己的经济基础，而是暂时的、不巩固的军事行政的联合"①。其实，斯大林的这一分析不是专指查理帝国而言，而是把查理帝国同居鲁士、亚历山大大帝、凯撒等所建立的帝国作为同一类型来论证的。查理帝国所辖各地区、各部落、各民族之间没有共同的经济基础，固然是庞大帝国难以维持的重要原因，但是另一更为重要的原因，即法兰克王国自身经济基础的瓦解，却被忽略了。查理帝国是在法兰克王国对外征服的基础上建立起来的。法兰克原有的经济结构土地所有制为王国的扩张提供了政治、经济和军事的基础，而这一基础又在对外扩张战争的过程中瓦解了。这当为查理帝国迅速崩溃的根本原因。

一

查理帝国赖以建立的基础是法兰克王国的封建采邑制。采邑制是查理的祖父查理·马特任宫相期间（715—741），经过改革而建立起来的一种封建土地占有制。当时法兰克国家正处在内外交困之中。由于墨洛温王朝（481—751）诸王不断把土地无条件地赏赐给高官显贵、豪绅巨室

---

① 〔苏〕斯大林：《马克思主义和语言学问题》，人民出版社1971年版，第9页。

和天主教会，结果使国家控制的土地急剧减少，不仅枯竭了国家的财政收入，而且"促进了王权的毁灭"①。大封建贵族的独立势力日益增长，并时起叛乱。同时外族的入侵又纷至沓来，特别是阿拉伯人，在灭亡西哥特王国后，正越过比利牛斯山向法兰克王国推进，形势咄咄逼人。面对这种严重的局势，为了内制叛乱，外御强敌，使国家有个长治久安的局面，查理·马特进行了采邑改革。他用有条件的采邑分封，代替无条件的土地赏赐，受采邑者要向国家提供相应数量的骑兵，从而改变了墨洛温王朝的经济结构。因为"这样一来，豪绅显贵本人也成了国王的佃农"②。除豪绅显贵外，获得采邑的还有大批的中小封建主和富裕农民。因此，采邑改革不仅加强了国王对豪绅贵族的控制，而且还将人数较多的中小封建主和富裕农民笼络到了王权的周围，这就在一定时期、一定程度上加强了王权。

751年"矮子丕平"发动政变，建立了加洛林王朝（751—843）。王朝建立之初，发生了阿勒曼尼亚的暴动、绍林吉亚人的叛乱和萨克森人的多次起义。丕平镇压了这些暴动和起义，并将参与暴动和起义的豪绅显贵及自由农的大量土地予以没收。他还没收了大部分教会所拥有的土地。这些土地作为采邑被不断分封给臣下。丕平以这种有条件的土地封受关系为纽带，建立起了封建统治的新秩序，强化了王权。汤普逊曾指出，加洛林王朝的建立"不仅仅是一次政治和王朝的革命"，而且"是一种具有重大意义的社会和经济的变革"③。这是因为丕平最终完成了从查理·马特开始的土地关系的变革，使采邑制得以巩固和完善。

采邑改革只是封建统治阶级土地占有形式的变革，但在当时的历史条件下，却有重大的社会意义。它一方面建立了以中小地主为基础的骑兵制度，提高了国家的政治和军事力量，确立了封建统治秩序的基础；另一方面以土地为纽带，建立了领主与附庸之间的封建租佃关系，增加了国家的赋税收入，加强了封建制度的经济基础。查理帝国的形成，正是建筑在这一基础之上的。

①《马克思恩格斯全集》第19卷，人民出版社1963年版，第543页。
②《马克思恩格斯全集》第19卷，人民出版社1963年版，第548页。
③〔美〕汤普逊：《中世纪经济社会史》上册，商务印书馆1961年版，第270—271页。

768年查理继位，他依靠采邑制奠定的经济基础和武装起来的骑兵队伍，对外发动了一系列的侵略扩张战争。经过大规模的武力征服，将西南至厄布罗河，北达北海，东至易北河和多瑙河，南面包括意大利大部分的广大领土，均置于自己的统治之下，其疆域已和昔日西罗马帝国相差无几。公元800年，查理被教皇立奥三世加冕为"罗马人的皇帝"。由此，法兰克王国变成了查理帝国。

二

新崛起的查理帝国，包括许多不同的民族和部族，除主要成分的法兰克人和罗马人外，还有勃艮第人、伦巴德人、阿勒曼尼人、萨克森人、图林根人、巴伐利亚人和部分斯拉夫人等。这些民族和部族语言迥异，生产力水平相差悬殊，处在不同的社会发展阶段，各地区和各民族之间缺乏经济和文化联系。因此，查理帝国是各有各的生活方式、各有各的语言的部落和民族的集合体[1]。这固然是历史的事实。然而，这是否就是查理帝国瓦解的根本原因呢？不是。查理帝国的瓦解，首先在于原法兰克王国本身经济基础的破坏和丧失。采邑制在创立和施行的过程中，虽然曾一度起过加强王权的作用，但只能加强于一时，因为它同时又助长了各封建主，特别是大封建主私人的经济和政治势力。因此，采邑制本身隐伏着巨大的离心力。随着封建化的深入发展，特别是随着长期的征服战争和帝国建立后一些政治措施的实行，使大封建主的权势不断膨胀，这种离心力量也就日益滋长，最后终于导致了查理帝国政治上的完全瓦解。

9世纪时，采邑制发生了根本性的变化，原来只供终身占有的采邑领地变成了世袭领地，这种现象既是西欧封建化发展的必然结果，也是查理一手所造成的。查理在征服战争中，为了取得僧俗封建采邑主的支持，常常以救封的形式，将原来属于地方官的行政、司法等权力，作为"特恩权"授予他们。帝国形成以后，查理为了加强中央集权，巩固对帝国

---

① 〔苏〕斯大林：《马克思主义和语言学问题》，人民出版社1971年版，第9页。

的统治，在积极推行采邑分封基础上，还进行了一些行政改革：分全国为九十八个行政区，由皇帝任命的伯爵治理；几个伯爵辖区，又设一名专理军务的公爵；在边区则设边地侯，主持边防事务。为了让这些高官显爵能在物质手段上同其辖区内的大封建主相匹敌，他又往往将其辖区内的大量王室土地和村社土地以"恩地"的形式，授予伯、公、侯爵，使他们也成为拥有广大地产的大封建主。这样一来，每个封建主都变成了拥有采邑领地的封建领主，并且在自己的领地上可以独立行使行政、司法、税收等特权。

"特恩权"的出现，标志着土地所有权和政治上的统治权合而为一，加强了封建主的政治独立性，使政权的中心开始从宫廷转到封建主的采邑领地，领地获得了一些极为重要的国家的职能。经济基础的变化使上层建筑发生相应的变化。国王的地方长官伯爵、公爵等实际上在自己的辖区内组成了独立的诸侯国家。这些封建领主拥有庞大的地产，为了巩固和强化自己在领地上的统治，也往往效法国王，把土地分封给自己的下属，出现国王—公爵—侯爵—伯爵—子爵—男爵—骑士等层层分封的现象，以至形成一个金字塔式的层层隶属的封建等级结构。

由于土地是依次层层分封下来的，权力也就一层一层地下放，封主对其封臣的封臣，并无主从关系，因而也没有管辖权力，出现"我的封臣的封臣不是我的封臣"的局面。随着各封建领主独立性的增强，有些男爵、子爵的势力可能大于公爵、伯爵，而有些公爵、伯爵的势力也可能大于国王。当王权强大时，可以制止封建割据和叛乱，一旦王权衰弱，则很难控制局面。即使在查理生前，他"虽然拥有军事实力，享有最大征服者的荣誉，然而他本身处于依赖土地贵族的地位"[1]。这说明大封建主的独立势力已逐渐在超越王权。长此以往，这些大大小小的封建主，就会弱肉强食，去兼并别的领主的土地，国王对此无力过问，势必导致封建混战和割据。特别是在自然经济占统治地位的情况下，各个封建主的领地是孤立存在的，帝国的各个地区之间缺少经济上的联系，封建主必然是自成中心，据地称霸，互争雄长，甚至举兵叛乱，对抗中央。正

---

① 〔苏〕谢缅诺夫著，叶文雄译：《中世纪史》，生活·读书·新知三联书店1956年版，第50页。

如有些史学家指出的："加洛林朝诸王只在他们保持他们土地所有权的优势的时候，才有力量。然而在第九世纪，这制度走上了一个相反的方向。附庸日益强大，使自己成为比国王更大的土地所有者。他们以王位的空壳留给国王而自己占取果肉。他们的臣服变为一个虚构，他们的服务也变成为一种姿态了。"①于是原有意义上的采邑制被破坏了，大大小小的世袭领地成了查理帝国的"国中之国"。恩格斯指出，采邑改革"是为了统一帝国，将豪绅显贵跟王室永久联系起来，从而加强王室，而结果却导致王室的彻底削弱、豪绅显贵的独立和帝国的瓦解"②。这就明确地指出了查理帝国瓦解的根本原因。这样，在查理死后未及三十年帝国便因父子纷争、兄弟混战和贵族叛乱而分崩离析。

三

查理帝国统治基础的破坏和丧失，不仅是由于采邑制离心力量的发展而引起，同时也是长期的大规模的对外征服战争所造成。查理一生在位四十六年间，共进行了五十五次战争，其性质基本上都是侵略性的不义之战，但结果均以胜利告终，关键在于拥有一支强大的军事力量。这支能征惯战的军队，是由以采邑制为基础组织起来的装备精良的骑兵队和以自由农民为核心建立的步兵义勇军所组成。他们不仅是查理帝国军队的中坚力量，也是帝国统治的政治基础。但是在长期的战争过程中，大量充当骑兵的中小封建主阵亡。家里遗下孤儿寡妇，无以为生，并且时刻受到土地被兼并的威胁，往往不得不履行"委身式"，把土地押给大封建主和教会，变成僧俗豪绅显贵的依附农民或农奴。这一方面使帝国的政治支柱采邑骑兵队受到削弱，同时更为严重的是使帝国内的采邑制关系发生变化，破坏了原有的经济结构。

长期的战争不仅削弱了采邑骑兵队，同时加速了自由农民农奴化的过程。"法兰克人的习惯法要求一切自由人都去参加打仗；不去打仗的人

---

① 〔美〕汤普逊：《中世纪经济社会史》下册，商务印书馆1963年版，第325页。
② 《马克思恩格斯全集》第19卷，人民出版社1963年版，第543—544页。

就不再被当作自由人看待。"①因此，服兵役是每一个自由人的义务。但是战争的负担相当沉重，当时装备一个战士相当于45头牛的价值，而且还要携带六个月的给养。仅此即造成大批的自由人破产。即或勉强能担负起服兵役的人，也时刻受到战死的威胁，侥幸生还者，也因忙于战争，误了农时，使土地荒芜，以至破产，失去自由人的地位。自由农民因而日渐减少。

在那个几乎没有货币和商业的自然经济时代，以国家经费装备和供养军队，是根本无从谈起的。为了能够保证兵员的装备和给养，为了使军队强而不衰，保障征服战争的胜利进行，查理在807年发布"亚琛敕令"，强制服军役。敕令规定：每个王室的受采邑者都要毫不例外地应征。占有12胡菲的人，必须以甲胄武装起来骑马出征；占有3至5胡菲的人，都有出征的义务；每2个占有2胡菲的人，每3个占有1胡菲的人，每6个占有半胡菲的人，每次需出兵1人，由其余的人负责装备。完全没有土地但占有价值5索里达动产的自由人，也必须每6人出兵1人，其他5人每人出1索里达，以资助他。如果在邻近地区发生战争时，则必须全部出征②。为了逃避这种负担，大批的自由农民宁愿将他们剩余的田产，甚至自身及其后代，都转让给豪绅显贵和教会，以求庇护。因此，"'军役'即强制军事服役这一项毁灭性的负担，强有力地迫使大寺院和大贵族土地上的自由人降到依附地位，甚至农奴地位"③。

自由农民陷于依附地位的情况，从当时巴黎郊外的圣热尔门·德·普雷修道院的地产登记册中，可见一斑。这本登记册是由该修道院长伊尔米农在查理曼时代编制出来的。在这个修道院的领地上，住有2788户人家，其中2080户是隶农，35户是半农奴，220户是奴隶，只有8户是自由的佃农④。这说明大批的自由农民在查理曼时代就已纷纷破产，失去了自由的地位。恩格斯指出："法兰克的人民大众，即占有土地的自由农民，也由于连年内战和征服战争，特别是查理大帝时期的征服战争而弄

① 〔法〕瑟诺博斯：《法国史》，商务印书馆1972年版，第94页。
② 《马克思恩格斯全集》第19卷，人民出版社1963年版，第561页。
③ 〔美〕汤普逊：《中世纪经济社会史》上册，商务印书馆1961年版，第291页。
④ 〔德〕恩格斯：《家庭、私有制和国家的起源》，人民出版社1972年版，第150—152页。

得疲惫不堪和彻底破产了。这种起初构成全部军队，而在征服法兰西地区以后，又构成军队核心的农民，到九世纪之初，已穷困到五个人之中难得抽出一个人出去作战了。"①表面看来，自由农民的大量被消灭，只是使查理帝国丧失了兵源，削弱了军事力量，实质上这仍然是关系到经济基础的重大问题。当时的自由农民，不仅是帝国军队组织的核心成分，更重要的还是当时社会物质财富的直接生产者。国家财政的开支，军队的供养，等等，主要是自由农民提供的。因此，大批的自由农民破产，使国家的经济陷入危机，而封建豪绅显贵和教会的经济实力却越来越强，他们"站在农民（战士和纳税人）和国王之间，从农民那里得到原先王权以赋役形式征得（的）一切贡物"②。原来国家的所有制转变成封建领主所有的经济形式了，查理帝国再也无力维持下去了。

总之，查理帝国的形成，不是无源之水，无本之木。它是在封建采邑制奠定的经济基础上，通过武力征服而建立起来的。但是，长期的征服战争又摧毁了它的统治基础：一方面造成大封建主权势膨胀，削弱了王权，破坏了采邑制；另一方面使大批自由农民死于战争或破产沦为农奴，丧失了帝国的兵源，削弱了军事力量，松弛了维系帝国的纽带。这就是查理帝国瓦解的根本原因。关于这一点，我们还可以从当时与之并存的阿拉伯帝国得到佐证。阿拉伯帝国也是依靠军事征服建立起来的庞大国家，但阿拉伯人在扩张过程中，不仅没有破坏而且还加强了自身的经济基础，实现了封建化。这是阿拉伯帝国所以能够维持较长时期的根本原因。

当然，阶级斗争的力量也不容忽视，查理帝国境内各族人民的反侵略、反封建斗争，则从另一个方向加速了查理帝国的瓦解过程。

[原载于《安徽师大学报（哲学社会科学版）》1983年第2期]

---

① 〔德〕恩格斯：《家庭、私有制和国家的起源》，上海人民出版社1972年版，第150—152页。
② 〔苏〕琼图洛夫著，孟援译：《外国经济史》，上海人民出版社1962年版，第123页。

一代雄主查理大帝

12月25日，是基督教传统的神圣节日——圣诞节。然而，公元800年的圣诞节却非同寻常，这一天，在意大利的罗马城，发生了一件举世瞩目，影响深远，以至改变欧洲政治历史格局的大事件：一个"蛮族"人的国王，被教皇破天荒地戴上一顶金皇冠，加冕为"罗马人的皇帝"。这个得"天"独厚的人，就是欧洲历史上赫赫有名的查理大帝。

从王子到国王

查理于742年出生在法兰克王国的名门贵族家庭。祖父查理·马特是墨洛温王朝大权实握的宫相，以打败阿拉伯人的进攻和进行采邑改革而驰名遐迩。父亲"矮子丕平"于751年与教皇相勾结，废黜了墨洛温王朝的末代国君，取而代之，创建了加洛林王朝，成为加洛林王朝的第一代国王。作为王子，查理从小就经常跟在父亲身边，出入宫廷，巡行全国，或骑马打猎，或从军作战，受到政治上和军事上的锻炼。他身材颀长，体格强壮，双目大而炯炯有神，擅长骑术、打猎和游泳。他精于武艺，剽悍善战，很早就显露了军事上的才干。

768年，"矮子丕平"因水肿病死于巴黎。遵照遗嘱，查理和弟弟卡洛曼平分了法兰克王国。卡洛曼的许多党羽深惧查理英武强悍，势成坐大，就千方百计地挑拨、破坏他们兄弟间的关系。但卡洛曼心地纯善，不为所惑，与其兄一直保持着和睦的关系。三年后，卡洛曼不幸去世，查理合并了他的全部国土，成为统一的加洛林王朝的第二代君王。

翁婿交兵

查理生活的时代，正是西欧封建化过程急剧进行之际。随着封建制的确立和发展，封建贵族迫切要求向外扩张，掠取土地和财富。因此，查理即位后，继续奉行他父亲的征服政策，开始了大规模的连年征战。他在位46年中，先后发动了55次征服战争，迫使许多各不相同的部落和部族服从他的统治，把法兰克国家的版图和声威提高到登峰造极的地步。

查理当政后的第一次亲自出征，是774年进攻意大利北部的伦巴德王国。说起来，伦巴德国王还是查理的岳父哩！那么，查理为何要进攻呢？冰冻三尺，非一日之寒。原来，卡洛曼死后，其妻对查理吞并丈夫遗下的国土深为不满，于是带领儿子们和一些贵族逃往意大利，向伦巴德国王德西德里乌斯请求"政治避难"。德西德里乌斯收留并保护了他们。查理对此大为恼火，从此种下怨隙。后来伦巴德人进犯罗马，查理应教皇请求，派军弹压。伦巴德人战败受辱，国王的女儿被查理强索为妻。这只是查理对伦巴德国王的一种羞辱，德西德里乌斯的女儿是不可能得到恩宠的。一年后，查理即抛弃了她，另结新欢。伦巴德国王非常恼怒，发誓要与查理对抗到底，势不两立，一争雌雄。于是，32岁的查理决定亲自率兵征讨。

在翻越风雪弥漫的阿尔卑斯山时，他头戴铁盔，手罩铁护腕，胸膛、肩膀和大腿上披着铁甲，浑身几乎用铁裹起来，左手举一支铁矛，右手按在腰间的铁剑上，骑着铁黑色的战马。整个军队都尽可能地效法他，致使阿尔卑斯山散发着铁的闪光。进入伦巴德后，查理采取分兵奇袭和围困迫降的战术，征服了伦巴德人，强迫德西德里乌斯当了修道僧，把伦巴德并入了他的版图。

778年，查理率军越过比利牛斯山，南征西班牙，因阿拉伯人的猛烈反抗而受挫。回师途中，后卫部队在朗塞瓦尔峡谷遭到当地人的伏击，查理的得力部将、后卫指挥官罗兰侯爵不幸阵亡。这一事件，为中世纪骑士文学的产生提供了典型的素材，后来被文学家加工成一部著名史诗

《罗兰之歌》，罗兰在诗中被颂扬为中古骑士的楷模，查理则是骑士应为之效忠的封建君主的典范。

查理一生中进行战争时间最长的一次，是对北方萨克森人的征服。他以传播基督教为借口，从772年起，前后发动八次进攻，费时33年。804年，萨克森人终于被征服，做了法兰克国王的臣民。同时，查理还向东征服了巴伐利亚和多瑙河中游的潘诺尼亚等地。他在近半个世纪的戎马生涯中，南征北伐，东侵西讨，通过一系列军事战争，把法兰克国家的版图扩大到西南至厄布罗河，北抵北海，南到意大利，东迄易北河的广大地区，成为土地广袤、雄踞西欧的第一个封建大帝国，促进了一些落后地区封建生产关系的发展，在很大程度上奠定了西欧封建社会发展的模式。

加冕称帝

赫赫战功和强盛的国势，使查理踌躇满志。国王的称号与他的权势和声威似乎已经不相适应了，威震四方的恺撒大帝才是他效法的榜样。一个偶然的事件，为他弃王称帝铺平了道路。799年4月25日，教皇立奥三世与贵族斗争失利，被罗马教廷中有势力的大贵族逮捕入狱，备受虐待，危在旦夕。查理派使臣把他救了出来，800年12月，又亲自带兵送他回罗马复位，并将反对教皇的大贵族处以重刑。立奥三世对查理感激涕零，视同再生父母，不惜抓住一切机会报效查理的恩典。圣诞节那天，当查理跪在圣彼得大教堂做弥撒时，立奥三世突然把一顶金皇冠戴在查理的头上，并高声宣布："上帝为查理皇帝加冕，愿这位伟大的和带来和平的罗马人皇帝，万寿无疆，永远胜利！"在场的僧侣、贵族亦齐声欢呼，奉查理为"罗马人皇帝"。这样，查理就成为古罗马帝国的合法继承人和基督教世界的保护者。从此，法兰克王国成为"查理帝国"，查理国王变成了"查理大帝"。

查理的加冕，是世界中古史上的一件大事，意义重大，影响深远。第一，它奠定了教权与王权对西欧进行教俗双重统治的政治和思想基础。

立奥三世曾在拉特兰教堂安放了一幅彩画，描绘着圣彼得正把披风送给教皇，把旗帜送给国王的场景，祷文上写着："圣彼得把生命赐给教皇立奥，把胜利赠给皇帝查理。"这象征着封建西欧教廷和王廷共同统治世界的开始。第二，它是"神圣罗马帝国"的开端，也是近代西欧国家遥远的起源。近代的德、法、意等国就是从查理大帝的疆域中逐渐形成的，马克思说："查理帝国是近代法兰西、德意志和意大利奠基的先导。"第三，它标志着自西罗马帝国灭亡以来世俗政权的重新抬头，揭开了此后六七百年之久的罗马教廷与世俗政权既勾结利用，又冲突斗争的历史序幕。

扫除文盲

查理的业绩和才能不仅限于军事征服，他在行政、司法、军事制度，以及经济生产管理等方面都有杰出的建树。特别在文化教育方面，成就尤为突出，为中世纪文明的发展奠定了基础，起到了承先启后、继往开来的作用。

公元8世纪时，古代希腊、罗马的文化传统随着许多城市的没落，早已被破坏了。罗马时代的公私藏书，从五六世纪以后就逐渐散失。因此，查理帝国的臣民几乎都是文盲，就是查理大帝本人以及宫廷里的许多显贵大臣，也大都目不识丁。查理感到没有文化知识，就不能很好地管理国家，于是就在宫廷里办起了学校，培养人才。这就是中世纪西欧学校的起源。他从欧洲各地广泛招聘知名学者，到宫廷传授学问、知识，其中最著名的人士是来自英格兰的阿尔昆。

在宫廷学校里，查理特意挑选了三种人家的子弟就学，即名门巨第、中等之家和寒门小户出身的子弟。每过一段时间，查理便把学生们召集来，亲自检查他们的作业。结果发现，出身中等和寒门的子弟学习较好，而出身富贵之家的子弟学习却十分差。检查完毕，他便亲切地对学习好的学生说："我的孩子们，由于你们竭尽全力执行我的命令，因此深得我的喜悦，你们自己也学到了知识，你们要继续学下去，我将赐给你们主教的管区和华丽的修道院。你们永远是光荣的。"对那些学习差的学生，则愤怒地斥责道："你们这帮贵族大官们的少爷，你们这群养尊处优的花花公子！你们仗着出身和财产，对我要你们谋求上进的命令置若罔闻，竟敢恣纵于奢侈和嬉戏，沉溺于游手好闲和吃喝玩乐，我鄙视你们高贵的出身和漂亮的衣饰！我发誓，除非你们发奋读书，弥补过去的怠惰，否则你们永远也不会得到我的任何恩宠。"他说到做到，时常把学得最好的穷孩子提拔上来，授以较高职位，表现了"不拘一格降人才"的精神。

查理不仅致力于提倡文化教育，督促学习知识，为帝国培养有用人才，他还身体力行，率先扫盲，勤奋学习。他礼贤下士地自称是阿尔昆的门徒，从他那里学会了修辞学、辩论术和天文学。经过刻苦攻读，他掌握了古德语、古法语和拉丁文，并粗通希腊文。他还发布敕令，督促教会和修道院兴办学校，传授知识文化，搜求、抄写古典著作和早期基督教的著作，使之得以保存和流传。查理的这些成就，曾获得一些西方史学家的大声喝彩，被嘉誉为"加洛林文艺复兴"。此说虽有"言过其实"之嫌，但在当时欧洲处于粗野、愚昧和混乱的情况下，查理的作为确实是难能可贵的。他的成绩和作用也是非常明显的，在他统治的46年中，法兰克的文化教育比过去几个世纪有了显著的发展。

帝国三分

查理大帝的晚年，是在觥筹交错、歌舞逸乐中度过的。在私人、家庭生活上，他是一个感情脆弱、性格怪僻的人。他先后娶有四个妻子、五个妾。她们为他生了三个儿子和许多女儿。三个儿子有两个先他而亡，查理为此哀痛欲绝，这大出人们所料，没想到这个平素心肠坚如铁石的人，会哭得如此伤心。据查理的传记作家记述，查理的许多女儿长得都很美丽，深得父亲钟爱。查理每天同她们一起用餐，出外狩猎时也带着她们。但是，查理从不肯把她们嫁出去，既不许配给本族人，也不许配给外国人，他到死都一直把她们留在家里，他说他不能够离开她们。这使人们感到诧异，招来种种议论，流言蜚语不绝于耳，使查理的英名蒙上了一层瑕疵。

814年，查理大帝患肋膜炎，在首都阿亨宫中逝世，时年72岁。临终前，他把帝位传给了仅存的儿子"虔诚者"路易。路易为人忠厚老实，缺少行政管理能力，许多大封建主不甘臣服于他，时常发生争吵，甚至叛乱。路易的三个儿子也视老子无能，瞧不起他，犯上作乱。加之查理帝国本身是由军事征服建立起来的，缺乏统一的经济基础。因此，查理大帝死后不久，帝国便在父子纷争、兄弟混战和贵族叛乱中分崩离析。840年，路易死，查理大帝的三个孙子为争夺帝国政权、皇室领地和效忠的臣属，立即发生内战，厮杀得难解难分，帝国便趋分裂。843年8月，弟兄三人签订条约，三分天下：老秃头查理领有西法兰克王国，老二日耳曼路易领有东法兰克王国，老大罗退尔领有东西法兰克中间的南到意大利，北到北海的一块狭长地带，称中法兰克王国。查理帝国的历史从此结束了。

（原载于《外国史知识》1985年第10期）

西欧城市自治权与封建制度的解体

　　封建城市，在不同的国家和地区，具有不同的特征，地位悬殊，作用迥异。西欧9世纪确立封建制，11世纪兴起城市，14、15世纪出现资本主义萌芽，16世纪便开始了资本主义时代。西欧封建制度的解体为何如此之速呢？一个重要原因就是封建城市的作用，西欧封建城市是在封建关系的基础上孕育成长的，反过来又对封建生产关系产生了极大的冲击力，成为瓦解封建主义的策源地。在这个过程中，城市争取独立自主权的自治运动起了巨大作用。

一

　　一般说来，封建城市都是从古代奴隶社会沿袭下来的。但是西欧封建城市具有历史的特殊性。由于西欧的封建主义时代"是从粗野的原始状态发展而来的"[①]，因而经历了"城市再兴起"这个特殊的历史阶段。而城市的产生，恰恰是在与封建主相对立、相斗争中出现的。

　　西欧跨入封建社会时，由于经历了3至5世纪罗马奴隶制长期而沉重的危机和日耳曼人反复而猛烈的进攻，罗马帝国统治时期所获得的较高社会生产力被破坏殆尽，繁荣的工商业城市几乎荡然无存，它们的遗址或者成为城堡式的单纯军事据点，或者成为诸侯和主教的驻地，与农业地区毫无二致，根本失去了城市的意义。有人认为古代的城市"并未完全消灭，在中世纪早期仍然存在"[②]。其实，如果从经济意义上考察，这些"城市"是不能称之为城市的。比利时著名史学家亨利·皮雷纳说得

---

①《马克思恩格斯全集》第7卷，人民出版社1959年版，第400页。
② 马克垚：《西欧封建经济形态研究》，人民出版社1985年版，第284页。

好："如果所指的是一个地方，其居民不是以耕种土地为生，而是从事工商业"，那么当时就不存在城市；"如果我们认为城市是一个行政中心或者一个堡垒"，当时则存在着"几乎与其后的数世纪有着同样多的城市"[①]。皮雷纳的结论是符合历史实际的。因此，我们认为5至9世纪的西欧，根本没有以工商业为中心的城市。9世纪以后，封建制度经过几百年"阵痛"的挣扎而最终确立，社会生产力有了一定程度的提高，这就为手工业与农业的再次分离，城市的重新兴起创造了条件。因此，从10世纪开始，西欧封建城市开始产生。

西欧封建城市的产生，既是生产力发展的结果，也是阶级斗争的产物，广大农奴的反封建斗争为城市的重新兴起奠定了基础。10至11世纪的西欧，农业和手工业都已有显著的进步。农耕面积日益扩大，铁犁、铁耙广泛应用，有些地方的谷物收获量已达种子的六倍。手工业也随着农业生产力的提高迅速发展起来。西欧封建社会初期的各种手工业，一般都是农奴的家庭副业，在社会生产中仅仅是个配角，处于从属于农业的地位。但是随着农业的发展，人们对手工业的品种、数量和质量都提出了新的要求，作为一般农奴家庭副业的手工业，已经不能满足当时社会的需要了。农业生产力的提高，生产技术的复杂化，必然要求手工业能供给它更多、更好的产品，这就促使手工业日益专业化，使很多手工业行业逐渐脱离农村的家庭副业而独立生产。这样一来，在农奴中便产生了专业手工业者。

专业手工业者必然是小商品生产者，他们一旦具备了独立生产的能力，就会要求与市场发生自由而密切的联系。但是，这时的专业手工业者在人格上仍是庄园里的农奴，没有人身自由，仍然遭受着封建领主的奴役和控制，生产的范围也只限于本庄园。因此，封建庄园里的农奴，特别是手工业者迫切要求人身解放，摆脱封建领主的压迫，寻找广阔的活动场所以出售自己制造的手工业品。于是他们奋起反抗，纷纷逃亡，逐渐在便于销售产品、购买原料而又比较安全的交通要冲、关隘、渡口、城堡以及寺院附近聚居起来，建起简陋的住房和店铺，开始了新的生涯。

[①]〔比利时〕亨利·皮雷纳著，陈国樑译：《中世纪的城市（经济和社会史评论）》，商务印书馆1985年版，第35页。

正如马克思、恩格斯指出，西欧封建城市"在那些中世纪时代不是从过去历史中现成地继承下来的、而是由获得自由的农奴重新建立起来的"①。这就决定了西欧封建城市的阶级基础和城市市民的阶级属性，即"从中世纪的农奴中产生了初期城市的城关市民"②。

农奴的逃亡，在本质上是反封建斗争的一种形式。尽管农奴当时还是从一个封建领主管辖的土地上逃到另一个领主的领地上，但他们建立的城市"是对于领主专横的挑战，是领主的逃亡农奴的藏身所"③，体现了农奴反封建的斗争精神。西欧中世纪城市产生的本身，就是农奴与封建领主进行阶级对抗的标志。由于当时西欧还没有形成统一的中央集权的封建制度，各封建领主的权力只限于他自己的领地上，这也给逃亡农奴建立城市提供了更加有利的条件。一个农奴只要逃出了奴役他的那个领主的领地，也就挣脱了旧的枷锁。因此，处在封建领主残酷压迫、剥削和奴役下的广大农奴，都把逃出领主庄园，建立或进入城市，视为挣得自由、获得解放的一条出路。于是10世纪以后，特别在11、12世纪，西欧出现了一种以逃亡农奴为主体纷纷建立城市的新潮流。据英国资料统计，英国在1100—1300年间曾出现了140个新城市④。意大利、法国、德国的许多新兴城市，也大多是在这个时期产生的。

既然是潮流，难免泥沙俱下，鱼龙混杂。于是，这个时期一些"虔诚的教长与好战的大公，虔诚的法兰西王与贪婪日耳曼'皇帝'"，都对建立城市表现出"非凡的热情"⑤。他们或附庸风雅，积极参与建城；或居心叵测，另有他图。为追求经济收益而引诱别的领主的农奴逃到自己的领地上建城，客观上为城市的兴起提供了方便。但这绝不意味着西欧中世纪城市是由封建主建立的，他们充其量只不过顺应了农奴建城的潮流罢了，农奴才是城市建立者的主体。因此，由被统治阶级通过逃亡这

①《马克思恩格斯选集》第1卷，人民出版社1972年版，第57页。
②《马克思恩格斯选集》第1卷，人民出版社1972年版，第252页。
③〔苏〕波梁斯基著，北京大学经济史经济学说史教研室译：《外国经济史（封建主义时代）》，生活·读书·新知三联书店1958年版，第299页。
④米勒等：《中世纪英国的乡村社会和经济变化》，转引自马克垚：《西欧封建经济形态研究》，第293页。
⑤〔苏〕波梁斯基著，谢家译：《论封建主义条件下的商品生产》，见尚钺编：《封建社会历史译文集》，生活·读书·新知三联书店1955年版，第124页。

个斗争手段而建立的城市，表现了西欧封建城市是阶级斗争的产物这一鲜明的政治特点。它虽然根植在封建土地上，但其需要和动向同封建制度是格格不入的，因而与封建结构、封建体制有着一定的对立性。这种对立性，主要表现在它把当时农奴分散的斗争力量汇集在一起，使农奴与封建领主的抗衡斗争有了可靠的营垒和力量的源泉。

二

如果说农奴逃亡建立城市是西欧城市反封建斗争的前奏曲，那么争取自治权则是这场斗争的主旋律。市民阶级通过自治运动，建立了城市自治机关，争得了独立自主权，突破了封建制度的种种限制，建立了一种新的开放型的经济体制，为城市工商业的发展开辟了道路。

西欧封建城市的自治运动是有社会根源的。封建的西欧，通行的原则是"没有无领主的土地"，城市无论建在什么地方，这个地方总是处在某一个领主的领地之内。因此，城市产生后到处受到封建领主的管辖和敲诈。领主的压迫从建城伊始就落在市民头上，有的城市占用的土地分属几个领主，还要受好几个领主的奴役。如12世纪初法国的阿缅有四个领主，博韦有三个领主，亚眠有四个领主，巴黎有两个领主，等等。这些城市既然是在封建的领地上兴起的，领主们也就把城市当作庄园一样占有和统治，广泛行使领主权，任意对它进行转让、瓜分或传代。城市居民不仅必须向领主交纳沉重的捐税，担负繁重的劳役，而且还一律要受领主行政和司法的管辖，实际处境与农奴一样悲惨。领主还在城里征收贸易税，勒索秤尺捐；搜罗马匹，强迫市民接受兵役训练；等等。随着城市经济的发展，领主更加贪得无厌，勒索无度。这一切都阻碍着城市的正常发展。同时，封建的西欧，从9世纪后期查理大帝的孙子颁布麦尔森敕令以后，已没有"无主人之人"，每一个农奴都有自己的领主，他们逃出庄园、进入城市后，无时无刻不在担心原来的主人会把他们捉回，重受奴役。他们逃亡建城的基本目的就是为了摆脱农奴制的枷锁，当他们成为城市居民后，无论如何也不能忍受所在地的领主再把类似原来的羁轭重新套在他们头上。为了求得本身的生存和发展，他们就必须排除领主对工商业的干扰，摆脱领主过分的剥削和压榨。于是，城市居民即普遍展开了反对封建领主特别是反对城市所属领主，争取城市自治权的斗争。

城市居民争取自治权的斗争，其形式是多种多样的。大致有三种途径：一、赎买。这类城市都是一些比较富庶的城市，如法国南部和意大利的许多城市就是如此。二、武装斗争。如法国的亚眠、苏瓦松、康布雷、列日等城市。三、赎买和武装斗争兼而用之，这类城市以法国的琅城最为典型。通过与教俗封建领主进行多种形式的反复斗争，西欧城市一般都获得了自治权。但自治的程度因城市的政治地位和经济力量的强弱不等，如法国诺曼底的鲁昂，因它地处塞纳河上，是巨大的贸易中心，在英法王室争夺诺曼底的斗争中，具有重要地位，因此它能赢得建立独立自主的自治公社的权利。而意大利的威尼斯、热那亚、佛罗伦萨等城市，由于商业繁荣，经济发达，它们通过激烈斗争不仅获得了城市本身的自治权，而且还取得了对周围广大农村地区的统治权，建立了城市共和国，享有自治权，最高审判权以及铸造货币、缔结条约、建立军队等权利。也有一些城市由于实力不够强大，只取得了不完全的自治权。如法国的巴黎、奥尔良、里昂等城市，其自治形式是由国王与城市代表联合统治，共同管理市政。不管城市自治程度如何，有一点是共同的，即凡取得自治的城市，所有居民都完全摆脱了封建领主在人身方面的直接控制，成为自由人。许多新从农村逃亡出来的农奴，只要在城市住满一年零一天，就可以获得人身自由。取得人身自由的居民，可以在城市辖区内自由从事工商业，往来畅通无阻，可以自由择偶，其子女亦不再是农奴，这就在城市里首先打破了传统的封建身份制度。这样在所有获得自治权的城市范围中，基本上取消了农奴制度，"农奴身份的一切痕迹在城市的墙垣之内消失"①。这就使城市居民摆脱了地方封建贵族"超经济强制"统治的羁绊，促进了封建制基础瓦解的进程。

城市自治权的重要部分是司法权。按照封建惯例，一切诉讼案件都必须由封建领主的法庭审理，农奴不能履行民法上的法律行为。城市产生后，市民都获得了人身自由，法律地位已经改变，这就迫切要求从领

---

① 〔比利时〕亨利·皮雷纳著，陈国樑译：《中世纪的城市（经济和社会史评论）》，商务印书馆1985年版，第118—119页。

主司法权的束缚下解放出来。因此争取司法权是城市进行自治斗争的一项重要内容，如琅城在反抗戈德理主教时，其主要斗争目标之一就是要求建立自己的法庭。凡是取得自治权的城市，几乎在所有的城市特许状中，都可以找到这样的规定：市民只能被他们自己的司法机关审判。如1127年英国国王给克劳彻斯特的特许状中规定，除市外地产持有权的诉讼之外，所有的诉讼都在该城之内进行，任何官吏不得干涉属于该城的诉讼。1127年佛兰德尔伯爵颁给圣托美尔城的特许状中，第一条就明确地写道："我允许他们和任何人之间，甚至他们和我本人之间也不例外，受到市法官适当的审判，对于市法官本人，我要建立这样一种自由制度，使他们在我的领域内享有更大限度的自由权。"[①]这里除确认城市的司法权之外，还包含了一种"在法律面前人人平等"的思想。就是伯爵本人，如果在城里犯罪，也要受到城市司法机构的审判，因此有人认为圣托美尔城的特许状是"佛兰德尔市民阶级的政治纲领的终极"，它"承认城市为独特的司法地区，拥有为全体居民所共有的特别法律、特别的执行吏法庭和充分的公社自治"[②]。城市获得独立的司法权后，诉讼程序大为简化，判罪主要依据证据，封建领主和教会惯用的用火、开水、决斗等来判定有罪无罪的野蛮方法被取消，原始的"神灵裁判法""司法决斗法"首先在城市中被废除，这是人类司法史上的一大变革和进步。正是在城市司法权保护的自由、平等思想的影响和推动下，逐渐形成了西欧中世纪城市的市民精神。12、13世纪的一个法国布道士对意大利城市的市民精神，曾作了这样的描述："市民能深思熟虑，对公共事务勤劳而又热心，他们拒绝屈从别人，并防止任何人侵犯他们的自由。他们制定自己的法律并服从这些法律。"[③]城市法的制定和施行，有着十分重大的意义，它不仅加强了中世纪市民阶级的法制观念，而且为近代资产阶级法权思想和法制理论的形成，奠定了最早的基础。

西欧自治城市除了拥有独立的司法权之外，还拥有行政、税收、军

西欧城市自治权与封建制度的解体

---

①《圣托美尔城特许状（1127年）摘录》，见《中山大学学报（社会科学版）》1957年第1期。

②〔比利时〕亨利·皮雷纳著，陈国樑译：《中世纪的城市（经济和社会史评论）》，商务印书馆1985年版，第117页。

③〔美〕汤普逊：《中世纪经济社会史》下册，商务印书馆1963年版，第427页。

事等权力。城市自治公社的最高权力机关，是从市民中选举产生的市议会；市议会选出的市长为城市最高长官。"这种地方长官职位的最大特点是其任期的年度性"①，这与封建制度的世袭制、终身制是根本不同的。"职位的年度性是由职位的选举性产生的"，它"既显示出选举的原则，也显示出监督的原则"②。官吏的职位，改世袭为选举、改终身为任期，这是西欧城市在封建主义时代所进行的一项创举和改革，其意义是重大深远的，它不仅开创西欧城市民主风气之先，而且体现了与封建制度的对立性。"城市公社从其初创之时就建立了为它自己行使职权所必需的工具，并且毫不犹豫地踏上了它从此以后一直沿着走下去的道路。"③

西欧市民阶级之所以从一开始产生就展开了反封建斗争，并在它还很弱小的时候就表现出巨大的力量，夺得了独立自主权，这是由西欧特殊的历史条件决定的。

第一，当时西欧政治混乱，封建割据严重，封建主之间矛盾重重，王权没有多少实力，全国缺乏统一的行政管理系统，没有一套完整的官僚机构和庞大的职业兵军队进行统治，封建政治力量相对弱小；同时，封建主由于各自政治经济势力的差异，对城市的态度也互不相同，这就给城市在斗争中可以利用他们的矛盾提供了可乘之机。这样的客观条件，是有利于城市争取自治权并取得斗争胜利的。

第二，城市居民的主要成分是逃亡农奴，他们本来是马尔克公社成员的后裔，当他们还是庄园农奴时，对马尔克公社的许多传统习俗还十分熟悉，记忆犹新，当他们逃出庄园、建立城市转化为市民后，就很自然地把农村马尔克那套制度和习俗带进了城市，从而给城市居民的团结战斗，提供了一个现成的组织形式。正如恩格斯所指出的，西欧封建时代早期的农村制度，"无非是一个独立的村马尔克的马尔克制度；只要村一旦变作城市，也就是说，只要它用濠沟和墙壁防守起来，村制度也就变成了城市制度。

---

① 〔比利时〕亨利·皮雷纳著，陈国樑译：《中世纪的城市（经济和社会史评论）》，商务印书馆1985年版，第108页。

② 〔比利时〕亨利·皮雷纳著，陈国樑译：《中世纪的城市（经济和社会史评论）》，商务印书馆1985年版，第108页。

③ 〔比利时〕亨利·皮雷纳著，陈国樑译：《中世纪的城市（经济和社会史评论）》，商务印书馆1985年版，第108—109页。

后来的一切城市制度，都是从这种最初的城市马尔克制度中发展起来的"①。

第三，西欧封建主在自己的庄园领地上拥有"特恩权"，即可以独立行使行政、司法、税收等特权，国家的官吏不得进入封建主的领地行使上述权利，这在分裂割据的西欧，使大大小小的封建主的领地都成了具有国家职能的"独立王国"。这种情况，无疑也给在封建土地上产生的城市为建立独立自主权，提供了一个可供效法的榜样，从而把"特恩权"的形式和内容融进了自治公社。因此，从实质上看，城市自治权也是一种"特恩权"。不同的是，封建主的"特恩权"是独立于封建王权的，它是封建分裂割据的基础，限制和削弱了王权，加剧了封建混战，对社会的发展起到了消极的作用。而城市公社的"特恩权"是独立于整个封建统治阶级的，它培养和锻炼了市民阶级奋发向上，勇于争取独立、自由和平等的斗争精神，保障了工商业的发展，繁荣了商品经济，为国家结束分裂混战、走向统一集权提供了物质条件，并进而使城市成为瓦解封建制度的巨大经济中心。

三

城市自治权是西欧封建制度迅速解体的重要根源。它使城市经济政治的发展获得了相对的独立性，带来了商品货币经济的发展，引起农村经济结构的变化，瓦解了封建制度的经济基础。

城市不同于农村的最根本的标志是，城市是手工业和商业的中心，农村则是农业的基地。西欧的封建城市是以发展工商业为先决条件的，最初逃亡到城市里的农奴，都是手工业者，他们开始也是商人，自产自销。但是如果没有人身自由，他们就不能自由生产或到处经商，因为人身自由是从事工商业活动必需的先决条件。通过和领主斗争，他们较早地获得了人身解放，城市自治公社建立后，又从行政上、司法上保护着他们的这种地位，这就使城市小生产者有较大的独立性，充分的安全感和较高的劳动兴趣，因而促进了技艺的钻研，工具的改进，经验的积累，技术的传播，使手工业得到充分的发展。随着手工业的发展，商品交换活动不断扩大，于

---

① 《马克思恩格斯全集》第19卷，人民出版社1963年版，第361页。

西欧城市自治权与封建制度的解体

是在城市中出现了不从事生产而专门经营产品交换的商人。商人阶层的出现，是引起封建经济结构发生变化的起点。因为随着商业贸易权集中在商人阶层手里，商人所促进的同近郊以外地区通商的扩大，逐步打破了闭塞的自然经济的壁障，促进了地区之间的联系和交流，这就为国家从封建割据走向统一集权创造了物质前提。同时，商业的发展促进了货币的使用。随着货币的流通，钱商行业大为活跃，早期银行业和高利贷也应运而生。高利贷是具有资本主义性质的东西，它是瓦解和破坏封建制度的重要因素。马克思对此有精辟的论述："高利贷对于古代的和封建的财富，对于古代的和封建的所有制，发生破坏和解体的作用。"①

商品货币的发展，直接破坏了农村的自然经济，使农村逐渐卷入城市商品交换的经济漩涡之中。封建主为了购买市场上琳琅满目的精美手工业品和从东方运来的奢侈品，亟须大量的货币。于是，一部分领主加强农奴制，扩大自营地，缩小农民份地，强迫农奴担负更多的劳役，以生产更多的农产品运往市场销售，换取货币。如意大利西北部和南部、英国东南和德国的许多大封建主就是如此。也有部分领主向农奴征收更多的实物，提高实物地租额，以便去市场上换取更多的货币。但更多的封建主则是把劳役地租改为货币地租，进行所谓的"换算"，在换算中提高地租额。随着"换算"的开展，"解放"农奴的过程开始了。所谓的"解放"，是农奴用一笔相当可观的金钱，赎买了与农奴身份有关的几种义务之后获得的。在赎买时，要立一个契约，写明赎买的条件和农奴应交的货币租额，而后农奴即获得了人身自由，并有了买卖土地的权利。地租形态的改变，使领主和农奴之间的封建依附关系发生松弛，变成一种简单的金钱支付关系。所以马克思说："地租一旦取得货币地租的形式，同时交租农民和土地所有者的关系一旦取得契约关系的形式……也就必然出现租赁土地给资本家的现象。这些资本家一向置身在农村范围之外，现在却把他们在城市中获得的资本和城市中已经发展的资本主义经营方式……带到农村和农业中来。……一旦资本主义租地农场主出现在土地所有者和实际从事劳动的农民之间，一切从农村旧的生产方式产

---

① 《马克思恩格斯全集》第25卷，人民出版社1974年版，第674页。

生的关系就会解体。"①因此，货币地租出现和发展的过程，就是农奴制崩溃和封建的自然经济基础瓦解的过程。

城市自治权不仅在经济上瓦解了封建制度的基础，而且在政治上冲击了封建体系，改变了封建统治的政治结构，使市民阶级成为一支独立的政治力量登上历史舞台，瓦解或破坏了封建制度的阶级基础。

市民阶级发动的争取自治权的斗争，实质上是向封建贵族的政治权力发动的第一次进攻。这种斗争，也具有早期资产阶级争取人权、民主、自由的性质。自治权的内容与封建体系、封建秩序都是水火不相容的。因此，不论世俗封建主还是教会封建主，都对城市自治运动怀有深刻的敌意，咒骂城市公社"是一可恶的新字眼"，"是平民的骄傲，是王国的威胁，是僧侣的耻辱"②，是"瘟疫性的公社"③。这从反面也证明了城市自治运动对封建统治阶级的打击和威胁。事实证明，封建主们的担惊受怕不是没有道理的。因为城市是市民阶级力量的源泉，随着商品货币经济的发展，市民阶级的经济实力不断增长，政治地位和影响也日益增强，他们向封建贵族政治权力发起进攻的能量也与日俱增。而封建主随着封建领地经济日趋瓦解，其经济地位和政治权势也随之江河日下，日暮途穷。封建贵族的生活必需品已经不可能再靠领地自给自足了，样样都得依靠城市供应，都必须用金钱从城市购买。所以恩格斯说："在十五世纪，市民对社会来说，已经比封建贵族更为必要了。""它们通过货币，已经在一程度上使封建主在社会方面甚至有的地方在政治方面从属于自己。"④"货币是市民阶级的巨大的政治平衡器"，是市民阶级"对付封建主义的有力武器"⑤。15世纪时，货币像蛀虫一样，已经把封建制度的大厦蛀空了。

市民阶级是资产阶级的前身，对于资产阶级来说，货币就是力量。市民阶级正是由于拥有雄厚的经济实力才成为一支重要的政治力量的。在中

　①《马克思恩格斯全集》第25卷，人民出版社1974年版，第900—901页。
　②〔苏〕波梁斯基著，北京大学经济史经济学说史教研室译：《外国经济史（封建主义时代）》，生活·读书·新知三联书店1958年版，第314页。
　③〔比利时〕亨利·皮雷纳著，陈国樑译：《中世纪的城市（经济和社会史评论）》，商务印书馆1985年版，第110页。
　④《马克思恩格斯全集》第21卷，人民出版社1965年版，第448—451页。
　⑤《马克思恩格斯全集》第21卷，人民出版社1965年版，第449页。

世纪的西欧，王权的增强是伴随着城市独立自主权的获得而出现的，在此之前，王权微弱，封建割据严重，国王有名无实，其权力越不出自己的王室领地，充其量不过是许许多多大封建主的首席而已。恩格斯对当时国王的地位作了这样的论述："在这每一个中世纪国家里，国王是整个封建等级制的最上级，是附庸不能撇开不要的最高首脑，而同时他们又不断反叛这个最高首脑。"①城市自治权建立后，市民阶级经济实力的强盛，为国王在反对封建割据势力的斗争中，找到了强有力的同盟者，而市民阶级也需要有一个统一安定的局面，发展自己的工商业，于是支持王权，反对封建割据。法国"三级会议"、英国"国会"这种等级君主制的政体形式，西班牙政治统一的完成等，都体现了城市与王权的联盟，显示了市民阶级的政治力量。西欧封建王权的加强，由等级君主制走向专制君主制，也都是以城市与国王的联盟为重要的阶级基础的。但是，这种联盟只是暂时的。15世纪以后，西欧一些国家相继出现了专制君主制。专制王权一方面需要城市的金钱维护、支持自己的统治，另一方面又害怕市民阶级力量的强大，常常采取一些限制政策，有的拒付借款，使银行倒闭，企业破产。这对市民阶级来说是不能忍受的，必然展开推翻封建专制制度的斗争。因此，"当欧洲脱离中世纪的时候，新兴的城市中等阶级是欧洲的革命因素。……中等阶级，即资产阶级的发展，同封建制度的继续存在已经不相容了，因此，封建制度必定要覆灭"②。意大利的一些城市由于建立了城市共和国，自治权最完备，经济最发达，市民阶级的力量最强盛，要求社会变革的呼声也最强烈，因此才以"文艺复兴"的形式，发出了资产阶级要求夺取政权的第一声呐喊。恩格斯称文艺复兴"在本质上是城市的，从而是市民阶级的产物"③。尼德兰在16世纪以后，有城市三百多座，有"多城市之国"之称，因此资产阶级的经济、政治实力也最强，终于爆发了资产阶级革命，推翻了封建制度，建立了世界史上第一个资产阶级共和国。由此可见，西欧城市是资本主义的摇篮，市民阶级是封建制度的掘墓人。

[原载于《安徽师大学报（哲学社会科学版）》1986年第2期]

---

① 《马克思恩格斯全集》第21卷，人民出版社1965年版，第452—453页。
② 《马克思恩格斯选集》第3卷，人民出版社1972年版，第389页。
③ 《马克思恩格斯选集》第4卷，人民出版社1972年版，第249页。

西班牙"无敌舰队"的覆灭

1588年，西班牙在同英国争夺海洋霸权的斗争中，惨遭失败，号称"无敌舰队"的强大海军，几乎全军覆没。"无敌舰队"的覆亡，是西班牙没落的转折点，从此，海上"霸主"的地位，被英国取而代之。

争夺霸权，西王装备舰队

16世纪时期的西班牙，是一个头号殖民强国和海上霸主，其殖民势力遍布亚、非、欧、美四大洲。英国当时还是一个军事力量远逊于西班牙的小国。但随着资本主义经济的迅速发展，对外贸易和殖民掠夺范围日渐扩大，英国资产阶级利用海盗，进行"海盗战争"。海盗头子霍金斯、德雷克等人长年浪迹海上，熟谙海路，精于航海术，专事海上抢劫活动。他们被英王伊丽莎白委以重任，常常深入西班牙殖民地进行走私和掠夺活动，扰乱西班牙航线，拦劫西班牙运载金银的商船，从侧面打击西班牙的海上霸权。英国的海盗活动，是西班牙的心腹之患，西班牙国王腓力二世十分恼怒，对伊丽莎白恨之入骨，必欲除之而后快。

1587年3月23日，腓力二世得到一份紧急报告：信奉天主教的苏格兰女王玛丽被伊丽莎白处死。因1568年苏格兰发生政变，玛丽避居英国，被英王长期囚禁。1586年，腓力二世纵容英国天主教势力谋刺伊丽莎白，企图营救玛丽出狱，立为英王，然后娶其为妻，通过联姻把英国置于自己的控制之下，结果阴谋败露。伊丽莎白为杜绝后患，先发制人，把玛丽送上断头台，公开处决。玛丽的死，使腓力二世决心用武力征服英国。他花费巨额资金，装备了一支庞大的舰队，命名为"最幸运的无敌舰队"。这支舰队共有舰船130余艘，其中65艘为带有船楼的大型战舰，26艘是载有辎重和马匹的荷兰帆船，19艘小型海岸护卫船，13艘通讯船和8艘大型运输船。舰队总共3万多人，其中水手和炮手8000人，步兵23000人，此外还有180名神职人员。腓力二世决心凭借这支强大的舰队，征服英国，称霸海洋。

天不作美，风浪敲响丧钟

1588年4月25日，腓力二世在里斯本大教堂举行授旗仪式，任命大贵族西顿尼亚公爵为舰队总司令，代其率队出征。5月9日，西顿尼亚下令开航。这时，突然狂风大作，风向逆转，只好停锚待发。5月30日，气候好转，"无敌舰队"从里斯本扬帆启航。整整两个昼夜，全部舰队才驶出港外。

"无敌舰队"的具体作战计划，是避免在英吉利海峡与英军遭遇，径直驶往尼德兰海域，与西班牙驻尼德兰总督帕尔玛的陆军远征队会合，然后协同作战，攻占英伦三岛。最初二十天过去了，航行顺利。6月19日，狂风突起，海浪滔天，舰队被排山倒海似的巨浪所阻，有的被吹翻，葬身海底。西顿尼亚急令舰队躲入附近的拉科鲁尼亚休整。飓风持续了一昼夜，次日清晨，西顿尼亚发现他的舰船有一半不知所向，虽多方搜寻、救援，仍然损失33艘商船、8000多名船员。

飓风的打击敲响了"无敌舰队"的丧钟。西顿尼亚感到力量已不如敌人，向腓力二世建议与英国妥协言和。但腓力二世断然拒绝，并命令："即使你不得不再扔下10或12艘船只，你也必须立即出航。"西顿尼亚万般无奈，只好硬着头皮前进。

指挥无能，陆将错任水帅

西顿尼亚本是个陆军将领，只因他出身于名门望族，深得国王的信赖，才被任命为舰队统帅的。他根本不懂海战，对指挥舰队作战毫无经验，而且晕船。

西顿尼亚的指挥糟透了。7月21日，"无敌舰队"驶进英吉利海峡，停泊在英国的普利茅斯港附近。英国探知了西班牙的作战计划，做了相应的军事准备，动员全国力量，御敌于国门之外。英国舰队约有140艘舰船，大部分是海盗的武装商船。大型战舰虽然只有20余艘，但经过改进，装备有远射程大炮。其余的舰船，也具有快速轻便的特点。整个舰队的作战人员约9000人，全是船员和水手。深孚众望的霍华德勋爵为舰队总司令，霍金斯、德雷克等人任分舰队司令或船长。

当英国舰队发现"无敌舰队"进入英吉利海峡后，立即抢占上风方位，主动出击。7月22日清晨，两支舰队接火了。西顿尼亚在旗舰"圣马丁号"上升起王室旗帜，指挥战斗，他根据传统战略，想近战取胜，于是鸣炮发令。霎时，西班牙舰队列成半月形。英舰如果进入这个半月形，将遭到短距离密集炮火的轰击。而一旦双方靠近，西班牙人就可以施展他们的拿手好戏——接舷战，让步兵跨船杀败对方水兵，夺取敌舰。英军深知这一战术，尽量避开近战，用长炮在远处射击。西班牙的那些像楼宇一样高耸的大型战舰，正好是英国大炮轰击的目标。西班牙的加农舰炮，虽然杀伤力很大，但射程短，因而英舰损失甚微。接着，英军采用纵队战术，排成一条单长线，绕过西班牙舰队的前卫，乘风楔入西军主力和后卫之间，集中火力猛攻西军后卫。西班牙舰队阵势很快被打乱，损失惨重；一艘旗舰中炮受创，丧失作战能力；另一艘旗舰被撞伤，分舰队司令被俘；许多艘战舰或沉或伤，局势十分不利。西顿尼亚无心恋战，遂率舰队向东退去。

28日，"无敌舰队"驶进多佛尔海峡，等待帕尔玛的援军。但是，西顿尼亚万万没有想到，英国海军的一支分舰队，早已封锁了尼德兰海面。是夜，当疲惫的西班牙人正在酣睡，英军巧施火攻，把涂满柏油、装有易燃物的8条旧商船点燃，顺风驶进西班牙舰队，顿时火舌飞舞，烈焰熊熊。西顿尼亚从睡梦中惊醒，慌乱之中，命令砍断锚索，启航避让。在一片混乱之中，各船竞相逃走，舰船或被烧毁，或互相撞沉。西顿尼亚原想等火船漂过之后，再恢复战斗序列。谁知因西顿尼亚错令断锚，多数军舰都失去了两个主锚，无法停船，只好任风吹去。西顿尼亚无奈，只好令旗舰随大流飘荡。

天亮后，英国舰队追上了西班牙舰队，双方在格雪夫兰斯海面再次展开激战。英国人始终占据上风，"无敌舰队"溃不成军，士兵的鲜血从甲板上的排水管里流到海里，染红了海水。西班牙舰队且战且退，向佛兰德尔败逃。西顿尼亚见大势已去，不敢再战，决定绕道苏格兰和爱尔兰返国。

西顿尼亚率领的残存舰队，在苏格兰北部又遇上了大风暴，被海浪吞噬了一部分船只。途经爱尔兰西海岸时，又有许多舰船相继触礁沉没。1588年10月，西顿尼亚回到西班牙时，仅剩下43艘残破舰船，"无敌舰队"几乎全军覆没。西班牙从此一蹶不振。

（原载于《历史知识》1986年第3期）

大化革新与日本历史的转折

公元7世纪中期，日本在外国先进政治、经济和思想文化的影响下，发生了一次具有划时代意义的重大革新运动，这就是著名的"大化革新"。

部民制发生危机

大化革新是日本社会历史发展的必然产物。它是在奴隶制发生危机，社会生产停滞，阶级矛盾和斗争不断激化、加剧的情况下爆发的。公元1、2世纪，日本的原始公社逐渐解体。3世纪时，在本州中部的奈良一带，兴起了一个叫大和的奴隶制国家。大和贵族不断向外扩张，到5世纪时基本上统一了日本。大和国家的最高首脑称为大王，6世纪末改为天皇。大和国家在扩张征服的过程中，皇室和贵族把掠夺来的大量土地，分别组成"屯仓"（皇室领地）和"田庄"（贵族领地），役使部民从事生产。部民是一种近似奴隶的人，其来源有三：一是由被征服的氏族公社成员转化而来。由于以血缘关系为纽带结成的氏族组织很牢固，不易被打破，征服者不能把他们作为单个奴隶来奴役，只好保留原来的氏族整体，通过"部"的形式对他们实行集体占有，部内的成员即为部民。二是归化人，亦称"渡来人"，主要是来自中国和朝鲜的移民。他们或为逃避国内的阶级压迫，或为躲避战乱而流入日本，被统治者按他们所从事的不同职业强制编成部，成为部民。如种田者编为田部，从事手工业的编成衣缝部、锻制部、土师部等。三是罪犯。有少数平民，因触犯了统治阶级而被贬为部民，据《日本书纪》记载：天皇的鸟被别人的狗咬死了，于是养狗者全家被贬为部民，给天皇养鸟，称为养鸟部。部民集体居住在奴隶主的土地上进行生产劳动，他们保有少量的财物和生产工具，有自己的家室，但没有人身自由，奴隶主可以任意把他们赠送、转让或贡纳。部民制是日本奴隶制生产关系的一个重要特点，是大和国家统治的经济基础。

大化革新前，部民奴隶制发生危机，成为社会生产力发展的严重阻碍。在奴隶主阶级的残酷剥削压迫下，广大部民的生活十分悲惨，挣扎在死亡线上。《日本书纪》记述了这样一幅社会图景，"五谷不登，百姓大饥"，"老者唋草根而死于道垂，幼者含乳，与母共死"，甚至出现"人相食"的惨状。民以食为天，无以生计的部民，不堪剥削和压迫，不断掀起各种形式的反抗斗争。他们或"脱籍逃亡"，成群结队地遁入山林，抗拒赋税徭役；或者举行武装起义，袭击奴隶主的屯仓和田庄，杀死王公贵族，到处呈现"强盗、窃盗并大起之，不可止"的局面。人民的反抗斗争，从政治上打击了统治阶级；大量部民的"脱籍"也给统治者经济上带来巨大损失。因此，到了6世纪后期，部民制已走到了尽头，整个社会处于激烈动荡之中，社会变革已处于"山雨欲来风满楼"的形势之下。而中央和地方豪族势力的强大，更加剧了部民制的危机。只有改变这种政治经济体制，解放生产力，社会才能出现生机。于是，在日本大和统治集团内部，改革派开始逐步崭露头角。

圣德太子初步改革

593年，专擅朝政的大奴隶主苏我马子，为了左右朝政，随意废立天皇，把自己的甥女推上天皇宝座，是为"推古天皇"，由甥孙圣德太子摄政。圣德太子原为皇子，据传因生于马厩前，人称"厩户皇子"。他自幼学习中国典籍，是一位开明的革新政治家和思想家。他摄政期间（593—622），对握有实权的苏我氏，表面妥协，暗中则积极谋划改革，试图以和平的方式改变奴隶制经济基础和上层建筑，削弱旧贵族的权势，建立以天皇为中心的中央集权的政治体制。603年和604年，他先后制定了《冠位十二阶》和《宪法十七条》。《冠位十二阶》是官吏的位阶制度，共分十二个等级，各等级以不同颜色的冠来表示。冠位是按才干、论功绩由天皇授予贵族个人的荣爵，也是贵族、官吏身份的标志。《冠位十二阶》一变过去的世袭制度，规定各位阶不能世袭，从而限制了奴隶主的特权，一定程度上起到了抑制门阀势力和选拔人才的作用。

《宪法十七条》是管理国家的根本大纲，它是以中国儒家思想为指导而制定的。其中写道："承诏必谨。君则天之，臣则地之。""国非二君，民无两主，率土兆民，以王为主，所任官司，皆是王臣。"这些条款，目的在于抑制贵族势力，提高皇室威权，强调皇权至上，显示了建立中央集权体制的倾向。为了把日本整顿成为一个强有力的集权国家，圣德太子还恢复了同中国中断了一百多年的国交，在短短十五年中，向隋朝派出"遣隋使"四次、留学生和学问僧八名，谱写了中日关系史上光辉的一页，为日本学习隋朝统治经验，摄取中国文化，进一步深入改革打下了基础。

但是，圣德太子的改革是不彻底的，没有从根本上触动部民制，没有采取有效措施一举消除贵族专权的社会经济基础。仅试图用"以和为贵""上和下睦"（《宪法十七条》第一条）的和平主义思想进行改革，这样的改革是注定不能成功的。然而就连这一点改革，也为大贵族所不容。622年圣德太子死后，旧贵族立即猖狂反扑，反攻倒算，血洗改革派，杀死了圣德太子的儿子山背大兄皇子，并诛其一族，废除了全部改革措施。于是，圣德太子的改革半途夭折了。但它却为即将到来的更大规模的改革提供了正反两个方面的经验，准备了思想条件，培养了人才，奏响前奏曲。

中大兄发动宫廷政变

7世纪三四十年代，日本的留学生、学问僧陆续学成回国。他们在中国留学有的长达二三十年，亲身经历了隋末唐初的动乱，目睹了唐朝在短期内建立起强有力的中央集权国家，出现高度封建文明的情景。回国后，他们对日本奴隶制的积弊十分不满，强烈要求变法革新。于是把中国先进的社会经验、政治制度和思想文化等情况，向国内作了广泛的介绍，产生强烈反响，在日本贵族中逐渐形成了以中大兄皇子和中臣镰足等为代表的革新派。他们向归国留学生南渊请安、高向玄理等人学习"周孔之道"，决心按照"法式备定"的唐朝制度进行全面改革。

革新派的改革活动首先是从发动政变开始的。645年6月12日，中大兄等人利用文武官员齐集太极殿接见朝鲜使者的机会，发动了宫廷政变。那日清晨，皇宫的太极殿内鼓乐齐鸣，文武百官身着华丽的朝服，缓缓进入殿堂按官阶分立两旁。大贵族苏我氏父子均参加了接见。苏我入鹿一身将军打扮，腰佩长剑，立在天皇左侧，其父苏我虾夷半闭着眼坐在天皇右侧。这父子两人权势极大，位如至尊，天皇有什么决定，必须征得他父子允诺方能生效。平时，虾夷并不上朝，官邸犹如皇宫，事无巨细，家中便作定夺。今天接见外使，碍于礼仪，只得陪同天皇。但仪式即将开始了，仍不见中大兄到来，老奸巨猾的虾夷心里不免怀疑起来。他向天皇干咳了两下，声称"身体不适"，便让人抬走了。这时，朝鲜使臣捧着礼物，在鼓乐声中缓缓走入殿堂。中大兄也突然跟在使臣后面进来了。他一进殿，突然命令关闭全部宫门，然后拔出宝剑，一个箭步冲到入鹿面前，仗剑猛刺。入鹿猝不及防，剑透前胸，当场毙命。满朝文武吓得魂飞魄散，纷纷倒地慑服。中大兄把剑一挥，埋伏的卫士一拥而上，把苏我氏党羽逮住，一个个押了下去。中大兄还组织军队，建立据点，严阵以待，准备粉碎苏我氏余党的反扑。苏我虾夷见大势已去，在走投无路、四面楚歌之中，自焚身死。旧贵族势力迅速土崩瓦解。第三天，革新派组成以中大兄皇子、中臣镰足为核心的新政权，任命归国留学生僧旻、高向玄理为"国博士"，充当朝廷顾问，供天皇咨询；废黜苏我氏拥立的天皇，拥立中大兄的舅舅轻王子为孝德天皇，仿效中国建年号为"大化"，迁都难波（今大阪）。大化二年正月，新政权发布革新诏书，宣布对社会政治和经济制度进行全面的改革。因改革发生在大化年间，故史称"大化革新"。

大化革新的内容和影响

大化革新的内容主要表现在四个方面：

第一，改革土地占有制度。废除皇室、贵族私有土地和私有部民的制度，土地和部民全部收归国有，成为公地公民，建立封建土地国有制。

第二，仿照中国唐朝的均田制建立班田制，实行班田收授法。国家对六岁以上公民每六年班给"口分田"一次，受田人要向国家负担租庸调。班田只供终身占有，死后归还国家。

第三，改革官制和统治机构，制定新的官制和官位制，建立中央集权。中央建二官八省一台，地方置国、郡、里，各级官吏由国家任免，废除贵族世袭特权。

第四，军事上实行征兵制。京师置五卫府，地方设军团，军权归中央，废除旧贵族对军队的世袭控制。

同一切改革总会遇阻力一样，大化革新也不是一帆风顺的，它经历了一个长期而又曲折的过程，历时半个世纪。此间保守的旧贵族势力进行了顽固的反抗，几经反复，革新内容不断得到充实完善。直到701年颁布了《大宝律令》，革新成果终于以法律的形式固定下来，革新运动胜利了。

大化革新虽然是通过宫廷政变自上而下进行的，但对日本社会历史的发展，产生了重大深远的影响。其一，它摧毁了大奴隶主贵族的统治，抑制了旧贵族的特权，彻底消灭了原始公社的残余，解放了部民，使氏族奴隶主贵族赖以存在的经济基础——部民制最后崩溃。其二，革新后社会阶级关系和经济制度发生了重大变化。部民变为班田农民，使阶级关系得到调整，解放了生产力，实行租庸调制，使农民在经济上得到了相对的独立性，一定程度上固定了农民的赋税、徭役负担，提高了生产积极性。班田农民的出现是日本小农经济的开端。马克思曾指出："日本有纯粹封建性的土地占有组织和发达的小农经济……"马克思在这里肯定的是比欧洲更具特色的封建土地所有权组织和小农经济，正是日本大化革新的产物，也正是日本从中国习得的，从而也体现了中国封建制度的典型性。其三，大化革新是在中国先进的政治、思想、文化和生产技术的影响下进行的，引进中国隋唐的典章和思想文化是这次革新运动的显著特征，也是变革成功的基础。它促进了中国隋唐文化在日本的传播，开创了日本民族注重引进外国先进技术、文化的传统之先河，为本民族社会历史的发展和经济的繁荣，找出了一条坦途。

（原载于《中学历史教学参考》1989年第6期）

论日本大化革新的曲折道路

　　大化革新是日本历史上具有划时代意义的重大社会改革运动。从7世纪初圣德太子率先揭开这一改革运动的序幕，经过大化年间中大兄的深化改革，到7世纪末天武天皇通过"定律令、改法式"，以法制形式把革新体制固定下来，基本完成了日本长达一个世纪的社会改革任务。但此间斗争迭起，障碍重重，几经挫折，数易政权，最终实现了社会历史的转折，使日本从奴隶社会过渡到封建社会。这充分体现了历史在曲折中行进，社会在改革中发展的哲理。

一

　　大化革新运动的发生，有着深刻的社会根源。6世纪末期以后，日本部民奴隶制陷入危机，社会动荡，生产凋敝，经济萧条，阶级矛盾激化。奴隶主贵族"各置己民，恣情驱使。又割国县山海林野池田，以为己财，争战不已。或者兼并数万顷田，或者全无容针之地"[①]，严重破坏了社会生产力和人民的安定，导致土地荒芜，灾荒频起，社会呈现"五谷不登，百姓大饥"，"老者啖草根死于道垂，幼者含乳，与母共死"[②]的惨景。而统治阶级却"纵靡靡之声，日夜常与宫人沉湎于酒，以锦绣为席，衣以绫纨"，"穿池起苑，以盛禽兽"[③]，过着花天酒地、醉生梦死的生活。他们还残忍地对女奴进行凌辱取乐，如强迫她们"脱衣裙而著犊鼻"，在露天地里相扑；或令她们赤裸地排坐在平板上，然后牵来雄马加以凌辱；

---

①《日本书纪》，卷25，孝德大化元年。
②《日本书纪》，卷22，推古三十六年、三十四年。
③《日本书纪》，卷16，武烈八年。

或者剖孕妇之腹以观其胎；或让奴婢趴在流水之中用三刃矛射杀[1]；等等。奴隶主贵族对部民奴隶任意压迫、奴役的暴行，激起人民的强烈反抗。人民开始以逃亡形式进行斗争，后来发展为大规模武装起义，出现"强盗、窃盗并大起之，不可止"[2]的局面。在人民起义斗争的冲击下，统治阶级内部也出现了政治危机。奴隶主贵族为争夺土地征战不休，地方豪族拼命扩大政治势力对抗中央，甚至举兵反叛，其中以527年九州的"盘井之乱"最为典型。他纠集地方势力，独霸一方，除控制筑紫国外，还占领了肥前、肥后、丰前、丰后等广大地区，与中央分庭抗礼达一年零三个月之久。朝廷急派六万大军前去镇压，并发出"社稷存亡，于是乎在！"[3]的惊呼。

人民的反抗和豪族的叛乱，从根本上动摇了部民奴隶制的基础，旧的统治秩序已难以再维持下去。于是统治阶级中出现一些具有革新思想的代表人物，希图通过政治改革，挽救社会危机。圣德太子就是这样的改革人物，他的改革揭开了大化革新运动的序幕并演奏了第一乐章。

圣德太子出身于皇室家庭，是一位开明的政治家和新兴地主阶级的先驱。他的青少年时期是在大贵族"专擅朝政"的局面下度过的。特别是苏我氏专横跋扈，任意废立天皇，甚至暗杀天皇的行径，使他感触至深。592年，苏我马子暗杀了崇峻天皇，把其甥女拥上天皇宝座，称"推古天皇"。圣德太子本当有权继承皇位，但在苏我氏的淫威下，他未能即位，被按立为皇太子摄政。他利用摄政的机会，同操有实权的苏我氏展开了微妙的斗争，积极致力于改革。603年，他制定了《冠位十二阶》，实行新的官制，以不同颜色的冠来表示十二个等级职位的高低。冠位按才能、功绩授给，不准继承，一变过去的世袭制度，限制了贵族的特权，抑制了门阀势力，为选拔人才、任用人才开辟了新途径，使一些有能力有见识的中小贵族有机会进入中央，改变了上层建筑的领导成分，有利于建立中央集权的政治体制。

圣德太子另一项重大改革措施，是604年制定了《宪法十七条》。这

---

① 《日本书纪》卷16。
② 《日本书纪》卷22。
③ 《日本书纪》卷17，继体二十一年。

是根据政治斗争的需要，吸收中国儒、法、墨等家的政治思想而制定的各官吏必须遵守的道德规范。规定："承诏必谨。君则天之，臣则地之。天覆地载，四时顺行，万气得通。地欲覆天，则致坏耳。是以君言臣承，上行下靡。""国靡二君，民无两主，率土兆民，以王为主，所任官司，皆是王臣。"①这些强调君臣大义和礼法秩序的条款，显示了建立中央集权政治体制的倾向。它虽然还不是法律条文，不具有现代宪法的含义，但却起到了管理国家根本大纲的作用。

圣德太子在《宪法十七条》中还突出地表现了加强法治，主张选贤任能的思想。规定："群卿百寮，以礼为本。其治民之本，要在乎礼。上不礼而下非齐，下无礼以必有罪。是以群臣有礼，位次不乱，百姓有礼，国家自治。"②各级官吏要"明辨诉讼，见恶必匡"，"明察功过，赏罚必当"。选拔官吏的原则是"人各有任掌，宜不滥。其贤哲任官，颂音则起；奸者有官，祸乱则繁"，"事无大小，得人必治。时无急缓，遇人自宽"。做官的必须"背私向公"，"若以私妨公，憾起则违制害法"③。在当时的历史条件下，圣德太子能提出如此鲜明而又进步的主张，确实是难能可贵的。

推行积极的外交政策，选派留学生到中国吸取先进的思想文化，是圣德太子改革的又一重要成就。607年他派小野妹子为"遣隋使"，带数十人到中国开展邦交活动。在致隋国书中写道："日出处天子致书日没处天子无恙。"④这是日本对中国皇帝第一次使用对等称呼。隋炀帝接见了使者，并派文林郎裴世清为使陪送小野妹子回日本。608年，圣德太子派小野妹子再次来隋，这次递交的国书开头写道："东天皇敬白西皇帝。"⑤这是日本首次使用"天皇"名称，反映了建立君主专制集权的愿望。随同第二次"遣隋使"来中国的还有僧旻、惠隐、南渊请安、高向玄理等八名留学生和留学僧。这是日本首次向中国派遣的留学生，目的是吸取中国的先进思想文化和技术，对后来推动日本的改革运动起了重大作用。

①《日本书纪》卷22，推古十二年。
②《日本书纪》卷22，推古十二年。
③《日本书纪》卷22，推古十二年。
④《隋书·倭国传》。
⑤《日本书纪》卷22，推古十六年。

圣德太子的改革在一定程度上起到了统一思想、抑制贵族势力的作用，对确立以天皇为中心的中央集权政治体制打下了基础。但圣德太子的改革是不坚决的，他虽然在上层建筑领域里采取了一些改革措施，但没有从根本上触动社会危机的根源部民制，并寄望于"以和为贵"①的思想进行改革，这是不可能解决社会危机的。特别在他晚年，当他感到贵族特权无法削弱，政治改革目标难以彻底实现时，则逐渐减低了改革的热忱，而沉迷于佛教，躲向"世间虚假、唯佛是真"的宗教观念之中②。然而，就连这些不彻底的改革，也为保守的大贵族势力所不容。622年圣德太子死后，以苏我虾夷和苏我入鹿父子为代表的反动势力，猖狂反扑，进行反攻倒算，血洗改革派，杀死了圣德太子之子山背大兄及其一家，废除了圣德太子的全部改革措施，恢复了奴隶主贵族的世袭特权，社会危机更加深重。

二

圣德太子的改革虽然夭折了，却为日本进一步改革提供了经验教训，培养了人才。7世纪三四十年代，圣德太子派到中国的留学生陆续学成归国。僧旻于632年回国，惠隐、惠云于639年回国，南渊请安、高向玄理于640年回国。他们在中国留学长达二三十年，系统地学习了中国的思想文化、律令典籍和官僚政治，并亲身经历隋末唐初的动乱，目睹了唐太宗夺取政权后，通过改革建立起强有力的中央集权，出现"贞观之治"的高度封建文明的情景。他们回国后对日本的社会积弊十分不满，强烈要求改革。为此，他们积极宣传唐朝的政治经济制度，传播中国的思想文化。"他们传出来的异国文化情调，必然引起当时知识阶层的好奇心，给予他们以强烈的刺激。"③在其影响下，日本贵族和皇室中形成一批以中臣镰足和中大兄为代表的革新派，立志参照唐制进行改革。

---

① 《宪法十七条》，第一条。
② 〔日〕石母田正、松岛荣一著，吕明译：《日本史概说 I》，生活·读书·新知三联书店1958年版，第51页。
③ 〔日〕木宫泰彦著，胡锡年译：《日中文化交流史》，商务印书馆1980年版，第60页。

中臣镰足生于贵族家庭，幼年好学，博览群书，尤其爱读中国兵书《六韬》。中大兄出身于皇室，父为舒明天皇，母为皇后皇女。16岁时，其父去世，贵族专横，外戚弄权，宫廷斗争激烈，他深感政治腐败，积虑满怀。他们二人志同道合，同师受教于僧旻和南渊请安，对中国先进的思想文化十分倾慕，常在就学往返的路上，密谋诛杀苏我氏，夺取政权，实行改革的大计。为此，他们秘密组织了革新队伍。644年春，中大兄按中臣镰足的谋划，娶纳苏我石川麻吕之女为妃，并利用苏我氏内部矛盾，把石川麻吕从苏我氏阵营中分化出来，使他加入革新阵营，为夺取胜利创造了条件。同时，他们把守卫宫门的将士佐伯连子麻吕、稚犬养连网田等也收买并吸收到革新阵营。经过周密准备，他们决定寻机发动政变。

645年6月12日，是朝鲜三韩使臣向天皇进赠礼品的日子，中大兄决定利用这次机会发难。那天清晨，皇宫太极殿内鼓乐喧天，文武百官按官阶分立两旁，皇极天皇在宫女簇拥下登上宝座。苏我入鹿一身戎装立在天皇左侧，其父苏我虾夷坐在天皇右侧。这父子二人权倾朝廷，是事实上的执政王。平时虾夷并不上朝，天皇有什么决定自然要向他请示。今天要接见外国使臣，碍于礼仪，不得不陪同天皇接见。仪式即将开始了，仍不见中大兄到来，老奸巨猾的虾夷不免有些狐疑，他知道中大兄对他父子操纵皇室是怀恨在心的，这两天又听说他在一个什么寺里训练军队，这非是好兆头。于是干咳两下，声称身体不适，便让人抬走了。临走前向入鹿丢了个眼色，要儿子当心，但入鹿没领会其含义，仍高傲地泰然处之。虾夷刚走，三韩使臣及其手捧礼物的随员即鱼贯走入宫殿。这时中大兄也走进皇宫，并命令关闭太极殿的十二道大门。按事前谋划，在石川麻吕读三韩进赠的礼品单时，由埋伏在殿后的佐伯连子麻吕突然冲出刺杀入鹿。表单快念完了，连子麻吕仍未动手。石川麻吕甚是紧张，"流汗浃身，乱声动手"①，不知所措。入鹿见状，十分惊诧。紧急关头，中大兄当机立断，拔出宝剑，一个箭步冲向前来，直刺入鹿。入鹿因进宫时被一位歌妓巧言戏谑"笑而解剑"，失去防身之物，招架不及，中剑

---

①《日本书纪》卷24，皇极四年。

身亡。外国使臣吓得退缩一旁，满朝文武魂飞魄散，乱作一团。这时埋伏的其他卫士一拥而上，将苏我氏党徒拿获，押了下去。斩杀入鹿后，中大兄又立即指挥军队占领全城主要据点，并把苏我虾夷的宅邸包围起来。同时，派人向苏我氏余党展开政治攻势，"以天地开辟，君臣始有，说于贼党，令知所赴"①。苏我虾夷父子的部下将官纷纷"解剑投弓，舍此而去，贼徒亦随散走"②。苏我虾夷众叛亲离，四面楚歌，被迫纵火焚宅而亡。中大兄的政变成功为大化革新铲除了障碍，开辟了道路。政变的第三天，中大兄仿照唐制建立了新政权，建年号为"大化"，设立左大臣、右大臣、国博士等职。任命阿倍内麻吕为左大臣，石川麻吕为右大臣，中臣镰足为内大臣，僧旻、高向玄理为国博士，把首都从飞鸟迁到难波。新政权成立的第五天，中大兄召集群臣宣誓"自今以后，君无二政，臣无二朝"，"天覆地载，帝道唯一"，反映了力图建立像中国唐朝那样高度中央集权的政治体制的愿望。7月24日，新政权又宣布："当遵上古圣王之迹而治天下，复当有信可治天下。"③"上古圣王之迹"即圣德太子的改革。这也表明中大兄的改革同圣德太子改革追求的政治目标是一致的。因此，大化年间的改革是圣德太子改革的继续和深化。

大化二年（646年）正月，新政权发布"革新诏令"，宣布在全国对政治经济制度实行全面改革，主要表现在四个方面。一、改革土地占有制度，废除部民制，建立封建土地国有制，土地和部民收归国有，成为公地公民，过去的贵族成为政府官吏，国家供给俸禄。二、改革税制，建立户籍和租税账簿，仿照唐朝均田制，建立班田制。国家对六岁以上公民分给一定数量的土地，每六年作一次调整，受田者负担国家的租税和劳役。三、改革官制和统治机构，建立中央集权的国家制度，中央设二官八省一台，地方置国、郡、里，所有官吏由国家任免，打破了贵族世袭要职的特权。四、模仿唐朝的府兵制建立兵农合一的兵役制度。中央设五卫府，各国置一至数个军团，各国正丁的三分之一轮流服兵役，主要充当军团的士兵；正丁平时从事农耕，当班时服兵役，废除了旧贵

———————
① 《日本书纪》卷24，皇极四年。
② 《日本书纪》卷24，皇极四年。
③ 《日本书纪》卷25，大化元年。

族对军队的世袭控制权。

革新诏令的颁布和实施，奏出了大化革新运动的主旋律。这是自圣德太子改革失败以来又出现的一次改革高潮。为了推进革新政策的顺利施行，中大兄高瞻远瞩，身体力行，率先将自己领地内的部民524人，屯仓181处献给国家①，表现了一个改革家应有的敢于同旧制度、旧传统、旧观念彻底决裂的思想品质。在他的影响下，改革运动蓬勃展开，特别在东国、近畿等地发展迅速，形势喜人。

但是，作为改变社会政治经济制度的改革运动，绝不可能是一帆风顺的，因为改革必然要触犯旧贵族的特权和传统利益，这就不可避免地会引起抵制和反抗，使革新事业出现曲折和坎坷。645年9月，革新政权建立不到三个月，即发生了古人大兄皇子谋反，妄图推翻革新政权的事件。古人大兄是中大兄的异母弟，其母是苏我入鹿的姑母，苏我入鹿曾极力拥他为天皇。入鹿被杀后，古人大兄哀痛欲绝，在家闭门不出，暗中窥探形势，以观事态变化。后来他以"勤修佛道，奉祐天皇"②为名，避居吉野法兴寺，勾结一帮守旧势力，策划叛乱，因同伙有人自首，阴谋败露，被中大兄剿灭。

问题并没有到此结束。反动势力的破坏、颠覆活动使革新派内部也出现复杂的斗争。649年发生了苏我石川麻吕被杀事件。石川麻吕是从苏我氏中分化出来的革新派重要人物，在参与制定和实施革新措施过程中起了重要作用，但他毕竟是从旧官僚体系中分化出来的人物，对某些新措施，难免思想上一时转不过弯来。当648年废止"古冠"，实行新冠制时，他却仍戴古冠，这就为反动势力进行攻击、陷害找到了可乘之机。后来，由他的异母兄弟苏我日向出面，诬告他要谋害中大兄，造反篡权。这是反动势力妄图从内部破坏革新阵营而巧施的奸计，但中大兄联系到他不积极执行新冠制的情况，听信了谗言，在未辨真伪的情况下，发兵围剿，迫使石川麻吕及全家自杀。这使革新政权失去一位核心人物，给革新事业带来不利的影响。这种影响随着革新政权中重要人物的相继死

①〔日〕石母田正、松岛荣一著，吕明译：《日本史概说Ⅰ》，生活·读书·新知三联书店1958年版，第56页。

②《日本书纪》卷28，天武即位前纪。

亡和分裂日益严重，石川麻吕死前七天，左大臣阿倍内麻吕病逝，653年革新政权顾问僧旻去世，另一顾问高向玄理也于654年出使唐朝期间，客死异国。这时，中大兄与孝德天皇因政见不合也发生分裂，中大兄率群臣弃天皇而去，离开难波返回飞鸟，孝德天皇抑郁而死。守旧势力的破坏，革新阵营重要人物的相继死亡和分裂，使大化革新的步伐迟缓下来。

三

改革是开拓精神的体现，一个改革家能否继续保持进取精神，永驻开拓锐志，这是改革事业能否顺利进行或成败的重要因素。中大兄作为一个改革家，其后期的表现和做法，是非常令人失望的，革新事业在他手里险遭夭折，改革运动陷入低潮。孝德天皇死后，皇极女皇帝重新即位，是为齐明天皇，朝中政务大权仍由中大兄掌握。661年齐明天皇去世，中大兄以皇太子身份总揽大政，名为"称制"，668年则正式即位为天智天皇。在这段时期内，中大兄不但没能继续推进改革，反而推行了一些倒退措施，犯了一些错误。他辅佐齐明天皇执政年间，大兴土木，修建宫殿，加重了人民的劳役和赋税负担，引起人民的强烈不满。反动势力乘机活动，聚集在孝德天皇之子有间皇子周围，制造事端，策划叛乱。苏我氏家族的苏我赤兄是其中的重要成员，他先是挑动、劝诱有间皇子叛乱，当有间皇子准备起兵时，他又怕难以成功，事坏身败，摇身一变，转而向中大兄告密，成为揭发谋反的有功之臣。有间皇子被镇压后，苏我赤兄却成了中大兄的"心腹"受到信任和重用，他一边对中大兄表示忠诚，一边暗中窥测方向，积蓄力量，以求一逞。这就在革新政权内埋下了一颗定时炸弹。中大兄良莠不分、忠奸不辨的做法，不得不说是严重的失误。

人民的不满情绪和守旧势力的破坏，使社会上出现新的不安。为了转移国内矛盾，中大兄错误地决定发动侵朝战争。结果于663年的白村江战役中惨遭失败，全军覆没。这更加深了国内矛盾，守旧势力乘机向中大兄施加压力，扬言要追查战争失败的责任。这时只要政策对头，措施得力，办法得当，缓和矛盾，稳定政局是可以做到的。但中大兄却对守旧势力采取了妥协、退让的政策。664年，他发布诏书，部分地恢复了已经废除了的部民制，恢复了氏族门阀制度和贵族占有土地的特权①。在作风上，他也一改昔颜，整日追逐享受，"朝廷无事，游览是好"，沉湎于酒乐，进取精神、改革锐志荡然无存。中大兄的妥协、倒退，给革新事业造成严重危害。671年，他在保守派的策动和压力下，对政府进行了改组，改立大友皇子为太子并任太政大臣，主持朝政；任命苏我赤兄为左大臣，中臣金为右大臣，苏我果安为御史大夫。这些人多是对改革阳奉阴违的人物，特别是苏我赤兄，更是一个反动的投机分子，这些人钻进革新政权内部是不会有好结果的。果然，同年12月，中大兄死，大友即位，革新政权完全被反动保守势力所控制，社会上立即泛起一股复辟倒退的逆流，大化革新运动的车轮进入曲折的弯道。

在历史发生倒退的逆境中，谁主沉浮？如何巩固、发展革新成果？这是摆在新贵族面前的紧要课题。以大海人为首的革新派，力挽狂澜，继续坚持改革，反对倒退，并通过浴血斗争，把大化革新运动再次推向高潮。大海人是中大兄的皇弟，富有才干和胆略。他的青年时代是在大化革新的激烈斗争中度过的，在革新事业中表现了非凡的才能，成为中大兄和中臣镰足的助手。中大兄即位时，他被立为东宫皇太子，成为皇位的法定继承人。他刚正不阿，直言不讳，对中大兄晚年沉湎于"置酒浜楼，酒酣极欢"②的做法很有意见。668年的一次宴会上，正当酒酣极欢时刻，他突然用长矛刺穿地板，表示不满，险些被中大兄处死，由于中臣镰足的劝解，才幸免于难。669年中臣镰足病死，大海人同中大兄的矛盾因无人调解更趋激化。不久，他被剥夺了皇位继承权，使革新政权落到以大友皇子为首的守旧贵族手中。在不利的局势下，大海人采取了以曲求伸的策略，他以削发为僧、脱离政治为名，获准天皇同意，离开朝廷，避居吉野，等待时机重整改革大业。守旧势力对大海人的离走深

---

① 参见井上光贞：《大化革新诏书的研究》，《日本古代国家的研究》，岩波书店1966年版。
②《人物日本历史Ⅰ》，小学馆1975年版，第141页。转引自王金林：《简明日本古代史》，天津人民出版社1984年版，第84页。

感惶恐，认为这是"虎著翼放之"①，因此当大友篡位后，首先把消灭大海人作为当务之急摆在首要日程。672年5月，他们征调军队，屯兵积粮，准备进攻吉野。大海人闻讯，决定先发制人，秘密派遣三名心腹，急驰美浓国（今岐阜县），命令八磨郡郡领和美浓国国司发兵抢占"不破要道"。这是大友朝廷与东部各国联系的要塞，占领此地，等于扼住了大友军队的咽喉。同时，他又率领几十名将士，秘密向美浓、尾张进发。三天后到达目的地，受到当地封建化了的贵族和农民的拥护，队伍很快发展到几万人。大友朝廷"群臣悉愕，京内震动"②。大友和苏我赤兄两次进兵，企图夺回"不破要塞"，均遭失败。大海人乘胜前进，以摧枯拉朽之势兵临皇城，一举消灭了复辟势力。因这次战争发生在壬申年，史称"壬申之乱"。

大海人能在短时间内打败篡夺了权力的反动势力，最根本的原因是得到了东国等地封建主和农民的支持。东国是皇室领地的集中地区，大化年间的改革首先在这个地区实行，废除了部民制，部民变成向国家交纳固定税额的公民，减轻了以前在奴隶主贵族压榨下的沉重负担。大友政权倒行逆施，要恢复旧制度，这必然引起人民的反对。在班田制下，按官位和功劳从国家领取功田、位田和食封的官吏，也都变成向农民征收地租的封建主，他们在实践中切实感受到废除部民制、实行新体制的好处。因此，当大海人起兵讨伐大友政权时，广大不愿重陷部民制、再受二茬罪的农民和支持革新政策的封建主，纷纷参加斗争，为大海人取得决定性胜利奠定了基础。

"壬申之乱"是大化革新运动从低潮转向高潮的转折点。大海人即位为天武天皇（672—686）后，对革新阵营进行了一次彻底大改组，建立了直接由天皇统治的中央集权体制，对大友政权的首恶分子有的流放，有的处以极刑，以绝后患。他在位十五年间，没有任命一个大臣，严防大贵族钻进朝廷篡权复辟，保证了革新政策的执行。675年，他颁布诏书，宣布废除中大兄一度恢复了的部民制和其他倒退措施，取消赐予亲王、诸臣和寺院的特权，把他们占有的"山泽岛浦，林野陂池"一律收

①《日本书纪》卷28，天武即位前纪。
②《日本书纪》卷28，天武元年。

归国有；677年，宣布调换贵族的食邑封地，"除以西国，相易给以东"①，用转移封邑的办法，防止地方贵族坐成势大。680年又宣布"有食封者，先后限三十年，若年数满三十则除之"；不久则取消了食封制，规定亲王以下诸臣的食封"一律返于公"②。这些坚持新政方向的重大措施，从根本上废除了旧贵族的世袭特权，使国家掌握了全部土地和租税，为中央集权制国家的统治奠定了物质基础。

实行"唯才是举"的用人政策，是大海人推进改革的重要措施。他认为，用人应"选简其才能，以充当职"③；选拔人才时，要"选进德行，德行同，取才者，才用同，取劳效多者"④，即使是"庶人""妇女"，只要"其才能长"，都应"准官人之例"。国家官吏不论职位高低，对时政都要"各抒己见"。只有"上责下过，下谏上暴"，国家才能得到治理；凡是有利于国家的意见，都应当及时向上反映，说得有理，则可"立为法则"⑤。685年，他宣布实行新的"八色之姓"，按实际才能和功绩，重新排列氏姓位次，不再照顾门第出身。次年又宣布"更改爵位之号"，把官阶扩大为四十八阶。这两项措施，打破了大贵族对官位的垄断，使在"壬申之乱"中有功，而地位较低的中小封建主有了登上仕途的机会，扩大了统治的政治基础。

定律令、实行法治，是大海人对大化革新运动的重大贡献。他规定，凡犯法者，不论朝野官吏，都要在犯罪的地方受到惩治，"应请则请，当捕则捉"，如果顽抗，可"起当处兵捕之"，对罪恶重大者，要严惩不贷⑥。为此，681年，他制定了《飞鸟净御原令》，按律量刑，以法治政，并以法制的形式肯定大化革新以来的新政，这对日本律令制度的形成起了重大作用。大海人死后，其继任者在这个法令的基础上，经过修订、增补，于701年和718年分别编成《大宝律令》和《养老律令》，使之成

①《日本书纪》卷29，天武五年。
②《日本书纪》卷29，天武五年。
③《日本书纪》卷29，天武五年。
④《日本书纪》卷29，天武五年。
⑤《令义解》卷4，选叙令；转引自王金林：《简明日本古代史》，天津人民出版社1984年版，第90页。
⑥《日本书纪》卷29，天武十一年。

为日本封建社会初期的基本法。律令的制定，标志着大化革新运动的最后完成。革新体制和成果从此以法制的形式被固定下来，社会发展走上坦途。日本经过曲折的改革道路终于成为一个"法式完备"的中央集权的封建制国家。

大化革新运动的曲折历程，给后世留下了深刻的启迪。

第一，它说明历史是在曲折中行进的，任何改革都不可能一帆风顺。改革就是对旧制度、旧思想、旧体系的否定，就是对社会弊端的扫荡。这必然要触犯一些人的既得利益而遇到阻力和反对，这是社会改革出现曲折、路程坎坷的客观原因。但是，不管守旧势力的阻力如何强大，怎样反抗，都不可能使历史车轮倒转。

第二，改革需要坚强的改革家。这种改革家不仅要有开拓的锐志，更需要始终如一、坚定不移的思想路线和永不止息的进取精神，否则也会使改革出现曲折。圣德太子不愧为一位思想开明的改革家，他发出了日本历史上变革旧制度的第一声呐喊。但他改革不力，没有从根本上触动社会危机的根子——部民制，并希望用"以和为贵"的思想进行改革，结果功败垂成，改革流产。中大兄以坚强果敢的手段发动政变，夺取政权，对社会政治、经济实行全面改革，奏出了大化革新运动的主旋律，对改革作出了重要贡献。但他在晚年，特别在实现了某些政治目标后，却消沉了，颓唐了，整日沉湎于酒乐，开拓、进取精神不复可见，甚至妥协、倒退，给革新事业带来巨大损失。这说明，一个改革家，尤其是执政的改革家，如果不能保持晚节，永驻改革、进取的精神，也将会给改革带来坎坷和挫折。

第三，实行法治，是推进改革，巩固革新成果的可靠保证。没有完备的律法，没有健全的法制观念，社会就无法治理，改革就无法进行。法治可以避免人为的错误，人治则有很大的随意性和盲目性，一个政策、措施、计划，往往因某当权人物的主观好恶而朝令夕改，前功尽弃，这就难免改革会出现反复。中大兄晚年时大化革新出现的曲折，就是人为造成的。大海人即位后，实行正确的用人路线，"定律令、改法式"，以法治政，稳定了政局，巩固了革新体制和成果，推进了经济的发展，使日本在其统治时期乃至他死后半个世纪中，国家政治、经济达到昌盛，各方面都取得了长足的进步。这一事实，从实践上表明了摒弃人治、实行法治的社会功用。

第四，大化革新是在中国唐朝先进制度的影响下进行的，吸收、学习唐朝的先进思想文化和典章制度，是这次改革的核心内容，它开了日本民族注重引进外国先进文化技术传统的先河。美国著名日本问题专家赖肖尔说："大化革新的事件中，夺取了宫廷政权，他们更加热衷于引进中国的技术和政治制度。这种广泛地引进，一直持续了将近两个世纪直到公元9世纪才减弱下来。这种引进的结果，使日本由一个落后的部落地区，一变而为东半球的一个名副其实的具有高度文明的国家之一，它是用了中国的模式，虽然学习得不那么十全十美。"[1]因此，大化革新是日本民族善于学习、引进外国文化技术的发端，这一民族个性的形成和发扬光大，是日本不断取得进步的重要因素。

（原载于《史学月刊》1990年第1期）

---

①〔美〕埃德温·赖肖尔著，孟胜德、刘文涛译：《日本人》，上海译文出版社1982年版，第44—45页。

哥伦布的冒险与开拓精神

1492年，哥伦布以新兴资产阶级的大无畏精神，率先开辟了欧洲直达美洲的新航路。我们应该如何来看待哥伦布所表现的冒险和开拓精神及其影响呢？本文拟就此作一些探讨。

一

哥伦布首航美洲不是偶然的历史事件，而是欧洲历史发展的必然结果，是当时时代的需要。他在远航中所表现的冒险、开拓精神，也不仅是他个人品格的表现，而是代表着新兴资产阶级的精神，具有当时的时代特色。这可以从以下两个方面来认识。

第一，从社会生产发展需要看。在资本主义原始积累时期，随着商品经济的发展，货币成了普遍的交换手段。封建主需要用货币购买从东方国家运来的奢侈品以满足自己的贪欲，农民被迫把自己生产的农副产品拿到市场上去出卖以便用货币交纳地租，商人、手工业者要获得更多的货币资本以便扩大营业规模。货币成为衡量一切的价值标准。因此，哥伦布追求黄金的探险活动，是当时时代特征的具体体现。

第二，从社会文化思想发展看。对宗教愚昧的蔑视和对科学知识的追求，反映出当时的时代特色。中世纪时期，天主教的封建神学思想在世界观和文化领域各个方面占据着绝对的统治地位，一切进步的思想被视为"异端"遭到镇压。在对地球的认识方面，一般人都遵循教会的迷信说教，认为大地是一只浮在水上的圆盘，天则是由四根柱子支撑着的穹窿，耶路撒冷就是大地的中央；反对"地圆说"，反对探索地球的奥秘，地球成为不容探索的禁区。1316年，意大利著名医生阿巴诺的彼得，由于主张大地另一面还有人类居住，被控为"异端"，险遭教会法庭的毒手。1327年，意大利的天文学家阿斯科里因认为大地是球形的，在佛罗伦萨被活活烧死。但是，随着欧洲城市自治运动的胜利和一大批世俗大学的出现，人们开始了对世俗知识的追求。特别是14、15世纪的文艺复兴运动，猛烈冲击了封建神学思想体系。对封建神学思想的蔑视和斗争，动摇了神学世界观的基础，摧毁了教会的精神独裁。1407年，托勒密的《地理学》抄本传到西欧，两年后被译成拉丁文出版。1410年，法国宇宙学家皮埃尔·戴利写作了《世界的面貌》[1]，书中按"地圆说"描述了地球的形状，并肯定了波西多尼斯测定的地球周长数字[2]。1474年，意大利地理学家托斯卡内利按"地圆说"绘制了一幅《世界全图》，把中国、日本等国画在大西洋对岸。1492年，德国制图学家马丁·贝海姆制作了世界上第一个地球仪。这些以科学知识为基础的新观念，不仅是对中世纪旧传统观念的否定，而且反映了资产阶级在上升时期，为适应自己的政治需要，全方位、多角度、四面出击，不但要从东方也要从西方找到获得财富道路的希望。

总之，西欧资产阶级海洋远航的冒险精神，有深刻的社会基础和思想基础，体现了当时的时代特征。哥伦布的冒险、开拓活动不是个人的行为，而是一个阶级的行为，顺应了时代的要求。

二

历史人物的出现虽然是一定时代历史运动的产物，但是历史人物个人的工作、学习或为之奋斗的事业能否取得成就，在很大程度上也取决于个人能否在顺应历史潮流的大前提下，充分发挥其积极性和主动性。为什么哥伦布能够反映时代的特征，敢于表现出冒险与开拓精神，这也是由他个人的条件决定的。

---

[1] 此书国内译名较多，如《宇宙图志》《世界的形象》等。
[2] 波西多尼斯，古希腊学者。他不同意埃拉托色尼测出的地球周长25000英里，又重新测定为18000英里，这一数字因托勒密在著作中引用而流传较广。

（一）追求知识，刻苦学习。哥伦布大约于1451年出生于热那亚。其父多米尼科是一个小手工业者，家道清寒。他少年时期没有受过什么教育，他的知识主要是在社会实践中通过刻苦自学得来的。哥伦布从小就爱"啃书"，1476年他来到葡萄牙后，更是如饥似渴地追求知识，有时他钻研得"简直是一个疯子"。据说哥伦布曾在亨利王子创办的"萨格里什海洋学院"学习过。这所学院聚集着许多优秀的地理学家、天文学家、制图学家和数学家。哥伦布通过学习掌握了许多有用的知识，萌生了开创一代航海事业的思想。

下列几个人的思想及著作对哥伦布产生了重大影响。其一，是12世纪伊斯兰教哲学家伊本·鲁世德的"地圆说"思想。哥伦布曾说，他是在读了伊本·鲁世德的著作后，才立下横渡大西洋去印度的壮志的[①]。其二，是法国红衣主教兼宇宙学家皮埃尔·戴利的《世界的面貌》和教皇皮奥二世的《自然史》。《世界的面貌》引用了英国唯物主义哲学家罗哲尔·培根的《大著作》中有关从欧洲西航去亚洲的论述。《自然史》于1477年在威尼斯出版，书中引用了托勒密关于"地球上的水域和陆地各占一半"的论述，推论了人类居住地带的情况。在《自然史》和《世界的面貌》中，有哥伦布兄弟俩作的眉批2000多处，其中哥伦布在《世界的面貌》中作的批注898处。哥伦布还能整页整页地背诵书中的有关段落，他在给友人的一封信中还抄录了《世界的面貌》中关于"地圆说"和西航直达亚洲的论述[②]。其三，是《马可·波罗游记》。在现今仍保存在西班牙塞维利亚城哥伦布图书馆中的一本哥伦布阅读过的拉丁文《马可·波罗游记》上，留下有哥伦布亲笔作的边注总计264处，在叙述西藏、云南的一页上，有批注5处[③]。

哥伦布知识的来源和西航思想的形成，还受到两位同时代的知识分子托斯卡内利和马丁·贝海姆的影响。托斯卡内利1474年曾给葡萄牙的一位神职友人写了一封信，认为从里斯本西航去日本只有3000英里，到

---

① 马坚：《伊斯兰教哲学家对中世纪时期经院哲学的影响》，《历史教学》1958年第2期。

② 〔苏〕奥·符·特拉赫坦贝尔著，于汤山译：《西欧中世纪哲学史纲》，上海人民出版社1960年版，第183—184页。

③ 张至善：《哥伦布与中国》，《世界历史》1990年第3期。

中国杭州只有5000英里①。他还随信附去一张海图，图上标出了日本、中国、印度的海岸。哥伦布获悉这一消息后，曾写信向托斯卡内利请教。马丁·贝海姆（1459—1507）出生于德国纽伦堡，是著名的制图学家，曾任葡萄牙王室航海顾问。1491年他回国省亲，次年在家乡制作了世界上第一个地球仪，地球仪上欧洲西部和亚洲东部隔洋相望。哥伦布于1484年在里斯本与贝海姆相识，从贝海姆那里学得了一些天文、地理方面的知识。

从上述事例可以看到，哥伦布大无畏的探险精神和西航行为是在许多前人和同时代人知识积淀的深厚基础上形成的，绝不是一时的感情冲动，也不是愚蠢的冒险欲的引诱，而是多年孜孜不倦地学习、掌握了科学知识的结果。否则他是不可能感受到时代跳动的脉搏，成为时代的巨人，完成一件惊天动地的事业的。

（二）百折不挠，矢志不移。1501年，哥伦布在日记中写道："我从小置身海上，为的是在海上航行，且一直坚持至今"，"这种职业，似乎使所有干这一行的人，都产生了一种想知道世界奥秘的心情"②。哥伦布就是怀着这种探索"世界奥秘"的心理，投身于海洋探险事业的。他大约14岁之后，即开始了航海生涯③。1476年他因偶然事故来到葡萄牙④。从1476年到1492年，哥伦布的活动大致可分为两个阶段。前9年他主要是在里斯本度过的，这是他西航思想形成阶段；1484年以后，他移居西班牙，开始了他为实现西航计划历经磨难、四处奔走、寻求支持的阶段。哥伦布于1484年底毛遂自荐把西航计划呈献给葡王若奥二世，但却不被信任，计划被否定。恰在这时，他遇到曾任伊萨贝拉女王忏悔牧师的拉比达的修道院院长胡安·佩雷斯。哥伦布带着这位佩雷斯院长给女王现任神父的一封热情洋溢的推荐信，到科尔多瓦拜见了神父，但他却被看作是个空想家。他并不灰心，在科尔多瓦又结识了西班牙头号大臣、红

---

① 〔美〕萨·伊·莫里逊著，陈太先、陈礼仁译：《航海家哥伦布》，湖南人民出版社1983年版，第21页。
② 于有彬编：《探险与世界》，四川人民出版社1984年版，第133页。
③ 哥伦布开始航行的时间众说纷纭：1461年、1465年、1469年、1470年等。热那亚史学家安东尼·盖洛认为始自1465年(14岁)，保罗·维尔纳·朗格亦持此说。
④ 1476年哥伦布参加一支护送一批货物运往英国，途中遇到葡法联合舰队的袭击。他负伤落水，靠一块船板泅过海面，来到葡萄牙。这次历险成为他命运的转折点。

53

哥伦布的冒险与开拓精神

衣大主教德门多斯。德门多斯听了哥伦布的计划后，深为赞赏，就把哥伦布介绍给了伊萨贝拉女王。1486年5月，哥伦布受到女王接见。女王了解哥伦布的计划后，决定成立一个学术委员会，由她的忏悔神父主持，负责审查、论证。审查工作一拖就是几年，这段时间后来被哥伦布称为最困难的时期。但哥伦布在最困难的时期表现了坚韧不拔的精神，"他四处奔走，只要有人愿意听，他就把自己的计划向人讲述一遍"①。1488年，他上书葡王，再次请求援助。若奥二世这次很快复信请哥伦布去里斯本会商大计。哥伦布以为这次可以实现他的愿望了，谁知当他来到里斯本时，正值迪亚士因偶然性绕过好望角归来，若奥二世认为通向印度的航路已经开通，又失去了对哥伦布计划的热情。哥伦布并不气馁，他重回西班牙，一边等待学术委员会的论证结果，一边派弟弟巴托洛梅去英国求助英王亨利七世和赴法国游说查理八世。1490年，哥伦布的计划被西班牙学术委员会正式否决。他仍不死心，又设法向女王面奏，但一切努力都无济于事。1491年又由胡安·佩雷斯亲自晋见女王，为哥伦布说项。女王下令重审哥伦布的计划，结果又被那批保守的文人否定了。哥伦布这时年逾40，鬓发斑白，6年的等待耗去了他宝贵的年华，他感到在西班牙再作任何努力已无意义，决计去法国。这时，王室财政官桑坦海尔给了哥伦布有力的支持。他是新兴资产阶级的代表人物，极力奏请女王支持哥伦布的计划。恰巧这时西班牙收复了格拉纳达，完成了政治统一，急需为战后寻找出路，于是决定支持哥伦布，并派人将哥伦布从去法国的途中追了回来。至此，哥伦布为实现他的西航计划，历尽坎坷，终于实现了他追求的目标。

（三）临危不惧，勇往直前。1492年8月3日，哥伦布率领87名水手分三艘帆船②开始了具有历史意义的首次西航。在首次西航中，哥伦布经历了三次大的危难。

其一，是部下的哗变。船队驶入大西洋不久，"平塔"号的船舵就损坏了，"尼尼亚"号也出现漏水。8月8日，三艘船上的领航员又因"所

---

① 刘云波、张霖欣编译：《世界名人传略》，山东人民出版社1987年版，第54页。

② 三艘帆船为："平塔"号载重约60吨，马丁·阿隆索·平松为船长；"尼尼亚"号载重约50吨，马丁的弟弟维森特·亚涅斯·平松为船长；"圣玛丽亚"号载重约100吨，为哥伦布乘坐的旗舰。

在的方位"意见分歧，吵得几乎动武。哥伦布决定先开到加纳利群岛修理船只，补充食品和淡水。一切就绪后于9月6日离开加纳利群岛，驶进欧洲人再也不熟悉的海域。9月16日，船队进入神秘的马尾藻海。水手们冒着随时都有被卷入越来越厚的大片海藻中的危险，苦苦挣扎了19天，才驶出马尾藻海。原以为走出这块危险的"草海"即可发现陆地，谁知前方仍然水天相连，茫茫无际。水手们的恐惧和不满情绪与日俱增。糟糕的饮食也使水手们无法忍受。由于缺少新鲜食品，有的水手患了胃病，有的得了坏血病。于是他们多次要求返航，但都被哥伦布拒绝了。10月10日，"圣玛丽亚"号上的水手发动哗变，强迫哥伦布返航，否则就将他捆起来扔进大海。面对危险，哥伦布沉着镇静，想方设法平息船员们的愤怨情绪。他根据海鸟的飞翔和海水中发现树枝的情况，认为离陆地不远了，向大家坚定地宣布：三天之后不见陆地就返航！哥伦布沉着冷静、遇乱不慌的情绪和坚定的信念，终于慑服了叛乱的水手，平息了哗变。10月12日船队终于发现了美洲的第一块陆地"瓜纳哈尼岛"，哥伦布将其更名为"圣萨尔瓦多岛"，意为"救世主"。

其二，是"圣玛丽亚"号触礁沉没。哥伦布率队继续航行，以期找到中国和日本。10月28日到达古巴。12月6日到达海地。这时"平塔"号不听指挥，擅自脱离船队单独去寻找黄金。哥伦布只好率领其余两艘船继续探航。12月24日午夜，"圣玛丽亚"号不幸触礁沉没，幸亏"尼尼亚"号及时赶来救援，哥伦布和其他船员才化险为夷。

其三，是遭遇特大风暴袭击。"圣玛丽亚"号触礁后，哥伦布处境非常困难，身边只剩下"尼尼亚"号一艘船，已无法再容纳下剩余的人继续探航，并担心开小差的"平塔"号抢先回国报告发现陆地的消息。于是他决定留下39人驻守待援，其余的人乘"尼尼亚"号返航回国。当返程航行了三分之二时，遇到特大风暴，船只随时有被狂风巨浪吞噬的危险，人人胆寒心惊，但哥伦布没有被惊涛骇浪吓倒。在危险时刻，他以罕有的勇气和毅力做了两件事：第一，亲自值班，注视迎头冲来的每一个巨浪，提醒舵手避让，使船只躲过了一次又一次翻倒、沉没的危险。第二，为了使发现美洲的消息不致因船毁人亡而石沉大海，他把航行中的发现简要地写在两张羊皮纸上，用蜡布包好放入两只木桶中，将一只留在船上，另一只抛入大海，希望自己遇难后有朝一日能被人发现。哥伦布及水手们奋力拼搏，终于战胜了风暴，并于1493年3月15日返回西班牙，完成了历时224天首次往返大西洋的航行。

<h1 style="text-align:center">三</h1>

马克思说，"在原始积累的历史中，对正在形成的资本家阶级起过推动作用的一切变革，都是历史上划时代的事情"①。哥伦布首航美洲的成功就是世界史上具有划时代意义的事件，对世界历史的进程产生了深远的影响。尽管在此之前，也有人到过美洲，但没有实现美洲与世界其他地方的经常联系，也没有形成新的地理概念。只有哥伦布的航行及其发现，才真正打破了美洲大陆与世隔绝的孤立状态，使它和世界其他地区的经济联系日益密切，形成了世界市场，促进了欧洲资本主义的发展，促进了人类社会由封建社会向资本主义社会的过渡。

第一，哥伦布首航美洲彻底破除了传统观念的束缚，促进了人们的思想解放，激发了航海探险精神，掀起了"地理大发现"时代的高潮。哥伦布的冒险、开拓精神促发了欧洲范围的航海探险热潮，真正开启了"地理大发现"的时代。在此之前的航海活动，多为依托海岸的短途航行，1492年后，西欧许多国家纷纷组织远洋探险队，竞相驶向未知海域，从而使大批岛屿、陆地被发现，被纳入世界整体。"在短暂的一百年内，欧洲舰船经过的地区增加了不是一百倍，而是一千倍！"②由于地理上的大发现，世界的面貌越来越清晰地展现在人们面前。

第二，哥伦布的航行，第一次揭开了大西洋的神秘面纱，开通了全新意义的大西洋航线，促进了两个半球之间的经济、文化交流，并带来了自然地理和人文地理的新纪元。

哥伦布首航美洲成功后，大西洋航路成为欧美大陆联系的桥梁，船只来往日益频繁。西班牙政府除委派哥伦布横渡大西洋去美洲外，还派

①《马克思恩格斯选集》第2卷，人民出版社1972年版，第222页。
②〔奥地利〕斯蒂芬·茨威格著，俞启骧、王醒译：《麦哲伦的功绩》，海洋出版社1983年版，第23页。

其他官员和探险家多次往返美洲。这些航行的性质主要为殖民掠夺，但在客观上也起到了增进文化交流的作用。随着他们的往返，一船船欧洲的物品运抵美洲，又将一船船美洲物产、财富运回欧洲，这些货物有的是明火执仗抢掠的，有的则是通过低级的交换得来的。这种低级交换是欧洲人跟印第安人"以物换物"的交易，是不等价的，印第安人吃大亏，欧洲人占了大便宜。这种低级的交换既反映了欧洲人追求货币的本质，也起到了两个大陆文明撞击的作用。值得注意的是，哥伦布不仅同印第安人进行"以物换物"的交换，还把欧洲的生产方式、农作物品种和家畜等传到美洲。如第二次航行时，他用17艘大船不仅运去了同印第安人交换的物品，还运去了工匠、农夫和农业工具，大麦、小麦、柑子、柠檬、甜瓜的种子和甘蔗幼苗，牛、马、驴、猪、羊等动物，以及开矿用的炸药和机械，犹如运去了一个小型社区，这对促进美洲社会生产的发展无疑是有积极作用的。同时，美洲的玉米、土豆、番茄、烟草、可可等也传到欧洲，并随着世界市场的形成传播到世界各地，极大地丰富了欧洲人乃至整个人类的物质生活。

哥伦布还是第一个对大西洋作了考察记录的人。他在航海日记中，对马尾藻海作了详细的记录，彻底探明了它的自然面目，从此人们对它有了真正的认识。此外，哥伦布还对东北信风和海流作了观测，留下了许多大西洋和美洲的原始资料，对地理学、海洋学、历史学均有重大影响。19世纪著名生物学家赫胥黎在《人类在自然界中的位置》中说："奥维德曾预示过地质学家的发现：'阿特兰提斯岛（大西国）'原是一个想象的地名。但是，哥伦布竟然发现了西方的世界。"达尔文也是基于哥伦布的发现及其之后的科学探险，"有了生活在当地的专家对世界各大洲的欧洲殖民地的更精确的考察"①，才激起他历时5年的科学探险并写出《物种起源》的。

第三，哥伦布对美洲的航行和发现，加速了欧洲的资本原始积累，推动了商业革命的历史进程，促进了欧洲资本主义的发展。对此，学术界论述较多，意见一致，笔者同意学术界的意见，本文从略。

---

① 《马克思恩格斯选集》第3卷，人民出版社1972年版，第452页。

总之，哥伦布是人类社会发展史上伟大的航海家，他远航美洲的历史功绩是应该肯定的。但也应该指出，哥伦布又是资产阶级的殖民先驱者，他远航美洲后，导致了美洲的殖民化，使美洲土著印第安人几乎被杀光灭绝。哥伦布本人就屠杀过印第安人，是美洲印第安人民的历史罪人。哥伦布的历史罪过，是应该受到谴责的。

（原载于《拉丁美洲研究》1991年第6期，略有改动）

"纪念两个世界文明汇合"学术讨论会简况

1992年是哥伦布发现美洲500周年。为了纪念这件举世瞩目的国际性大事，并为我国筹办"纪念发现美洲——两个世界汇合500周年"国际学术讨论会做准备，中国世界中世纪史研究会于1991年11月11—15日，在北京举行了"纪念两个世界文明汇合"学术讨论会。50余名专家学者出席了会议。会长戚国淦教授致开幕词，中国社科院世界史研究所所长张椿年和中国国际文化交流中心学术部主任张贵来到会讲话。中国社科院世界史研究所拉美史研究室主任萨那在会上介绍了西班牙和拉美国家举办500周年纪念活动概况及我国1992年在北京举办国际会议的计划和筹备情况。大会收到学术论文近20篇，与会代表围绕"美洲的发现——两个世界汇合与世界大变革"主题，展开了热烈的讨论。

一、关于哥伦布航行美洲的社会动因

学术界传统的说法是四个原因、两个条件："黄金欲"说；商路被阻、寻找新贸易航路说；"土地欲"、封建扩张版图说；"宗教扩张"说；以及西、葡中央集权制国家的形成，地理知识和航海技能的扩大两个条件。有的学者认为，有些论著论及这些说法时未把原因与条件分清，或者孤立地把"黄金欲"说或商路被阻说列为主要动因，忽略了综合分析。他们提出还应该注意下列几种因素：1.从马可·波罗到哥伦布之间西欧形势的重大变化；2.14世纪《神曲》发表以来欧洲文艺复兴运动的重要影响；3.西班牙新贵族和新兴资产阶级对哥伦布远航的支持；4.《马可·波罗游记》对地理学的重大贡献及地理学和航海术的发展；5.许多知识界人士的斗争及对哥伦布西航的帮助。

有的学者从社会心理学的角度进行了考察，认为哥伦布的航海探险活动是当时西欧普遍的社会心理观念促发的结果。主要表现在三个方面：一是生活观念特别是饮食观念的改变，促使人们的社会心理发生变化。二是价值观念的变化，货币成为衡量一切的价值标准，对黄金的追求显露了新兴资产阶级要求积累财富的心理，并否定了中世纪天主教会宣扬的"安贫""寡欲"等待"上帝拯救"的传统观念。三是思想观念的变化，主要表现为对宗教愚昧的蔑视和对科学知识的追求。一些人文主义思想家的思想主张和追求科学知识的新观念，反映了资产阶级在上升时期为适应自己的政治需要，全方位、多角度、四面出击寻找发财致富道路的社会心理。哥伦布正是在上述社会观念的主导和支配下进行远航探险活动的。

有的学者认为，哥伦布发现美洲大陆，是欧洲资本主义经济萌芽、西方近代精神崛起的产物。近代理性主义、人文主义以及对自然科学的探索，是伴随着西欧资本主义经济的形成而出现的近代精神。正是这种近代精神孕育、塑造了时代的巨人。中世纪与近代的区别在于是否承认个人有理性思维的权利以及如何看待理性和信仰、理性与权威之间的关系。哥伦布提出西航计划并付诸实践，首先在于他凭借自己的理性判断，否定了中世纪权威们对地球和自然界的有关论述，接受了"地圆说"等自然科学知识。没有近代人文主义思潮的影响，没有近代理性主义的思想氛围，哥伦布西航是不可能成功的。

有的学者分析了人类对地球认识的历史，认为欧洲人特别是哥伦布冲出地中海、驶入大西洋，寻找新陆地和新航路的理论基础是"大地球形说"。这是在资本主义萌芽和文艺复兴运动的背景下，古代地理知识、地球观念、测地方法、地图学等科学知识复兴和传播的结果。

有的学者认为，研究思想观念的变化和科学知识的传播，对揭示哥伦布航海探险的背景和原因固然重要，但是哥伦布"发现"新大陆是经济、政治、宗教、思想、文化等多种因素造成的，单纯强调哪一种因素都是不准确的，必须在方法论上全方位、多层次、多角度地分析研究。

二、关于哥伦布的评价问题

哥伦布是一位经历复杂、瑕瑜共存的"世界公民型"历史人物。究竟如何评价他，学术界历来众说纷纭。这次学术讨论会也不例外。

其一，认为哥伦布是历史时代的产儿，是将美洲纳入近代人类文明社会大家庭的先驱，是具有开拓意识和科学精神的伟大航海家。他结束了美洲大陆长期孤立于人类文明社会大家庭之外的历史，使美洲社会获得了大踏步向前发展的机会。他打破了美洲印第安人社会长期停滞状态，印第安人虽然经历了血与火的磨难，但经过几个世纪的痛苦孕育，终于分娩了一批新生的美洲民族，使美洲原有民族在更高层次上得到了发展，原有文明获得了新生。因此，哥伦布对人类社会的发展是作出了重大贡献的。

其二，认为哥伦布是对人类社会交往作出过特殊贡献的历史人物。如果对张骞、甘英、郑和、马可·波罗等为人类地区性交往作出贡献的历史人物应给予充分肯定，那么更应该对为全球性人类交往作出巨大贡献的哥伦布以充分肯定。哥伦布的功绩不在于他发现美洲这件事本身，而在于他的"发现"所带来的后果。它不仅导致欧洲的商业革命和价格革命，而且使人类全球性交往成为可能。从此，人类开始了从未有过的统一和开放，相互孤立和封闭的世界逐渐联结为一个整体。

其三，认为哥伦布是有功有过但功大于过的杰出历史人物。他的功绩不仅在于加速了欧洲的资本原始积累，促进了欧洲资本主义的发展，更重要的是充当了美洲社会变革的不自觉的工具，开创了美洲历史的新时代。他推行的分配制，实质上是将当时欧洲的政治经济体制移植到了美洲，这是较高层次的生产方式对落后生产方式的撞击，正是这种撞击使欧美两个大陆的文明发生融合，促进了美洲社会历史的转折。哥伦布的过错是推行的殖民政策给印第安人带来深重灾难，造成大批印第安人死亡。但仅据此就对他"全盘否定"亦是不科学的。恩格斯曾说："恶是历史发展的动力借以表现出来的形式。"另外，马克思在《不列颠在印度的统治》中有关英国对印度殖民统治造成的后果的论述，也适用于对哥伦布的评价。

其四，认为在评价哥伦布时，必须坚持"进步与正义""历史与道德"两条标准，过分强调历史评判法则，只注意其行为的历史进步性，而忽略了道德标准，看不到其客观进步性是建立在非正义行为基础上的，就不能揭示出阶级对抗社会历史悲剧的原因。这对印第安人来说是不公正的。

其五，认为对哥伦布必须进行多方位、多层次的评价。不能只站在当时印第安人的立场上，也不能仅从对西欧某些国家资本主义利弊得失的角度出发，应当用唯物史观综合分析他对整个人类社会历史进程的作用。其"功"不可没，"过"也不能不究，但必须以事实为根据，把1506年哥伦布死后西班牙对拉美殖民侵略的暴行，同哥伦布本人的活动区别开来。

三、关于两个世界文明汇合的问题

有的学者认为，过去在研究中有些简单化，仅局限于四点：1."商业上的革命"和贸易中心的转移；2.引起"价格革命"；3.加速西欧封建制解体和资本主义萌芽；4.早期殖民主义的开端。对欧洲近海文明向远洋航海文明的发展分析不够，特别是对由于东西两半球文明的汇合引起世界一系列大变革估计不足。15世纪以前，东半球基本上是农耕文明，而当时的西半球尚处于狩猎、采集文明阶段。新航路开辟后，导致两个世界文明汇合的作用有三：一是不同文化圈的互相交融、碰撞、吸收和影响；二是大航海时代促使世界格局的大变化；三是此后世界的封建文明从上升时期转为下降阶段，加速了资本主义时代的到来。

有的学者认为，两个世界文明的汇合与海道大通有着密切的关系。在前资本主义时代，各地区、国家、民族处于闭塞状态，不仅"旧大陆"与"新大陆"之间完全隔绝，而且欧、亚、非旧大陆内部也鲜有往来。随着15、16世纪海道大通，这些闭塞状态全面改观，以往建立于农本自然经济基础上的分散发展的世界，开始结成一个整体。可以说"世界"意义上的人类交往和文明的汇合，是自海道大通才真正开始的。交往关系的这种重大变化，不仅深刻影响了近代历史，也深刻影响着当代社会的发展进程。

有的学者指出：首先，两个世界文明的汇合是人类的共同贡献，并且经历了一个长期的过程，其影响主要是在近代以后。其次，人类共同贡献换来的成果应共同分享，但贡献有大有小，分享的成果自然也多少有别。欧洲人在中世纪时代身材是比较矮小的，到了近现代突然增高了许多，这是否与新大陆的玉米、土豆等传到欧洲改变了人们的食物结构有很大关系呢？最后，印第安人的社会进步与两个世界文明汇合有很大关系，但用"人头作酒杯"的问题不能忽视和回避。

四、关于"地理大发现"问题

"地理大发现"是学术界长期沿袭下来的术语，在纪念两个世界文明汇合500周年之际，这一术语引起极大争议。国内外均有学者认为"发现美洲""发现新大陆"等提法是错误的，因为美洲本身是个客观存在，怎么能说是被发现呢？对此，墨西哥的学者曾提出用"两个大陆相遇"来取代上述观念。我国也有学者支持这一新的提法。有的会议代表对此表示异议，认为"地理大发现"是可以成立的，因为发现的前提是事物本身的存在，否则便是发明和创造的问题了。用"两个大陆相遇"取代地理大发现是不科学的，因为两块大陆不是自发地、无缘无故地相遇的，而是欧洲人到了美洲后才汇合的。既然人类都居住在地球上，那么你不去发现他，他就会发现你，这是客观规律。"相遇"也有主动与被动之分，不能回避发现者与被发现者的区别。马克思主义经典作家们也多次使用地理大发现的提法。完全没有必要因为这是欧洲人的提法或有"欧洲中心论"之嫌就讳莫如深。历史的发展本来就是有中心的，如四大文明古国、希腊、罗马等都曾是历史发展的中心，应该承认一定国家、民族在一定时期内占主导地位的历史事实。

此外，与会代表还就"中西航海的性质""新航路开辟和英国北美殖民地的再社会化"等问题进行了讨论，并对中世纪史教学改革问题进行了研讨交流。

（原载于《世界史研究动态》1992年第2期）

西方社会史学术讨论会述要

1992 年 9 月 22 日至 26 日，《历史研究》编辑部、中国世界古代中世纪史研究会、安徽师范大学历史系等单位发起，在安徽歙县举办了全国首次西方社会史学术讨论会。来自全国各地的 40 余名专家、学者和代表参加了这次会议。与会代表们对社会史的研究对象和定义、西方社会史研究的历史和现状、西方社会史学流派及研究趋向等问题，进行了广泛而热烈的讨论。现择其要者概述如下。

一、社会史的研究对象和定义①

什么是社会史？社会史研究的对象是什么？这是个众说纷纭、迄今尚无定论的问题。即使在西方，社会史研究兴起已达数十年之久，但是仍然没有人能够对它作出清晰明确而又被公认为权威的界定。在我国更是仁智互见，诸说杂陈。与会代表们在讨论中摆出的各种观点，也反映了当前社会史研究中的状况。概括起来有下列几种看法。

（一）社会史研究的主题是社会生活。英国著名史学家屈威廉称社会史是"去掉政治的人民史"。他认为经济状况构成社会生活的基础，而社会生活又为政治事件提供了依据，因此，"没有社会史，经济史便无价值可言，而政治史则是一笔糊涂账"。有的代表认为，屈威廉将社会史的研究对象定义为人民的社会生活，这是对传统史学的叛逆，在理论上具有开拓性。因为它以人们的群体生活和生活方式为研究对象，将社会结构、社会组织、社会人口、社会生活习俗等均纳入了研究的范畴，从而体现

---

① 原文被《人民日报》1993 年 3 月 15 日第五版摘录转载。

了社会生活同政治事件和政治状况的辩证关系，揭示了人们社会生活的运动体系在历史上的发展变化及其在历史进程中的地位和作用。但也有人表示异议，认为屈威廉的观点失之偏颇，其一，"社会生活"具有多义性，以其作为社会史的内涵，很难使社会史的研究规范化；其二，强调社会史就是研究人们的社会生活，容易忽略对政治、经济内容的研究，从而使社会史研究变得琐碎浅薄。

（二）社会史应以社会为中心概念。持这种观点的学者认为，社会史就是研究社会本身的历史，不论社会生活史还是政治史、经济史，都仅仅是研究社会的一个视角，社会史的任务是把这些专门史纳入到社会整体中进行研究。对此，英国史学家霍布斯鲍姆的看法较为妥当。1971年，他在《从社会史到社会的历史》中，系统地阐述了社会史就是研究社会的历史的观点。他说："社会史不像经济史或其他用连字号连接的历史，它从来就不可能是一个专门化学科，因为它的主题不能孤立起来。""文化史家可以不注重经济学，经济学家可以不注重莎士比亚，然而，社会史家如果忽视了其中的任何一方面内容，就不会取得进展。"但是，也有人认为，霍氏构建的社会的研究框架，是建立在假定存在着一个要去研究的社会的基础上的，而当人们使用"社会"这个术语时，它的确切含义不是指一种特定的社会结构，而是指生活在某一特定地区的所有居民或某种政权管辖下的全体国民，这在语义上容易发生混乱。此外，由于历史学家热衷于构建某种制约人们生活方式的独特的社会结构，划分各种社会因素，考察这些因素的走向及其在社会发展过程中的作用，往往忽略了分析各种特殊的事件，从而导致社会史的研究"缺乏真实意义"。

（三）社会史内涵二元论。持这种观点的学者认为社会史的研究对象有二：一是狭义的社会史，二是广义的社会史。狭义的社会史研究的对象是社会结构和社会发展过程中的一个侧面，即传统历史研究课题以外的课题。传统史学注重研究政治、经济、文化，往往不大涉及风俗习惯、婚丧嫁娶、建筑风格、人口流动以及性史、私生活等，而这些内容恰恰属于社会史的内容。因此，社会史也可称为"剩余的历史"。广义的社会史则无所不包，即研究社会整体的历史，其研究对象是广泛的、综合的，诸如国家、民族、政治、经济、文化、宗教、社会风俗民情等，都在它的研究范围之内。广义的社会史与西方传统史学最显著的区别在于，传统史学注重王朝政治变迁史的研究，而广义的社会史则更注重经济和文化要素在历史发展进程中的重要作用。

（四）社会史定义不定论。持这一观点的代表认为，很难给社会史下个确切的定义，社会史只是一个目标，并未形成一个确切的具体的范畴，社会史的研究只是一种新方向。因此，未必需要急于赋予它一个明确的定义，而应在社会史研究不断深化的过程中，自然而然地逐渐地确定其定义域。从西方史学研究的历史看，社会史仍处于不断拓宽研究领域的发展中，它着眼于"从上而下"即注重大众文化或下层人民生活的研究。有的学者指出，经济史和社会史的研究并不分家，也很难将他们严格区分开来。如社会史讲"三马"（马克思、马尔萨斯、马克斯·韦伯），而经济史也讲"三马"。在世界中世纪史研究中，有很多内容都属于社会史的研究对象，因此，社会史研究实际上在中世纪史研究中早有发展。只是到了二战后，随着一些新兴学科的出现，西方某些史家认为史学研究的领域受到其他学科的侵浸，为了抑制学科专业分工过细的倾向，促进各学科的交流，保持和扩大史学研究领域，提出把社会文化背景作为整体来研究的观点，于是导致现代意义上的社会史学科的兴起。总之，当前的主要任务不是谋求定义，而是在实践中用西方社会史的研究方法开拓和扩大史学的研究范围。现代史学危机不仅是地位的危机，还存在领域危机，因此急需扩大史学研究领域，诸如人口史、宗教史、婚姻家庭史以及老年、少年、城乡人民的社会生活等都是亟待开辟或刚刚起步的新领域。在研究中要引进其他学科的新理论、新方法，加强定量分析和综合研究，这样的社会史研究才能称得上是整体的史学研究。而我国社会史研究处于刚刚起步、尚不充分的阶段，如果一定要确切界定它的内涵，可能会导致因简化了社会史兴起所包含的丰富学术变革内容而冲淡它对传统史学叛逆的意义，从而使社会史沦为传统史学的附庸。

二、西方社会史研究的历史与现状

社会史作为一门独立的学科，产生于20世纪初。有的代表明确指出，社会史是在对传统史学的反叛中兴起的。以研究政治变革和英雄人物为中心、以过分重视史料考证为方法的兰克史学和实证主义史学是19世纪西方的正统史学。但是由于一战以后国际形势的变化以及部分正统史学家在一战中放弃了客观主义治史原则，使传统史学失去了光彩，西方史学出现了危机。在挽救危机的努力中，历史学家开始探索史学发展的新途径。他们将研究的着眼点放在传统史学所忽视的那些人类活动领域：社会下层或广大劳动者阶层的历史活动。他们在研究中提出了许多新理论，同时又深化了许多旧有理论；在研究方法上，广泛吸收了社会人类学、心理学、经济学、语言学、人口学、统计学等学科的观念和方法，丰富了历史学的研究。可以说，社会史研究的兴起是对传统史学的一种反动或修正，是使历史学由偏狭走向全面系统地了解人类社会发展过程的一个新起点。

有的代表按照时间逻辑顺序，详细地论述了20世纪40年代以来社会史研究的发展历程及存在的问题。他将半个多世纪以来当代西方社会史学的发展大致划分为三个时期：理想时期（1940—1960），争论时期（1961—1975），综合时期（1976至今）。理想时期是社会史学的兴起阶段。他认为西方社会史学的兴起，是起于一种拓宽史学研究领域的理想。在这一时期，历史学家们日渐重视对普通人生活历史的研究，对事件和社会结构的关系有了新的和深入的理解，社会结构的变动是复杂因素综合作用的结果，涉及社会背景、传统习俗、文化与社会心理等诸多方面，因而社会史研究就逐渐成为历史研究中不可或缺的重要领域。在理想时期，社会史研究的范围已扩大到生活史、经济史、社会心态史等许多领域。这一时期存在的主要问题，表现在部分史学家仍然把它当作纵向研究的学科，主要研究的是社会形态的发展或经济类型的演化，时间跨度一般都较大，而未能充分考虑怎样进行一个社会的横向研究，并且在社会发展的问题上，存在着社会功能说和经济因素决定说的矛盾。但是在这一时期，社会史的研究角度颇具吸引力，它向历史学家呈现了一片处女地。历史学家们求同存异，同心合力，为社会史研究的深入发展奠定了良好的基础。

进入20世纪60年代，社会史研究领域进一步扩展到人口、都市化和现代化、社会冲突、家庭、婚姻、妇女、劳动状况、城乡区别、社会结构、社会流动、宗教、社团等，加强了与其他学科的交往和相互渗透，在研究方法上明显地打上了社会学理论和方法的烙印。有的历史学家将此视为社会学对历史学的"侵入"，并认为社会学家和人类学家所使用的用于解释历史的许多理论模式，过于抽象，缺乏历史感和时间感，从而引起了理论上的争论。主要表现在：1.社会学家常用的社会功能理论显然与历史学家的政治、经济分析方法存在着冲突。社会功能理论强调社会各个组织、各种制度的和谐合作，视社会为一整体，其中组织、制度有如人体器官，各自具有特定的功能，为社会所必须。社会各种组织、制度必须保持结构上的平衡与和谐，才能保证社会的安定与发展。传统的历史学家则强调国家机器的重要调节功能，经济因素更是起着决定性的制约作用。2.社会学所常用的冲突理论主要从社会各个群体间的对立的角度来分析社会矛盾，这与传统的历史学家所惯用的阶级和阶级斗争理论也是明显不同的。前者强调非阶级性的差异，以寻求社会关系的统一和稳定，后者则强调阶级斗争对社会发展的作用。3.在个人与社会的关系问题上，社会学的社会角色理论强调每个人都在社会里扮演一定的角色（但不是一种角色，在不同场合，如在社会和家庭中都以不同角色出现），这种角色是与他人进行交往中获得的。社会学家曾将这一理论运用到奴隶制研究方面，解释奴隶的服从和懒惰源于奴隶的社会角色。历史学家则认为这样论述人际关系，显得过于牵强，用现代人际交往规则来解释古代奴隶制，毫无说服力。

在社会史新的研究领域中，争论较大的是妇女史、家庭和婚姻以及关于现代化进程的研究。关于妇女史的研究，女性学者有以下几种主张：一是"她的历史"，认为妇女与男子有不同的经历和经验，女性应以自己的方式写作历史；二是主张用社会学的理论和方法重新改写有关妇女的历史，要求将历史研究的重点放在家庭、婚姻和性关系方面；三是认为历史上的性别具有阶级的意义，性别影响社会次序的排列和历史的发展；四是着重研究妇女的政治参与。这些观点都比较激进。在婚姻和家庭制度演变的研究方面，这一时期，社会学家和历史学家还很难对话。关于现代化进程的研究，社会学往往通过横向和纵向的比较研究，揭示和解释社会各方面的发展，与传统历史学家强调经济发展和生产方式的作用有所不同。社会史研究在这种争论中不断深化和发展。

20世纪70年代中叶，西方学者开始对社会史学进行深刻的反省，表现为大综合趋势的出现。首先是社会史与文化史结合的趋势。近20年来，文化史研究的重心转到了对文化规则的探讨。文化规则是无形的，但却处处制约着人们的行为。因此，社会史与文化史研究有了结合的可能。人们认识到文化具有社会性，它不是孤立的个人的行为，而是互相影响着的人群的集体行为。两者的融合实质上使社会史的研究领域既包括了社会制度体系，又包括了价值体系的研究。与此同时还出现了大文化和小文化综合的趋势。大文化指的是上层贵族精英文化，小文化指的是民间文化或大众文化。前者主要表现为笔载文化，后者主要表现为口述文化。以往人们认为两者是对立的，而今天则意识到两者常常相互渗透、相互影响，都把人与社会视为主题。这是大综合趋势的另一个方面。在妇女史研究方面，妇女史专家认识到不存在离开男性研究的妇女史，各学科学者都更加注重相互宽容，出现了新的合作趋势。

在方法论上，20世纪70年代曾习惯于用一种因素解释历史，这一单纯、简单的方法正得到纠正，学者们开始走向多种因素综合说。但是这种大综合的趋势还未完全成熟，在某些方面存在着生硬的感觉。

三、西方社会史学流派评述

从20世纪初社会史研究兴起以来，众多西方学者做了大量深入细致的研究，有的学者为此倾注了毕生的心血。数十年来，西方社会史研究领域名家辈出，著作如林。但是，由于种种原因，许多著名的社会史学家及其代表作很少介绍到我国，国内对于他们所提出的富有见地的理论和采取的研究方法还缺乏系统的了解。与会代表们认为，这种状况不利于我国的社会史研究领域的发展和繁荣，不利于我国史学工作者与国外同行的交往和交流，而系统地介绍和评价西方社会史学流派的各种观点，取其精华、去其糟粕的任务，应由我国的世界史学工作者积极地承担起来。与会的许多代表在这方面做了大量的工作，有的代表简要地介绍了英国的屈威廉及其代表作《英国社会史》，有的代表介绍了托波尔斯基的《苏联的社会史研究》，部分专家学者和代表系统地评介了一些西方著名社会史学家及其代表著作和某些流派，加深了人们对西方社会史研究的了解。现在分述如下。

（一）拉斯莱特及其代表作《失去的世界》。拉斯莱特是英国著名的社会史专家，1964年以来一直在剑桥大学人口与社会构成史研究中心工作，并任负责人，至20世纪80年代末发表了专著5部、论文多篇。1965年出版的《失去的世界》一书概括了他的主要学术观点。该书继承了屈威廉的英国社会历史分期法，即将社会历史分为"前工业时期"（"失去的世界"）和"工业时期"（"当前世界"），认为古代、封建和资本主义社会的划分方法只是在上述划分下的"次一级划分"。拉斯莱特在著作中提出了许多新的观点。他提出了"单一阶级社会"的概念，将阶级界说为"联合在一起共同行使政治和经济方面具体权力的一部分人"，认为这一概念完全适合于英国实际。在此之下存在着各个阶层，包括农户、手艺人、雇工、茅舍农、贫民等，并称这些人为"身份群"，意指他们保持同等的社会地位。在这两部分人之间存在着正在形成的中等阶级，包括各种商人、城市居民和约曼农。他还研究了前工业时期英国社会的各个阶层，考证了部分阶层名称的来源，比较了他们的差异和生活状况。拉斯莱特对英国社会构成的基层组织即家庭进行了深入的探讨和研究，对家庭结构、生活状况、家内成员的相互关系都提出了独到见解。并对历史上长期模糊不清的问题进行了探索，如考证伊丽莎白时期妇女的初婚年龄平均为24岁；部分农民因饥馑造成营养不良致死，但无直接饿死的现象。拉氏还以人口学专家的眼光考察了此时期英国人口的变化，列举了许多珍贵的统计数字，绘制了多幅表格。

拉斯莱特还对英国40多年来一直争论不休的问题提出了自己的看法。首先作者对16世纪英国资本主义萌芽问题不予认可，其次关于乡绅的兴起，认为其发展主要在于文化和政治方面。因此，他认为1642年的冲突不属于他所认定的那种"意味着整个社会结构发生不可逆转的改革的社会革命"，因之只是一场内战。

（二）分析的微观史学。有的代表注意到了一些西方社会史学家采用了最富人文性的表达方式，对历史演进过程中的事件和个人进行有声有色的叙事性描述，从具体的微观角度去考察人们的心态变化。这些史学家一般都选择历史演进过程中的社会变动时期作为其研究时段。以文艺复兴时期为其研究文化背景的卡洛·金兹伯格（《奶酪与蛆虫》）、坚尼·布鲁克尔（《乔万尼与卢莎娜》）、朱迪思·布朗（《不轨之举》）、勒鲁瓦·拉杜里（《罗曼斯的狂欢节》）等人都对这一社会重大转型时期的事件与个人进行了细微的个案考察，可以说基本形成了分析的微观史学。它具有四个特点：

其一，在研究对象上，有两点不同于传统叙事史学。一是所关注的对象不再是精英人物，而将目光转向一般大众，转向能反映社会各阶层心态的个人。上述四部著作中所选择的都是这种社会变动中的普通的个人或群体——磨坊主、普通恋人、女修道院长和小城镇的居民。二是研究的侧重点集中在婚姻、家庭、性观念、宗教信仰、日常生活、节日庆典等与普通民众有关的最普遍的观念和行为。

其二，在研究方法上，更注重深入地分析，广泛借鉴社会科学各学科的方法，上述四人主要借鉴了人类学、心理学和社会学的方法。例如，背景分析是人类学研究的两种主要方法之一。勒鲁瓦·拉杜里的《罗曼斯的狂欢节》就运用了人类学方法对狂欢节中的战舞进行了详尽的背景分析，所以他不仅仅是一览狂欢节这一特定事件和行为的表象，而是将事件和行为置于复杂的社会系统之中，通过社会各子系统的联系和反应来揭示其社会意义。朱迪恩·布朗的《不轨之举》中的理论主要源于心理学。修女贝内代塔自述童年时只有夜莺与其相伴，作者即运用弗洛伊德关于早期童年性欲的心理理论分析，得出这是贝氏性放纵的早期征兆，因为"在欧洲民间文化中，夜莺正是肉体相爱和生命中声色情欲的象征"。正是借助于新的和其他学科的研究方法，才更深入地走入了人物的内心世界，揭示事物表象背后的意义。

其三，在史料的运用上，更加强调史料的精确性。分析的微观史学所依据的史料几乎都是事件发生时的当事人或旁观者留下的文字材料，这些资料一般都具有即时性、情节性和客观性的特点。坚尼·布鲁克尔的《乔万尼与卢莎娜》记述了二人长达12年的爱情纠葛，朱迪思·布朗描述贝内代塔的一生，勒鲁瓦·拉杜里描绘罗曼斯狂欢节的那次社会冲突，都利用了原始手稿，这些或是世俗法庭、教会的审讯记录、证人证词，或是日记，或是档案材料，因此也就更加切近地勾画出当时的社会图景。

其四，分析的微观史学著作通过富有情节性的叙述某一事件或人物揭示其社会与文化内涵，如《乔万尼和卢莎娜》就广泛涉及佛罗伦萨社会的司法制度、人际关系、等级观念、婚俗等许多方面，通过卢莎娜的诉讼"给500年后的我们提供了一次更准确地理解她生活的那个世界的机会"。

分析的微观史学作为一个流派的史学范式尚未充分成熟，也未形成一个核心的史学家群体，但这种严肃的探讨必然会产生合理成分。

（三）西方社会心态史。心态史学是西方社会史研究中的重要领域。心态的研究是探讨社会集合心理，这种心理是一定时期内社会大多数人所遵行的社会价值和道德标准。它起源于一定的文化背景中，制约人的行为，并决定着时代的风尚与个人的观念。社会心态史就是以一定社会群体尤其是下层社会群众精神文化生活为研究对象的。与会代表中有人以金茨堡和杜比为例，评述了西方社会心态史的发展趋向。

金茨堡是意大利著名史学家，他在成名作《夜间的战斗——16至17世纪弗里乌尔的巫术和农民崇拜》中，以民间宗教信仰为出发点，集中考察了意大利北部弗里乌尔地区的农民崇拜，从中发现了16世纪末到17

世纪上半叶农民心态的演变过程。该书的前半部，主要介绍了农民崇拜的一般状况。当时该地区农民信奉"男行善者"和"女行善者"。两种行善者的共同特征是生来就带有胎膜，受上帝和天使的感召，四季大斋日的夜晚出来活动，活动时精神脱离肉体等。两者的区别则在于，男行善者在四季大斋日夜晚拿一束茴香与拿一束蜀黍的巫师作战，女行善者则可在此夜见到死去的乡亲，与他们一起行走交谈，将其衣食之需告知在世的亲属。金茨堡认为，这两种崇拜都发源于同一古老的民间信仰，前者直接发源于农民对土地和农作物的眷恋，后者则起因于对死者的怀念。它与巫术不同，来源于农民群众在当时社会发展阶段所自然形成的群体渴望和恐惧，成为这种群体情感赖以表达的工具，因此，它表明了农民当时的一种心态。

该书后半部主要描述了这种朴素的民间宗教信仰在基督教法庭干预下转化为巫术的过程。由于行善者与基督教经典中描写的巫师形象相似，于是宗教法庭将其抓起来审讯，威逼或诱供行善者承认自己施行的是巫术。结果，农民也由对他们的崇拜转变为仇视。金茨堡最后得出结论，前半部描述的农民对行善者的崇拜是农民"精神状态和信仰的直接表现"，而后半部描述的行善者由于受到基督教文化的扭曲，并不能真正表明农民的精神状态和信仰。霍布鲍姆斯曾说过，该书"并不仅仅在于阐明16和17世纪的宗教、魔术和巫术，而在于一个专门问题：他主要关注'再现这一时期的农民精神状态'"。

杜比是法国年鉴学派的著名史学家。他在《德高望重的已婚妇女与婚配不当的已婚妇女：1100年前后法国北方居民对婚姻的看法》中，以搜集到的两部圣徒传记为依据，通过具体分析和比较历史上人们对婚姻的看法，揭示了下层被统治阶级的婚姻观的本质特征及其与上层统治阶级婚姻观的区别。杜比通过对记述贵族妇女伊达的传记的研究，揭示了上层统治阶级婚姻观的主要特征是强调以生儿育女和传宗接代为目的的"美满婚姻"，强调妇女"作为母亲"的美德。伊达的生平符合这种要求，贵族道德体系和教会道德体系融为一体。而戈德丽薇的传记则在很大程度上反映了"被统治阶级"对婚姻的态度。家境居中的戈德丽薇与达官贵人贝尔托夫的结合是一场婚姻悲剧。贪图彩礼和追求富有是女方父母的意愿，追求容貌的贝尔托夫没有得到父母的首肯而擅自做主，违背了习俗，是这场婚姻悲剧的初始根源。当贝尔托夫将她带回家的途中就产生了"厌恶"之感，新郎在新婚之夜逃之夭夭，婆母与丈夫一直恶言相向，百般虐待。虽然戈德丽薇仍尽心履行自己的职责，坚守贞操，忍受折磨，但最终还是被丈夫指使女巫勒死。戈德丽薇之死引发了人们对她的同情，农民把她看作是反抗教会和贵族势力的殉难者，纷纷来到她的墓前朝拜，并编绘了许多她能创造奇迹的传说。这使上层统治阶级感受到巨大压力，教会不得不把她立为圣徒。杜比指出，教会撰写的这一传记虽然删去许多真实成分，但在很大程度上反映了下层农民阶级的婚姻观，其最突出的特征是强调爱情。杜比还对两部传记主题词出现的频率进行了考证，在前者的传记中，"传宗接代""生育""名门血统"不时出现，而后者的传记中大量充斥"爱情"及其派生词汇。杜比得出结论说："两部作品的基调是不同的。我把这种不同归因于这样一个事实：一个倾向于统治阶级，一个倾向于被统治阶级。"

（四）伊本·赫尔顿的社会史研究。有的与会代表比较全面地介绍和评价了伊本·赫尔顿的社会史研究成果。伊本·赫尔顿是中世纪伊斯兰世界著名的政治家、思想家和史学家，也是中世纪历史哲学和近代社会史研究的奠基人。他的代表作为三编本的《历史集成》，其中第一编《历史绪论》体现了他的社会史研究水平。

赫尔顿考察了地理环境对社会的影响。正是地理环境的不同，造成了人与人之间的外在差异（肤色、体质及生活方式）和内在差异（性格、整体民族性）。而地理环境不同所造成的食物的不足与丰裕，影响了人的体质和性格，进而影响到人类社会文明状态，产生差异。在当时的文化氛围中，他提出客观物质世界对人类社会的发展起着不可忽视的作用的观点，实际上是对宗教神学理论的勇敢挑战。他还考察了人们的经济活动，提出了劳动协作论、劳动价值论等一整套经济理论。人类必须通过社会结合进行物质资料的生产，才能维持生存。劳动是生产过程中最重要的因素，其价值也最大，没有劳动，其他因素都无法获得收益，因此在一般情况下，劳动或多或少构成了商品价值的一部分。赫尔顿阐述了社会政治上层建筑——国家统治的政治理论，认为人类的社会结合必须在王权统治下方能实现，否则人类难以避免相互间的争斗，造成生命财产的巨大损失，而王权的具体实体就是王朝或国家。赫尔顿还提出了法制思想。赫尔顿的研究涉及人类社会发展的各主要领域，提出了许多精辟见解。

四、关于个体农民、宗教、犹太社区、人口等问题

与会学者和代表对历史上个体农民的力量、宗教、犹太社区、人口等社会史的重要研究课题，进行了讨论和交流。

（一）个体农民的力量问题。有的代表通过分析英国个体农民的农业劳动生产率，试图揭示英国最早走上工业化道路并实现社会现代化的原因，认为英国实现由封建社会向资本主义转化的关键，是由于16世纪农民的农业劳动生产率的提高。13世纪末，英国平均每英亩（约4046平方米）产粮11.5蒲式耳（约418升），一个标准农户平均占有21英亩（约84981平方米）土地，一年中创造的劳动生产率平均值为141蒲式耳（约5128升）。根据当时物价，一个标准农户年总收入113先令，扣除支出后的剩余产品价值为53先令，两者相比，剩余率为47%。16世纪末，英国平均每英亩产粮16蒲式耳（约582升），一个标准农户平均占地30英亩（约121401平方米），一年创造的农业劳动生产率为320蒲式耳（约11638升），比13世纪末提高近130%。一个标准农户年总收入为1780先令，剩余产品价值为1427先令，两者相比，剩余率为80%，比13世纪末提高70%。可见16世纪末英国个体农民的农业劳动生产率和剩余率都有了显著的提高，这是英国成功地由封建社会过渡到资本主义社会的动因。因此，社会下层人民特别是农民在促进社会转折过程中的作用不能低估。

（二）宗教问题。与会代表指出，宗教与社会有着内容极其丰富的联系，它不仅反映着人们的日常生活，而且包含着统治与被统治的关系。历史上一种社会形态向另一种社会形态转变时，总是伴随着宗教的出现

或再生。因此，宗教问题是社会史研究的重要课题，通过对宗教的研究和剖析，更能展示一个社会的横断面。有的代表着重论述了基督教的产生及其地位，指出基督教的产生是西方古老世界制度崩溃的标志，它体现了罗马帝国的社会政治关系。拥有经济特权和司法审判权的基督教会也控制着中世纪西欧的意识形态，基督教教义和宗教法规是人们行为和活动方式的准则，是社会道德的规范。基督教反映着人们从属于超越个人之上的社会道德体系的归属感，使人们保有共同的恐惧和希望，从而加强了社会联系。在进入资本主义社会后直到今天，基督教作为一种有着深刻历史渊源的社会意识形态仍然具有极大的潜在影响力。

（三）犹太社区问题。有的代表集中论述了古代犹太社会，其中关于犹太社区问题引起了与会者的极大兴趣和关注。几千年来，犹太人在历史上屡遭迫害，被迫流散到世界各地，但犹太人在欧洲历史上一直未被同化，原因何在？除了犹太教本身具有较强的凝聚力外，一个重要原因就是犹太社区的存在。在中世纪的欧洲，犹太人生活的外部环境始终没有本质性的改变，到处受到歧视和限制的犹太人，只能从事被认为最低下的经商和放债职业。基督教和各国政府、市政当局在历史上迫害犹太人方面扮演了极不光彩的角色。基督教一直排斥异教，教会利用基督教教义和法令证明犹太人是被上帝唾弃的民族，要防止其扩散，因而各国市政当局或教会指定犹太人居住在特别划定的某个市区内，从而形成了单独的犹太社区，一般称为"隔都"。犹太人在社区里实行自治，保有自己的组织机构、宗教信仰、风俗习惯，不受外界的干扰，成为与众不同的社会群体。教会甚至规定犹太人着特殊服装、佩戴标志，把犹太人与基督教徒的社会交往压到最低限度。这样，反倒强化了犹太社区和犹太社会群体的独立性，因而犹太社区的存在乃是犹太人长期未被欧洲人同化的重要原因。

（四）人口流动问题。人口现象是社会史研究的重要内容，一定区域的人口变动对一定社会产生着至关重要的影响。有的代表着重评析了人口移动对社会发展的影响，认为以前研究地理大发现，往往着眼于政治、经济后果，很少注意人口移动的社会功用。地理大发现后出现的迁延久远的人口大移动，突破了人们自身相对封闭的活动空间，重新调整和配置了世界的人口布局，第一次把欧美亚非澳各大陆连成了一个互通的整体，客观上推进了全球范围的物质和人文大交流，成为影响近代社会历史发展的一个值得重视的因素。因此，人口流动昭示着人类社会自身内蕴的活力。他还认为，地理大发现后欧洲出现人口外流，并不是一般所说的人口过剩的结果，而主要是社会转型时期人们激发起的外向型广泛欲求，或躲避国内战乱和宗教迫害一类社会政治原因所致。到18、19世纪时的移民，才部分地源于人口过剩。

在此次讨论会上，与会的专家、学者和代表们指出我国对西方社会史的研究刚刚起步，还有许多领域有待发掘，许多课题有待深入研究，迫切希望史学工作者和其他社会科学工作者共同努力，创造出社会史研究的繁荣局面。

（与姚玉民合著，原载于《历史研究》1993年第1期）

史学的经济功能和其他功能

长期以来，人们往往多注重史学的政治功能。然而，如果一味强调政治功能，就难免使史学研究走进死胡同或陷入比附史学、影射史学的泥潭。当前，在这使人激动、催人奋发的改革浪潮中，对史学的社会功能进行讨论，以便科学、全面、正确地认识它的作用和价值，找准史学研究的合理定位，是十分必要且意义深远的。

首先，谈谈史学的经济功能。这样的立论也许会被认为是牵强之说而使人不敢苟同。其实，细究起来，史学的经济功能是不言而喻的。就拿市场经济来说吧，党的十四届三中全会提出，我国经济体制改革的目标是建立社会主义市场经济体制。我国目前为什么要实行市场经济体制？严格说来，在史学上已规范了它的价值取向。市场经济在资本主义世界已经受了上百年甚至数百年的历史实践，在此之前，有些老牌资本主义国家如英国在专制王权时代曾实行过专卖制度，由于它有悖于资产阶级的利益，不利于资本主义的发展，遭到反对，被迫取消，后来在商品经济自然运行的轨道上逐步建立，实行了以公平自由竞争为原则的市场经济，促进了资本主义经济的飞速发展。由此可见，市场经济在资本主义世界已经受了历史实践的检验。同样，在马克思主义经济领域，史学对市场经济也给了充分的认识和检验。马克思的著作中没有使用过"市场经济"这个词。列宁在1906年曾把计划经济和市场经济作为对立的两种社会基本制度来看待。十月革命胜利后，苏联曾一度试图利用战时共产主义这个特殊历史时期准备"直接过渡"，"消灭货币"。但是从1921年春开始，苏联不得不转而实行了新经济政策。实践使列宁的思想发生变化，提出了"采取市场的经济形式"实现国家经济计划的主张。但列宁逝世后，把社会主义与市场经济对立起来的思想又占据了统治地位，从此形成了一种固定观念，认为市场经济是资本主义特有的东西，搞社会主义只能实行指令性的计划经济。新中国成立后，我国由于向苏联"老大哥"学习，在经济管理体制上也实行高度集权管理的计划经济。40多年来，其难以克服的弊端严重束缚、阻碍了我国经济的发展。中外正反两个方面的客观事实，为我党断然决定实行市场经济体制提供了基础。而这个基础只有通过史学总结才能充分体现出来。从这个意义上，我们完全可以说史学具有重要的经济功能或称之为认识经济规律、认识经济价值的功能。

其次，史学在社会科学领域中具有奠基的功能。史学与社会科学中的其他学科有着密切关系，社会科学中的其他学科如政治学、经济学、社会学、宗教学、教育学、文化学等，都得以历史知识为基础。没有历史科学，社会科学中的一些学科就会成为无本之木、无源之水。人类社会中出现的各种社会现象，不论是经济的，还是政治的、宗教的、文化的、军事的等，都不是凭空出现和偶然发生的，而是有一定的演变过程，有它的必然性。而说明各种社会现象发生发展的条件及其相互关系，揭示它们的演变规律及其必然性，正是史学特有的功能。如果不对人类活动的各个领域作历史的考察，就不能建立真正的社会科学，就不能探索经济、政治、法律、文化、哲学等领域的发展规律。所以，马克思和恩格斯曾言简意赅地说："我们仅仅知道一门唯一的科学，即历史科学"。恩格斯甚至还说："历史就是我们的一切。"

最后，史学具有鉴古知今，预示未来，弘扬民族文化传统，进行爱国主义教育的功能。人们常说："读史明智"，"历史是一面镜子"。一部人类历史，反映着人类从蒙昧、野蛮走向开化、文明的整个历程。人类祖先在生产斗争、阶级斗争和科学实验中用汗水、泪水、血水换来的无数成功经验、失败教训，是后人继承、鉴戒以进一步改造世界的无限的力量源泉。借鉴、总结了历史的经验教训，人们就能把握社会发展规律，认识社会历史的未来走向，从而在社会转型时期各种社会思潮泛滥、心态变迁的情势下不至于迷航。另外，史学可以再现历史的本来面目，可以鉴别各种社会现象和重大事件的是非曲直，可以评说一切历史人物的功过；它讴歌光明和进步，斥责丑恶和反动，赞扬伟人，鞭挞侏儒。人们通过史学评判和学习，可以丰富思想，扩大视野，提高分析能力，培养符合时代需要的高尚情操，从而受到文化传统教育和爱国主义的教育。

（原载于《安徽史学》1996年第2期）

史学的经济功能和其他功能

中西封建城市差异性比较研究

中西封建城市在其起源、经济特征、城市结构、文化教育和城乡关系等方面存在着较大差异性，而这些差异又对中西封建社会的发展产生了不同的影响。本文拟对此作些比较分析。

一

在西欧，出现最早的城市是地中海克里特岛上的王宫城市，其后以雅典城市较为典型。在罗马帝国初期，由于经济的发展，生产经验的交流，某些科学技术的应用和生产工具的进步，城市的兴起和发展达到了空前的程度。原有的旧城日趋繁荣，更多的新城纷纷兴起。这些城市的共同特点是建立在交通便利、土地肥沃的地方，它们既是政治中心又是经济中心。

公元5世纪以后，随着日耳曼人民族大迁徙，欧洲城市经历了震荡性的变化。日耳曼人的入侵给罗马帝国带来了致命的打击，它不仅吞噬了罗马帝国的肌体，也使城市遭到严重破坏，有的沦为废墟以至湮灭。比利时著名史家亨利·皮雷纳等学者对此多有研究和论述，他们的观点是"如果认为日耳曼人的到来所造成的后果，是单纯的农业经济和商品流通的普遍停滞代替了城市生活和商业活动，那就是大错特错"，外族入侵只是使罗马帝国边远地区某些城市遭到破坏，绝大多数城市得以幸存，中世纪"存在于法国、意大利，甚至莱茵河和多瑙河沿岸的城市，可以证明这些城市中大多数座落在罗马城市所在的地方，而且它们的名字也往往只是罗马城市的名字的变形"①。那么，真正使封建西欧早期城市萧条的原因是什么呢？只要把这个问题放到世界全局中考察就不难发现，真正给西欧城市特别是地中海沿岸城市带来灾难的是信奉伊斯兰教的阿拉伯人对地中海盆地的入侵，他们控制和封闭了地中海，使西欧长期依赖于地中海贸易的商业陷入绝境。商业的停顿导致商人的减少以至消逝，而由商人维系活力的城市也随之衰落，欧洲经济又重回到农业经济占主导地位的状态。这种自给自足的封建庄园式经济状态，一直延续到11世纪时才得以改观。1096年第一次十字军东征及其后的几次征战，欧洲封建主击败了阿拉伯人及伊斯兰信徒，使地中海摆脱了他们的控制，地中海航道又畅通了，商业活动扩大，商品贸易日益繁荣，西欧城市再度兴盛发展起来。这些反复、震荡，使西欧城市的属性变为工商业占主导地位的经济性城市，从罗马时代延存下的政治属性的城市则逐渐销声匿迹了。

中国城市在起源上与欧洲城市并没有什么差别，但其发展道路及属性与西欧城市则迥然不同。中国最早的古城遗址有四处：河南淮阳县平粮台古城址、河南登封县王城岗古城址、山东章丘县城子崖古城址、河南安阳市后岗古城址②。从严格意义上说，这些所谓的"古城"只能称得上是"带围墙的农业村落"，旨在保护村落中的居民。到了夏朝，考古资料表明城市已初具规模。商朝时代，城市进一步繁荣，经济地位日益上升，从殷墟中所出土的大量海贝、玉石、大龟甲以及鲸鱼骨、海蚌等"舶来品"来看，当时殷墟这样的城市也是商人活跃的场所。战国时"百工居肆"，出现一批如楚国的郢、赵国的邯郸、魏国的大梁等城市。这些城市标志着当时经济的繁荣，它既是当时的政治中心也是经济中心。

中国城市在发展史上虽也经历过大的震荡，但并不同于西方来自外族的入侵和异教徒对商业的封锁，而是由于内部争权夺霸导致的动荡。在诸侯混战中，各城市虽然仍保有商业往来，但政治、军事作用却越来越突出，各种政治势力皆以攻陷城池为目的，以此来标志一国的兴亡，

---

① 〔比利时〕亨利·皮雷纳著，陈国樑译：《中世纪的城市（经济和社会史评论）》，商务印书馆1985年版，第7页。

② 张南、周义保：《中西古代城市起源比较研究》，《江汉论坛》1991年第12期。

于是就有了中国古史上陈述的"争城以战""据城以守""杀人盈城"等说法。公元前221年,秦始皇统一六国,建立了大一统的封建国家,实行郡县制,原各小国的都城一时又变成郡县的首府,并驻有军队,成为专制集权的牢固堡垒,其政治、军事特性日益突出,而工商业属性日益退居次要地位并服务于中央专制集权统治。

由上述比较可见,西欧封建城市的兴衰与经济活动尤其是商业贸易息息相关,而对原始城市继承较少。而中国封建城市则对古代城市有较大的继承性,并在内部争霸动荡中大大削弱了经济属性,强化了政治属性,其结果是在城市的身上打下的专制主义烙印也就远远超过西方。

二

中西封建城市最突出的一个不同特点是城市的建立者不同,由此导致居民的法律地位也大相径庭。

西欧中世纪城市最早的居民主要是手工工匠和商人,他们大多出身农奴或为农奴的后裔。这些人之所以成为西欧中世纪城市的主要开创者,是当时西欧封建社会的经济和政治结构的特殊地位决定的。西欧封建社会发展到10世纪前后,自由农民农奴化的过程大体完成,在原来"马尔克"农村公社废墟上建立起来的封建庄园遍布西欧大地。西欧封建庄园经济不同于中国封建农村自然经济的特点,在于它不是像中国农村那样主要以男耕女织的一家一户的小农经济作为自给自足的自然单位,而是在很大程度上以庄园作为自给自足的自然经济单位,在庄园内部很早就有一定程度的农业与手工业的分工。因此,这种自然经济所包含的自身否定因素也比中国男耕女织式的自然经济自身否定因素多一些、强一些。此外,西欧封建庄园是在"马尔克"公社基础上建立起来的,农村公社的耕地公有制虽然已被废除,但却留下来一些原始民主制及与此有关的遗风,并在"整个中世纪时期,成了自由和人民生活的唯一中心"[1]。因此,当这些封建庄园里的农奴或其后裔进入城市后,在其思想和行为上

---

[1]《马克思恩格斯全集》第19卷,人民出版社1963年版,第433页。

存在着强烈的民主和自由的倾向。

这种民主和自由的倾向与当时的封建体制存在着不可调和的矛盾。当时封建西欧通行的一个原则是"没有无领主的土地"，城市无论兴建在什么地方，都要受到领主的统治和管辖。封建领主权的内容十分广泛，包括对当地居民征发劳役、征发军役、征收各种实物和货币税、征收招待领主留宿的费用、征收市场税、实施对某种产品的专卖权以及拥有司法审判权等。倘若一个城市分属几个领主（如12世纪的斯特拉斯堡有4个领主），还要受多个领主的管辖和盘剥。于是，就出现了城市居民为了减轻负担和争取自由而开展的争取自治权的斗争。在西欧城市这种独有的"自治运动"中，一些城市通过武装斗争或金钱赎买的方法，不同程度地获得了自治权，有的城市则成为自治市，享有独立的行政、军事、司法、外交、税收等各项权力。拥有自治权的城市，城市居民摆脱了封建领主在人身方面的控制，成为与原来农奴身份不同的自由人。"城市的空气使人自由"的现象，吸引大批农奴从农村逃亡到城市，他们只要在城市住满一年零一天，就可以获得人身自由，可以在城市中自由从事手工业和商业，可以自由择偶生子，子女亦不再是农奴。于是在西欧封建城市中，首先打破了农奴制度，"农奴身份的一切痕迹在城市的墙垣之内消失"①。西欧城市居民争取自治权的斗争，其意义和作用十分巨大，它实质上是市民阶级向封建贵族的政治权力发动的第一次进攻，具有早期资产阶级争取人权、民主、自由的性质，是欧洲资产阶级进行政治民主化斗争的发端；它使城市经济、政治的发展获得了相对的独立性，带来了商品货币经济的繁荣，引发了农村经济结构的变化，瓦解了封建制度的经济基础，从而成为西欧封建制度迅速解体的根源。

中国城市则不同。中国城市产生后是一直沿着传统的道路发展的。从秦汉统一以来，城市就是达官显贵居住的地方，中央政府对城市有着直接的管辖权，历代均承袭着"工商食官"的惯例，城市居民和商店均须居住和设置于统治者划定的"坊""市"之内，工商业受到严格限制，匠户另设"匠籍"，缺乏人身自由。在唐代甚至还规定"非州县之所不得

中西封建城市差异性比较研究

① 〔比利时〕亨利·皮雷纳著，陈国樑译：《中世纪的城市（经济和社会史评论）》，商务印书馆1985年版，第118—119页。

置市"，严格控制工商业在城市的发展，使工商业者力量非常薄弱，城市成为中国古代史上历朝历代统治阶级维护封建专制统治的堡垒。中国农民在农村虽然受到敲骨吸髓的剥削，但没有出现大规模逃亡城市的现象，当然中国农民就是有天大的本事，也逃不出封建主的手心。所有这一切，都是中国固有的中央集权的封建专制制度造成的。因此，在中国专制集权的控制下，城市只能是封建制度的附属物并为封建专制统治服务。虽然中国封建城市也曾出现过工商业繁荣的局面，甚至在明清时期也出现过资本主义萌芽，但由于没有出现像西欧那样的城市自治运动，市民阶级没有形成独立的政治力量，因而中国城市没有产生瓦解封建制度的作用，这也成为中国封建制度得以长期延续的一个重要原因。

三

中西封建城市的空间结构、商业准则及文化教育等方面也存在着差异性。

西欧城市的空间结构是为适应工商业的需要而建筑的，城市的中心多有一个大广场，这是为适应商品交换、商业贸易的需要而设计的中心市场。市场周围分布着各类店铺、货棚和各种售货摊子。通常城市里的各种重大活动如市民大会、审判案件、处决犯人等也都在市场上举行。市场通向各个城门，由街道相连，街道两旁排列着民房、商店和手工业作坊。教堂、法院、市政厅等大的公共建筑也建在广场附近，以便于对市场的控制。

中国城市的空间结构一贯是以官衙为中心而设计建筑的，尤其是各封建王朝的都城都突出地表现了以王宫为中心的特点。王宫总是位于城市正中，且占地较大。如唐代都城长安周围达70余里，全城呈长方形，由里向外依次分为宫城、皇城和外城三部分。宫城是为宫殿区；皇城是为官衙所在地；外城划分108坊，遍布寺院、府第、住宅。虽有东市、西市，但皆只有两坊之大，在广大居民住坊内无商业活动。市区虽表现繁华，但受政府下辖的行头管理和操纵，交易时受到严格限制。汉、晋、魏时期的洛阳，宋时的开封，元、明、清时期的北京，其建筑格局均同此例。这种城市建筑的风格、结构体现了大多数东方封建国家的城市特点，凸显了城市是封建专制统治的政治、军事中心的典型特征。

中西封建城市不仅在空间结构上不同，而且在对待商人的态度上大异其趣。在西欧城市中商人受到尊重，一些最显赫的家族也从事商业活动。商人享有很高的法律地位，"他们只服从政府的审判权，而不服从领主和领地的审判权"①。同时，政府也将商人置于保护之下，地方王侯必须维护本辖区的社会治安和秩序，沿公路设警，保护商旅。在市集和市场上，商人们还制定了一种商法，用以解决商人之间的诉讼，保护商人的合法权益。这种商法对扩大商务活动，保障城市工商业的发展，起了有益的作用。因此，西欧城市的商人不仅是身份自由的人，而且在市场上是享有商法特权的人。

在中国的封建时代，统治阶级多采取"重农抑商"政策，认为农是本、工商是末，对"商"进行种种限制，甚至对商人的衣着、出门乘车也有许多苛刻规定。明景泰年间御史左鼎的一段奏章很能说明问题，他说，当今"科敛愈烦，国用愈匮……由是观之，欲致国用之饶裕，岂必掊克聚敛之为哉！诚能痛抑末技，严禁游惰，凡工商僧道之流，减汰抑遏，悉驱而归之农"②。这就典型地反映了封建统治阶级贬抑商人的心态和政策取向。另外，中国自秦统一以来，只注重等级制度和刑事上的规定，对工商业活动和商人很少涉及，更谈不上制定保护商人利益的商法。城市也不像西方那样拥有银行和铸币权。所有这一切，都限制了中国城市的经济活动。

在文化领域，中西封建城市也存在着不同。从 11 世纪开始，西欧城市中兴起了中世纪大学，这就是最早诞生在意大利的波伦亚大学。此后英、法、德等国的城市均纷纷建立大学，到 15 世纪时，西欧中世纪大学已发展到 85 所。这些大学除学习教会法外，主要课程是学习文法、修辞、逻辑、算术、几何、天文、音乐七种科目，称为"自由七艺"。从学科名

① 〔比利时〕亨利·皮雷纳著，陈国樑译：《中世纪的城市（经济和社会史评论）》，商务印书馆1985年版，第78页。

② 余继登：《典故纪闻》卷12。

称上看，中世纪的大学是文理兼习，且非教会的科学方面的内容较多。中世纪大学的突出贡献是培养造就了一大批时代的巨人，如文艺复兴时代的薄伽丘、哥白尼、布鲁诺、伽利略，以及宗教改革运动中向封建神学挑战的斗士马丁·路德、闵采尔、加尔文等。西欧中世纪城市的大学，培养了时代的巨人，传播了文化，繁荣了艺术，启迪了人们的思想，冲破了天主教会封建神学思想的束缚，开启了文艺复兴和宗教改革运动，也促进了经济的发展和科学的进步①。

与西欧相反，中国文化领域始终未能打开僵化沉闷的局面。隋代开创的科举制虽然比西晋时的"九品中正制"进步，但都将读书人牢固地束缚在"四书五经"之中。唐代虽设有"六学"——国子学、太学、四门学、律学、书学、算学，但仍以研读儒家经典为主，目的是适应读书人猎取功名的需要。读书人只会埋头于"四书五经"，写空洞的八股文，致使知识阶层大多成为"与之交谈，两目瞪然视，舌本强不能对"的书呆子。在这样的文化氛围中，文化人追求的主要是做官，官本位思想较浓，这与西欧中世纪大学培养的文化巨人抨击神学，改造社会，勇于实践，发展科学的思想、行为形成了鲜明的对照。

四

城市与农村关系的不同，是中西封建城市的又一差异。西欧封建城市与农村有着二元化的结构关系。城市产生之初，每个城市都是手工业者与本市及市郊周围居民进行交换的中心。城市的生产视地方市场需要而产生，这类城市数量最多，与农村关系较为紧密，是农村产品与手工业品交换的主要场所。在经济关系上既互相渗透、互相依存，有时又有所排斥。城市自治运动后，许多拥有自治权的城市，与农村的关系发生变化，依存关系日渐消失，它们主要着眼于国际贸易，城市与城市之间的联系较为紧密。如14世纪德国的汉萨同盟，加盟城市达80多个，控制着德国乃至欧洲大部分地区的商业活动，直到新航路的开辟导致商业中

---

① Nathan Schachner, the Medieval Universities, New York, 1962, P192—194, P266.

心转移，才使这个同盟衰落。这种跨国界的国际性城市主要以国际贸易作为城市依存的基础，它们不仅与当地农村关系松散，就连本城市的手工业也仅为满足城市本身的需要，在经济上占次要地位。中国封建城市与农村的关系自始至终都是浑然一体的，农村是供养城市的物质来源，住在城市中的豪绅贵族通过对农村的巧取豪夺，过着骄奢淫逸、醉生梦死的生活。《梁书·鱼弘传》中鱼弘说他做官要做到"水中鱼鳖尽，山中獐鹿尽，田中米谷尽，村里民庶尽"。这段话把生活在城里的官绅对农民的掠夺行径暴露得淋漓尽致。在封建的中国，从中央到各州、府、县的统治者，其生活费用无不来自乡村，所谓"转运使"一职就是专门办理从乡村运送物资供城中统治者享受的官员。中国的封建城市是乡村的中心并统治着乡村，维护着中国的封建统治秩序。

中西封建城市与乡村两种不同关系的状况，造成两种不同结果。西方城市的结构、性质和地位，便利并促进了经济交流和贸易往来，尤其在资本主义萌芽后，使资本主义生产能够在更广阔的范围内传播，从而形成对封建制度的冲击力，导致西欧封建制度迅速瓦解而走上资本主义道路。中国城市与农村连为一体，由于受根深蒂固的小农经济体制的影响，这在很大程度上限制了城市经济的发展，使中国一些地方虽然也出现了资本主义萌芽，但很难传播，从而也导致封建制度得以长期、缓慢地发展下来。

[原载于《安徽大学学报（哲学社会科学版）》2005年第4期，略有改动]

史海探谜

"君士坦丁赠礼"的真伪如何

西欧中世纪教会史上,有一份臭名昭著的文件,这就是所谓"君士坦丁赠礼"。历代教皇,都把这个文件奉为至宝,借此表明罗马教廷拥有至高无上的权力,不是教会应当听命于国王,而是国王应当听命于教皇;教会主教的权力高于世俗政权,只能服从罗马教皇,不能服从任何政府。历史上究竟有没有"君士坦丁赠礼"?几百年来,围绕这个问题曾进行过激烈的争论和斗争,有些问题史学界至今还没有取得一致的看法。

"君士坦丁赠礼"源自《艾西多尔教会集》。艾西多尔(约560—636年)是7世纪西班牙教会的总主教,以精通古代教会文献而著名。9世纪中期,罗马教廷伪托艾西多尔之名,编纂了这份教会集,其中一份文献声称早在公元4世纪初罗马帝国皇帝君士坦丁大帝(306—337年在位)东迁新都君士坦丁堡时,曾把罗马城、意大利以及西方的各地和城市的统治权,赠给了罗马教皇西尔微士德一世(314—335年在位)。这就是"君士坦丁赠礼"的由来。

果真有什么"君士坦丁赠礼"吗?早在12世纪,就有人提出怀疑。最早对"君士坦丁赠礼"的真实性提出怀疑的意见,见诸奥托·弗来兴(约1111—1158年)的著名的《编年史》中的第四册第三章《论两个国家》。奥托·弗来兴是德皇亨利四世的侄儿,又是红胡子腓特烈一世的叔父,曾就学于巴黎,受过很好的文化教育。他曾参加过西托派僧团,后出任巴伐利亚的弗来兴主教。这使他有机会处于当时社会政治斗争的中心,熟谙当时政治和宗教的全部情况。作为教会的代表者,奥托·弗来兴是维护教会权威的神圣性的,他对"君士坦丁赠礼"的真实性信而不疑,认为君士坦丁之所以把帝国的首都迁往东部的拜占庭,是与他把帝国的西部让给教皇相联系着的，因此，教皇权力是"自古有之"。有人则不同意奥托·弗来兴的观点，认为教皇权力是"篡夺"来的，"君士坦丁赠礼"不可靠。奥托·弗来兴在他的《编年史》第四册第三章《论两个国家》的书中，记述了反对者的意见：根据"君士坦丁赠礼"，君士坦丁大帝把整个西部帝国的政权赠给了教皇，为了避免在西部造成双重政权，于是他才迁到君士坦丁堡。但是，君士坦丁后来把帝国分给了自己的两个儿子，阿卡第乌斯得了东半部，霍诺留斯得到了西半部。如果说西部已经赠给了教皇，那么，他怎么还能把西部再赐给霍诺留斯呢？事实上，在君士坦丁之后还有许多皇帝包括狄奥多西在内，在西方统治过，其中有信教者，也有异教徒。如果说西方早已被君士坦丁赠给了教皇，狄奥多西如何能再成为西方的皇帝呢？这些疑窦，令人困惑。奥托·弗来兴亦感无法反驳。然而，怀疑者仅仅是怀疑而已，因为他们不能举出充分的证据，来证明这个文件是伪作。这更助长了罗马教廷及其拥护者的嚣张气焰，凡怀疑"君士坦丁赠礼"者，势必遭镇压。14世纪初，有个叫马锡略·帕杜阿的法学家，因否定"君士坦丁赠礼"的真实性，被教皇约翰二十二世开除教籍，宣布为"异端"。于是，这一问题成了不容探索的禁区。

15世纪时，随着文艺复兴运动的兴起，欧洲人的疑古精神和考证学有所发展，人们的思想得到解放，教会设置的禁区不断被打破。1440年，洛伦佐·瓦拉通过研究，写成《论伪造的君士坦丁赠礼》一书，对这个文件又提出了新的质疑。瓦拉是意大利南部那不勒斯王国的历史学家，具有渊博的历史知识，精于考证学。他从语言学的角度，对"君士坦丁赠礼"的词句进行了分析，发现文件中所使用的拉丁语，是公元8世纪以后的拉丁语，而不是4世纪时的拉丁语，因为文件的拉丁文带有"蛮族言词"的特点。瓦拉指出：君士坦丁在位时，正是拉丁文的繁荣时期，在这个"学术时代怎能写出野蛮人的言词！"如果说君士坦丁确有"赠礼"之举的话，文件中为何不用当时的语法、言词，而是用以后才有的语法、言词呢？于是，瓦拉作出结论：这个文件是后人伪造的。瓦拉虽然得出这样的结论，但又害怕教会的迫害，未敢把著作公开发表，只是在他死后，其著作才开始以手抄本的形式流传。1517年宗教改革运动爆发，著名宗教活动家乌尔利希·封·胡登为了抨击教皇，在秘密印刷所出版了瓦拉著作的第一版。直到这时，瓦拉的辨伪成果才正式公之于众，它不仅解决了历史上一大公案，而且沉重地打击了罗马教皇的权威。这在当时引起极大的震动。

然而，瓦拉的结论并没有盖棺论定。为了回击瓦拉著作的出版问世，教皇立奥十世做了两件事。第一，他命令拉斐尔在梵蒂冈画了两幅大型壁画，其中一幅是展现君士坦丁把罗马赠给教皇的情景。在这幅画上，君士坦丁和帝国的四巨头被描绘成跪在教皇面前，君士坦丁正把一座象征统治罗马权力的小雕像送给教皇。第二，他组织教会学者编写了一篇学术性的反驳文章《论洛伦佐·瓦拉对抗君士坦丁赠礼》。文中以已被发现的希腊文本"君士坦丁赠礼"为根据，来驳斥瓦拉的论点，因为在希腊文本中，没有瓦拉批判的那些词句。这样一来，瓦拉依据拉丁文本分析而得出的结论，似乎就一文不值了，虽也有人怀疑希腊文本是11世纪从拉丁文"君士坦丁赠礼"翻译过来的，但也提不出多少有力的论据。后来所有对"君士坦丁赠礼"的评论，都没有超出瓦拉著作的观点和材料，并一直受到罗马教廷的反驳。因此，历史上究竟是否存在"君士坦丁赠礼"，似乎成了千古之谜。

（原载于《世界文化之谜（第二辑）》，文汇出版社1988年版，第127—130页）

『君士坦丁赠礼』的真伪如何

欧洲一代雄主查理大帝"加冕"疑团

公元800年12月25日，在意大利的罗马城发生了一件举世瞩目，影响深远，以致改变欧洲政治格局的大事：一个"蛮族"人的国王，被罗马教皇破天荒地戴上一顶金皇冠，加冕为"罗马人的皇帝"。这个得"天"独厚的人，就是欧洲历史上赫赫有名的一代雄主"查理大帝"。

查理于公元742年出生于法兰克王国的名门望族。祖父查理·马特因实行"采邑改革"而驰名遐迩；父亲"矮子丕平"因"献土"有功，使教皇建立了教皇国，被教皇封为圣徒，并在教皇支持下发动政变，废黜墨洛温王朝的末代国君，取而代之，创建了加洛林王朝。查理就是这个新王朝开国君主的宝贝王子。768年，"矮子丕平"去世，查理继位为加洛林王朝的第二代国君。这时，正是西欧封建化过程急剧发展之际。封建贵族迫切要求向外扩张，掠夺土地和财富。因此，查理即位后，即开始了大规模的征服战争。他在位46年，先后发动55次战争。774年吞并伦巴德王国；778年和801年两度进攻西哥特王国，建立了"西班牙马克"；772—804年历经30余年，通过18次战役征服了萨克森；788年占领巴伐利亚；796年征服阿瓦尔人，占领多瑙河中游的潘诺尼亚。通过一系列南征北伐、东侵西讨的军事战争，查理迫使许多各不相同的部落和部族都做了他的臣民，把原来日耳曼人的一个小王国——法兰克王国的版图，扩大到西南至厄布罗河，东迄易北河，南到意大利，北抵北海的广大地区，成为土地广袤，雄踞西欧，堪与中国的唐帝国和阿拉伯帝国媲美的第一个欧洲封建大帝国。

赫赫声威和强盛的国势，使查理踌躇满志，日耳曼"蛮族"人的国王称号，显然已无法使他感到满足，怎样才能像威震四方的古罗马皇帝

"恺撒大帝"那样，戴上一顶显贵荣耀的"金皇冠"呢？恰巧，这时罗马教廷发生倾轧斗争，为查理加冕称帝提供了条件。

795年，教皇阿连德一世逝世，新教皇立奥三世用阴谋手段爬上教皇宝座，与教廷中有势力的大贵族发生矛盾，遭到强烈反对。于是立奥三世设法寻求外援，以求渡过难关，他写信向查理表示忠诚，请求给予支持，这正中查理的下怀。796年，查理立即复函立奥三世："正如我们与您的前任哈德良达成过协议，我们同样愿与您建立牢不可破的信仰与仁爱的团结……我的天职是用武力保卫教会，使它不受异教徒的攻击蹂躏，在教会内部确保教会的纯正信仰。而圣父，您的职责则是用祈祷支持我的武力。"真是一语道破天机！查理的话鲜明地反映了新教皇与世俗国王互相勾结、利用的亲密关系。但是，当时罗马贵族对日耳曼人是非常蔑视的。799年，罗马贵族首领以教皇对法兰克人软弱为借口，将立奥三世逮捕入狱，倍加虐待，几乎使立奥三世失明失声。查理怎能坐视不救？他派使臣抵罗马，将立奥救了出来，助其潜逃到法兰克宫廷。翌年12月，又亲率大军送立奥回罗马复位，并镇压了反叛教皇的贵族。立奥三世感激涕零，视查理为再生父母，不惜抓住一切机会报效查理的恩典。圣诞节那天，当查理正跪在圣彼得大教堂做弥撒时，立奥三世突然拿出一顶金皇冠戴在查理头上，封他为"罗马人的皇帝"，并高声颂道："上帝为查理皇帝加冕，愿这位伟大的和带来和平的罗马人皇帝，万寿无疆，永远胜利！"从此，法兰克王国变成"查理帝国"，查理国王变成了"查理大帝"，亦称"查理曼"。

查理大帝的"加冕"是世界中世纪史上影响深远的一件大事，它奠定了教权与王权对西欧进行双重统治的政治思想基础。但是，这一历史事件曾引起史学家的热烈争辩。据《查理大帝传》的作者爱因哈德记述，查理对"加冕"一节，事前毫无所知，事后对立奥三世的做法很反感，声称自己非常不喜欢这种称号；说假如当初能预见到教皇的意图，他那天是不会进教堂的，尽管那天是教堂的重大节日。

事情果真如此吗？许多西方历史学家对此大表怀疑。有人认为，查理当时既拥有至高无上的权力，又能严密控制局势，绝不能容许心非所愿之事。从当时立奥三世的处境看，他也绝不敢做冒犯查理的事。有的史学家还强调指出，800年时，拜占庭帝国（即东罗马帝国）正缺少一位皇帝，查理曾积极地向拜占庭皇后艾琳商谈联姻，未能如愿。但这件事足以表明查理对拜占庭的"皇位"是感兴趣的，其目的是想通过联姻戴上拜占庭皇帝的皇冠，以改变被正统罗马人瞧不起的"蛮族国王"的形象。因此，所谓不喜欢"皇帝"称号之说，显然是欺人之谈。持上述观点的学者还指出：在立奥三世给查理"加冕"时，立即受到在场的罗马贵族和僧侣的热烈欢呼和拥戴，显然这是经过精心策划的。因此，爱因哈德记述的查理对"加冕"事前毫无所知之说，很难令人置信。

相反，也有一些史学家认为爱因哈德的记述是可信的。理由是：爱因哈德学识渊博，才智过人，20岁时即被查理延揽到宫廷供职，一生中大部分时间都跟随在查理左右，掌管秘书，参与机要，还数次衔命出使国外，深得查理的宠信。查理死后，其子"虔诚者"路易继位，爱因哈德继续留在宫廷供职，恩宠不衰。爱因哈德的优越身份和特殊地位，使他对查理的行为举止和宫廷内幕了如指掌。他本人在自序中曾这样说道："我认为没有人能够比我更真实地记述这些事情。"同时代的学者瓦拉夫里德·斯特拉博也曾称爱因哈德"提供了丝毫不假的真实情况"。因此，爱因哈德写作《查理大帝传》是建立在亲身经历的基础之上的，其中对"加冕"的记述，当是可信的，不能视为杜撰之语。

这一历史事件的内幕究竟如何？是教皇立奥三世随心所欲、别出心裁的偶然性举措，还是教俗封建主经过精心策划而导演的历史丑剧，至今仍是一桩悬而待决的历史疑案。

（原载于《世界著名悬案集粹》，黄山书社1995年版，第273—276页，略有改动）

哥伦布的国籍之争

1992年10月12日，是伟大的航海家哥伦布"发现美洲新大陆"500周年纪念日。世界许多国家都举行庆祝活动，纪念这一重大历史事件。特别是西班牙，还举行了以500年前这件大事为主题的世界博览会，同巴塞罗那奥运会相映成辉，轰动世界。但是，也有一些国家的群众特别是美洲印第安人，则举行游行、集会，抗议对哥伦布的"纪念"，谴责他是"野蛮的侵略者""残暴的杀人犯"。更饶有意味的是，美国明尼苏达大学法律系，还对哥伦布进行了一次审判。身着15世纪服装的12人陪审团进行了3个小时的审理后，一致裁定：被告克里斯托弗·哥伦布，现年541岁，意大利人，在500年前发现美洲大陆期间，犯下了谋杀、剥削奴隶、专制、灭绝种族的屠杀、给未成年者定罪、强奸以及搞国际恐怖主义等七大罪行。辩护律师约翰·斯泰瓦特虽然百般辩护，设法说明哥伦布无罪，但终因法庭证人历史学家科克帕特里克·萨莱提供的"证据"确凿，使他徒劳一场。最后，理查德·弗莱德里克法官击锤定案：判处罪犯克里斯托弗·哥伦布350年"监禁"。

沧海已变桑田，往事亦如云烟。对500年前的历史人物判处"监禁"，似乎有悖常理，近乎荒唐，但是，这个浑身充满神奇色彩的人物，以及他500年前那次震惊世界的航行，确实给后人留下了许多争执不休的遗案。就以上述"判案"来说吧，案中宣判他是"意大利人"，他真的是意大利人吗？其实，这是一桩打了多年的笔墨官司，至今尚未了结的悬案。正如美共前主席、历史学家福斯特在《美洲政治史纲》中指出的："我们不能确实知道他是什么时候生的，也不知道他在哪里出世，他的早年生活究竟如何，他的面貌如何，他能不能写字，他最初登陆究竟在哪里，也不知道他死后葬在何处。"另一位美国史学家托马斯在《拉丁美洲史》中说:"哥伦布其人是一个谜","关于他的生平,很少能说确切"。因此,他是何国人氏实难定论。

关于哥伦布的国籍,中外史学界较为流行的说法是:哥伦布于1451年生于意大利的热那亚。其祖父乔万尼是一个经营毛纺织业的手工业作坊主,家住热那亚城东5英里处的昆特镇。其父多米尼科早年在一个不拉奔人呢绒作坊里当学徒,后来在热那亚城东门附近独立开设了一个呢绒手工业作坊,兼营一个鸡毛小客店。其母苏桑娜·芳塔纳罗莎1445年与多米尼科结婚。哥伦布就诞生在他父亲的呢绒作坊里。他身下有三个弟弟和一个妹妹。大弟弟巴塞罗缪后来曾任西印度代理总督,二弟弟乔凡尼盛年夭折,幼弟迭雅哥曾随其长兄第二次航行去过美洲,妹妹嫁给一个奶油乳饼商人为妻。上述情况,大致就是1931年在热那亚档案馆发现的一大批公证人记录和市政文件中提到的哥伦布的家世脉络。据此,人们通常认为哥伦布是意大利人。意大利也以此为荣,为纪念这位伟大的航海家,特地在热那亚完好地保存着一栋房屋,说是哥伦布青少年时代的旧居,吸引不少游人不时地前去瞻仰。

然而,有人对上述结论不以为然,认为发现美洲大陆的哥伦布并不是热那亚人,而是西班牙人。据《大英百科全书》"哥伦布条"所示:哥伦布本人从未明确宣布自己是热那亚人,他在1476年的海战中是热那亚方面的敌人,他若是热那亚人怎么会反对自己的祖国呢?并且他1476年以后一直没有回过热那亚,也没有用意大利文写下任何东西,他与弟弟的通信和他本人的日记,都是用西班牙文写的。因此,哥伦布可能是居住在热那亚的西班牙人。

1978年,委内瑞拉著名史学家埃尔马诺·内克塔里奥·马利亚,在西班牙的马德里发表了题为《美洲发现者哥伦布是西班牙犹太人》的讲演。他根据自己的大量调查研究,认为历史上有两个哥伦布,一个叫克里斯托弗尔·哥伦布,一个叫克里斯托瓦尔·哥伦布;前者出生在意大利的热那亚,后者出生在西班牙马略尔卡岛的赫诺瓦。长期以来,人们将两个哥伦布搞混了,这是因为两个人的名字一样,而出生地热那亚与赫诺瓦（Genova）的字母拼写也一样。西班牙的哥伦布原名胡安，姓哥伦布，意为"鸽子"，是马略尔卡岛上很古老的一个姓，取自犹太人家庭的祖姓。他不懂意大利语。1492年横渡大西洋并发现美洲者，是西班牙的哥伦布而不是热那亚的哥伦布。内克塔里奥还认为，在哥伦布之前，有一个叫阿隆索·桑切斯·德韦瓦尔的西班牙人，曾于1481年抵达美洲，返航后在哥伦布家中去世，死前将全部资料遗留给了哥伦布，正是由于有了这个基础，哥伦布才表现了坚定的西航信念，并完成了1492年的第一次横渡大西洋的伟大航行。内克塔里奥的讲演，引起史学界的关注和人们的极大兴趣。

西班牙的史学家也持上述观点。西班牙皇家学院委员、历史学家里卡多·贝尔特兰·罗斯皮德在《克里斯托瓦尔·哥伦布和克里斯托弗尔·哥伦波》一书中，也以丰富的资料论证了他们是两个人而不是同一人。历史学家拉斐尔·卡尔萨达在《哥伦布的祖国》一书中，指出哥伦布根本不懂意大利语，因为他与意大利地理学家托斯卡内里通信时，双方都用西班牙语而不用意大利语，这对两个意大利人来说是不可思议的。哥伦布手写的账单、借条等也都用西班牙语，人们只在一个批示上看到他是用意大利语写的，可惜写得不成章法，语法错误很多，一个意大利人是不会写出如此糟糕的东西的。

人们难以了解哥伦布的国籍，这可能是由哥伦布故意撒下的迷雾造成的。哥伦布生前，曾写有大量的日记和信件，但对他的国籍和身世，一直讳莫如深，无论是给国王的信函还是与朋友的通信，他都含糊其词地只说自己是个"外国人"。在必须使用自己的姓时，他把自己的姓时而写作哥伦布，时而写作哥伦波，时而写作哥伦姆，或者其他与"哥伦布"发音相近的词，而这些词都是哥伦布这一姓在不同国家的不同变音。有人认为，这是哥伦布在故意制造迷雾，以使人们猜不准他到底是哪国人。他的做法，确实达到了以假乱真的效果，就连他的亲人也不十分了解他的国籍，其妻兄佩德罗·阿拉纳1535年说："本人不知其出生之地，据说他是热那亚人。"哥伦布的儿子为哥伦布写传记时，谈到其出生地时则说："他为人精干，具备从事伟大事业的一切条件，因此他不愿人们确切了解他的祖国和家庭。"

哥伦布为什么对自己的国籍和出身如此讳莫如深呢？有的史学家认为，因为哥伦布出身于一个犹太人家庭，当时西班牙社会对犹太人或有犹太人血统的人是倍加歧视的，甚至加以迫害。哥伦布千方百计地回避谈自己的身世，可能就是为了摆脱歧视和迫害。

哥伦布真的是犹太人吗？问题并没有这么简单。1990年9月，西班牙又传出一条爆炸性新闻，一个名叫索西亚斯的66岁的老人，声称30年前他的母亲对他讲了一个秘密，说他家中有作为传家宝秘存的哥伦布第一次出航寻找新大陆的手写日记和航海文件。她说，哥伦布的真实姓名叫霍安·科洛姆，1436年出生于马略尔卡的一个小地方，在他生命的关键时刻才改名为哥伦布。哥伦布曾在索西亚斯家迄今一直居住的地方——一个犹太人创办的制图学校中学习。他不是犹太人，但他同学校老师的女儿，一位犹太姑娘结了婚。老师向他透露了世界上还有一个新大陆的秘密，并要他利用犹太人掌握的情况能有所作为。哥伦布有三个儿子，其中两个被杀害，一个幸存的儿子留有一女。正是哥伦布的这个孙女，口头传述了美洲大陆发现者的故事，并作为家族秘闻世代相传至今。

历史学家阿门瓜尔根据索西亚斯讲述的故事，结合一些已公布或未公布的文件，撰写了《新世界的发现者》和《霍安·科洛姆的真实性》两本书，现已在西班牙出版发行。书中打破了哥伦布出生于意大利的传统说法，认为这一说法是来源于伪造的文件。他指出：索西亚斯讲述的一切都是真实的，因为大部分事实都可以用文件佐证，完全符合逻辑。

值得一提的是，意大利对西班牙人的说法坚决反对，围绕着哥伦布死后荣誉究竟属于哪个国家的问题，同西班牙展开了激烈的争论。而欧洲其他一些国家，也想争哥伦布的国籍权，有的说他是泰鲁尼亚人，有的说是葡萄牙人，有的说是不列颠人，甚至有的说是希腊人。究竟是哪国人？真是疑窦重重。

（原载于《世界著名悬案集粹》，黄山书社1995年版，第284—288页，略有改动）

英国女王伊丽莎白一世终身未婚的奥秘

1533年9月17日，英国王宫张灯结彩，喜气洋洋，一位王后即将临盆。整个宫廷都热切盼望着是一位男性王位继承人诞生。然而，当伦敦大教堂的报时钟声"当当"作响时，在王宫里却呱呱坠地了一个女婴。她，就是英国历史上威名赫赫的一代绝色女王伊丽莎白一世。她虽然出身于王宫，青少年时代却多灾多难；她虽然美丽无比，却终生没有找到如意郎君；无数英俊潇洒、风度不凡的王子公孙都想博其垂爱，成为王夫，与她共享江山，但穷尽心机均未能赢得她的芳心。她在位45年，最终却与王位终老。伊丽莎白为何终身不嫁？人们百思不解。

事情还得从她的家事、私事说起。伊丽莎白的父亲是亨利八世，母亲叫安娜·宝琳。亨利八世在政治上是一位有作为的国王，而他的私生活也像他的政治生涯一样波澜起伏。他一生度过56个春秋，先后娶妻6次，但她们不是被离异，就是被赐死，或年少过世，或凄楚谪居。亨利的第一个妻子叫卡瑟琳，是西班牙的公主，16岁时到英国与亨利的长兄亚瑟结婚，不幸新婚只有半年的亚瑟被肺结核病夺去生命。英王为了结好当时的封建强国西班牙，令次子亨利与寡嫂完婚。卡瑟琳为亨利八世生了2男4女，但是仅存一位公主玛丽，其余夭折。亨利八世因没有王子而非常不满。眼看卡瑟琳年岁渐老，生子无望，亨利八世则移情于一位年轻漂亮的宫女，她就是安娜·宝琳。安娜·宝琳曾在法国受过大学教育，既美丽又有知识，亨利甚是欢心、爱恋。为了正式娶宝琳为后，亨利向教皇提出离婚案，说自己娶了亡兄的遗孀，违反了教会近亲不得结婚的律法。由于政治原因这桩离婚案未获教皇批准。于是亨利将卡瑟琳打入冷宫，同宝琳秘密结婚，3个月后即生下伊丽莎白。但两年后，亨利

103

又渐失对宝琳的热情。1536年宝琳生下一个死胎男婴，亨利大失所望，最后以通奸罪将她处死。10天后，亨利又与两个前妻的侍女西摩·珍秘密举行了婚礼。大约在1536年宝琳临盆前，亨利已与珍有私。很幸运，珍为亨利生了个王子名爱德华，但她产后10天因病身亡。亨利又娶了德国新教贵族的女儿安妮。因她貌丑，脸上有麻子，并且语言不通，不久即被抛弃。很快，亨利又同第5个妻子凯特琳·霍华德结婚。她芳龄20，姿色绝代，胜过亨利以前任何一个妻子。但亨利得知她同一个音乐教师保持着暧昧关系时，又以通奸罪将她斩首。亨利最后一个妻子是个两次丧偶、30出头的寡妇，因其死在亨利之后，得以全终。这样，亨利八世6次结婚，只有前3个王后给他留下2女1男3个后嗣。

1547年，亨利八世驾崩。时玛丽31岁，伊丽莎白14岁，爱德华9岁。亨利八世遗诏说："朕子爱德华乃朕之独生子，故朕万岁之后，即由其继承朕之王位。然而朕子年尚幼，宜由朝臣16人组成'摄政会'，大主教克兰麦为首席摄政大臣，以此会全体摄政大臣之决议摄王政。朕子年满19岁可允其亲政。倘爱德华无后嗣，即由长女玛丽继承王位；倘玛丽仍无后嗣，则由次女伊丽莎白继承；倘伊丽莎白亦无后嗣，则由朕之胞妹莎福克公爵夫人玛利之子孙继承。"

1547年2月，按亨利八世的遗诏，16名朝臣组成"摄政会"，扶立爱德华即位。由国舅爱德华·西摩当摄政王。这时，摄政会内部阴谋四起，并经常牵涉到伊丽莎白。1547年摄政会刚成立，西摩就率兵远征，由其弟汤玛斯留守伦敦。汤玛斯是个野心勃勃的人，善于玩弄笼络人心的权术。他想夺取哥哥的摄政王位，暗地里在宫廷里培植私人势力。他首先博得亨利八世遗孀卡瑟琳的春心，不顾年龄悬殊结为正式夫妻，以求夺取王位。1548年卡瑟琳去世，使他的企图化为泡影，他又去勾引伊丽莎白。年方15岁的伊丽莎白如出水芙蓉，天真无邪，情窦初开，于是两人便发生了一段风流韵事。汤玛斯企图通过与伊丽莎白结婚，最后达到自己当国王的目的。他暗中游说朝中贵族，阴谋发动政变。其兄闻讯，迅速回兵，于1549年将其逮捕并处死。伊丽莎白的初次情恋史也就此结束，但这段风流史给她留下了难以磨灭的印象。

伊丽莎白20岁妙龄时，"儿皇帝"爱德华病逝，玛丽即位为王。她认为母亲卡瑟琳被父王遗弃，是伊丽莎白的母亲迷住了父王的缘故，为了替母雪耻，她迁怒于伊丽莎白，多次想杀掉她，多亏其姐夫腓力保护，伊丽莎白才幸免于难。腓力是西班牙王子，其父查理五世是一位野心勃勃的君主，企图永远维持其在欧洲的霸业，当他一听到37岁、待字闺中的玛丽即位的消息，立即替子求婚，以扩大国际政治势力。腓力时年26岁，迫于父命，1554年至英国与玛丽完婚，但对妻子毫无情趣，而对小姨子伊丽莎白却百般爱怜，常常大献殷勤。当伊丽莎白被诬参与叛乱、身陷囹圄时，他便暗中庇护，使她免遭玛丽及其谋臣的毒手。伊丽莎白出狱后也报之以李，常与腓力亲近，表示友好。

1558年，缺少爱情欢愉，政治上也引起民怨的玛丽，在极度悲愁中晏驾。由于她身后没有子嗣，伊丽莎白继位。这时，伊丽莎白正值25岁芳龄，眉色清秀，姿颜姝丽，头发金红，十指纤纤，配上满身珠光宝气，更显得富丽华贵，光彩照人。当时西欧各国的帝王、公侯，来求婚者多如过江之鲫，媒使往来于庭，络绎不绝，他们或花言巧语，或呈献贵重礼物，在女王面前极力显示本国的气派和富豪，以讨女王欢心。第一个求婚者就是腓力二世（1556年即西班牙王位）。在伊丽莎白遭囚时，由于他的特别"关怀"，使她免遭刀斧之灾，对女王可谓"情深似海"。伊丽莎白也曾向他表示过友谊。然而，女王却拒绝了腓力的求婚，理由是信仰不同（西班牙信奉天主教，英国信奉基督教新教）。接着，又有几位王子公孙的求婚亦被女王拒绝。转眼伊丽莎白年过30岁，宫廷上下无不担心。下议院请书女王，恳求女王为国家安泰和人民幸福着想，尽快择婿完婚。但伊丽莎白驳回了他们好心的请愿。她说："我无须再选择佳婿结婚，因我在举行加冕大典之日，已将结婚的戒指戴在我国臣民的手指中，我已与全体臣民结婚，故我必须贯彻独身主义，将我的生命与贞节献给大英王国。但愿我死了以后，臣民能在我的墓碑前志明'此处乃贞节之女伊丽莎白女王的忠骨'，我此生将心满意足。"

女王的坚贞誓言尽管感人肺腑，怎奈英格兰江山如此多娇，伊丽莎白容貌又如此美好，欧洲各大国的王子公孙仍不断前来求婚。1578年，伊丽莎白45岁时，一位年仅20岁的翩翩少年、法王亨利三世的幼弟安茹公爵也来求婚。女王责成国会定夺是否结秦晋之好。经国会同法国媒使磋商，决定在两个月内举行结婚大典。在订婚宴会上，伊丽莎白当着众朝臣的面，把一颗价值连城的戒指戴在安茹公爵的手指上。法国为此举国欢腾，所有教堂鸣钟致庆，并大放烟花。然而，在临近结婚大典时，女王突然变卦，宣布解除婚约。安茹公爵一听惊得目瞪口呆，万万没想到女王怪癖到如此地步。他恼羞成怒，摘下订婚戒指摔在地上骂道："所有女人的心都是难捉摸的，伊丽莎白的心更是难捉摸，普天之下真难找到如此古怪的老处女！"说完，愤然走出王宫，返回法国。

伊丽莎白在朝臣中也有不少情人。其中第一号情人是罗伯特·达德利。他身材魁梧，体态优美，是一位威武雄壮、具有王子仪表的人。女王即位时，任命他为王宫官员，使他得以住在宫中。女王常与他出双入对，或通宵达旦地轻歌曼舞。他可以不经通报，自由出入女王寝宫。达德利一不在宫中，女王就郁郁寡欢。但达德利早有妻室，为了铲除这个障碍，据说达德利还谋杀了妻子。但当宫廷提出把达德利升为贵族并将特许证呈请女王签字时，她却拿起剪刀把它剪成两半。达德利没有获得贵族资格，与女王的婚姻当然也未能如愿以偿。朝臣们议论道："女王要干什么，只有天知道！"

伊丽莎白晚年喜欢的宠臣是厄塞克斯伯爵。他身材颀长，风度翩翩，比女王小30岁。女王对他甚是倚重、宠爱，授他以军事大权，允其随便出入女王寝宫。由于两人过从甚密，曾惹来许多飞短流长的传闻。但当厄塞克斯与她偶有意见不合时，女王就翻脸，扬言要惩治这位年轻漂亮的宠臣，说："欲驯服凶猛的野兽，必须持以严酷的手段。"厄塞克斯闻言愤然骂道："女王越老其腰越弯，其面越黑，然其心竟然也随其腰弯而黑了！"这话被政敌报告给了女王。女王最忌讳"老"字，现在她的宠臣不但骂她老，还说她"腰弯、心黑"，这可把她气坏了。1601年，厄塞克斯被女王下令处死。据说女王处死这位情人时，内心忍受着极大的痛苦。此后，她变得孤僻多疑，反复无常，整日在宫中阴郁地徘徊，两眼失神地转动，终于积郁成疾，于1603年3月24日病逝，享年70岁。

纵观伊丽莎白的一生，她有多次与意中人结为连理的机会。她不仅貌美位尊，而且具有一切女性共有的柔情、春心，但为何终身不嫁呢？时人和后人对此都感到困惑不解，文人学者意见纷纭。有人认为，伊丽莎白根本不是一个完整健全的女性，而是一个阴阳人，缺乏正常的生理功能。据宫中传闻，她的月经少得可怜，因此她可能担心结婚会被人识破隐私，有损国格、人格。相反的意见认为，伊丽莎白有生育能力，据传在宫中还生过私生子。她之所以不嫁，是因为少女时代曾钟情于汤玛斯·西摩，第一次走进少女情怀的男性是难以忘怀的，因此她想在心中永远保持那段风流情恋史的美好记忆。还有人认为，伊丽莎白终身不嫁，是由于亨利八世的幽灵在作祟。亨利八世6次娶妻，杀死3个，贬谪2个，使她感到伴君如伴虎，担心成人之妻，受人所制，下场凄凉。总之，伊丽莎白终身未婚的奥秘何在？至今仍是一桩说不清的悬案。

（原载于《世界著名悬案集粹》，黄山书社1995年版，第295—300页，略有改动）

英国女王伊丽莎白一世终身未婚的奥秘

法国总理贝雷戈瓦为何突然自杀

1993 年 5 月 1 日 18 时，法国东南部涅夫勒省纳韦尔市附近卢瓦尔河畔的一条渠边，突然一声枪响，离开法国总理府——马提翁宫仅仅 40 天的前总理皮埃尔·贝雷戈瓦应声倒地，仰面倒在渠边的草丛中。在这样一个时间、这样一个僻静之处，贝雷戈瓦以自杀的方式告别人世，结束一生，实在走得太突然了，太出人意料了！噩耗传来，引起法国政界、舆论界以及平民百姓深深的震动。

一个多月前，贝雷戈瓦还是大权在握的法国总理。在 3 月份举行的法国议会选举中，贝雷戈瓦加盟的法国社会党遭到惨败，他被迫辞职，离开马提翁宫。常言说："千里搭凉棚，没有不散的宴席。"谁也不可能在政治舞台上与政权一起终其天年。因此，上了年纪的西方领导人下野后，一般都能等闲视之，随遇而安，以撰写回忆录娱乐人生，以享天年。而贝雷戈瓦为何选择自杀的方式为自己的一生画上句号呢？人们议论纷纷，又百思不得其解。

5 月 1 日，是世界工人阶级的光辉节日，贝雷戈瓦选择这一天告别人生，撒手西归，是谁也料不到的。事前，他没有显示任何异常，相反，人们倒是感到他那天过得相当的轻松愉快。上午 11 时 30 分，他身着灰色西装，白衬衣上系着领带，来到纳韦尔市市政府。自 1983 年始，他担任该市市长，按照惯例，他每年的 5 月 1 日都在这里举行酒会，招待各工会组织的代表及地方议员。出席酒会的有 70 多人，他同熟人打招呼，握手寒暄，平静而坦然。半个多小时后，他离开市政府，偕同夫人乘车来到离纳韦尔市约 10 公里的温泉小城普格莱佐，在他姐姐家吃午饭。在回家的路上，他曾在火车站转了一圈，看了一下火车时刻表。而后，他又去了市政府他平常很少去的办公室。16时30分，他同随行人员在罗热萨朗格罗公园附近，观看了该市每年一度的自行车大奖赛。在乘车回家的路上，贝雷戈瓦叫司机把车开到一个名叫"孤独的白杨树"的游泳池边。这里是他和妻子吉尔贝特常来散步的地方，能唤起他不少美好的回忆。停车后，他叫司机和警卫先下去，说他想独自在车里待一会儿，打个电话。他的警卫勒斯帕原是总理府的警卫人员，自从他当经济部长时就一直跟随他，深得他的信任。贝雷戈瓦离开总理府后，他同他所有的前任一样，仍可以有3名警卫。他点名留下了勒斯帕。这次回家乡纳韦尔市度周末，他只带了勒斯帕，其余两名警卫留在巴黎。按照惯例，警卫上车后立即卸下武器，勒斯帕于是把手枪放在车前的手套箱里。谁想到，这竟会铸成他终生的遗憾，因为这使贝雷戈瓦利用在"孤独的白杨树"停车的机会拿到了手枪，后来，贝雷戈瓦叫司机在一条水渠边把车子停下来，说想下车一个人走走，让他们过几分钟再开车子来接他。

10分钟后，司机和警卫来接他时，不见人影。勒斯帕出于职业直觉，把手伸进手套箱：不好，手枪不见了！他感到要出事，立即寻找，发现贝雷戈瓦仰面朝天地躺在渠边的草丛里，一颗子弹从他的下巴射入，击穿头颅。这时，他已失去知觉，但还没有死。此时是18时19分。汽车里的电话已被切断，勒斯帕只好跑到最近一家住户打电话报警。救护人员赶到现场做了急救处理后，立即把贝雷戈瓦送进纳韦尔市医院，医院决定用直升机把他送往巴黎抢救。纳韦尔市距巴黎虽然只有200公里，须臾即可到达，但是贝雷戈瓦终究未能到达巴黎，在途中便停止了呼吸。在巴黎瓦尔德格拉斯陆军医院里等候的总统密特朗、总理巴拉迪尔、贝雷戈瓦夫人，以及闻讯赶来的数百名新闻记者和平民百姓，迎接到的却是贝雷戈瓦的遗体。

贝雷戈瓦1925年12月23日出生于法国海滨塞纳省的鲁昂，祖籍波兰。"贝雷戈瓦"波兰语意为"住在海岸边的人"。他的父亲原是俄国哥萨克骑兵上尉，从战乱中逃生后，原想经法国去美国。但是在鲁昂，他结识了法国少女伊雷娜，于是留在那里作了异乡客。这个穷困潦倒的逃亡者，开始只能被迫去工厂做工，后来家境渐有起色，开了一间卖咖啡和食品的鸡毛小店。贝雷戈瓦就是出生在这样一个家庭。但他从小就是个有抱负的学生。在第二次世界大战中，他参加了抵抗运动。1958年参与组建社会党。1971年法国社会党改组，他成为密特朗的忠实追随者。1981年，密特朗入主爱丽舍宫，贝雷戈瓦被任命为总统府秘书长，1982年改任社会事务部长。从1984年至1992年4月（除1986—1988年左右派"共治"期间外），他一直担任财政部部长。在这个岗位上，他为振兴法国经济、保卫法郎坚挺，竭尽全力，被誉为"左派的比内"（比内为法国前总理，在治理法国经济方面有所建树）。1992年4月，贝雷戈瓦在法国经济、社会出现危机的情况下，入主马提翁宫，成为政府首脑。

由布衣而至卿相的贝雷戈瓦，已经以政绩书写了他辉煌的大半生，然而，却在67岁之年选择自杀作为人生乐章的结束曲，这种悲剧性的选择，谁能作出合理的解释呢？回顾一下历史，法国自第五共和国以来，先后已有3位政府部长自杀，但作为政府首脑因自杀而撒手人寰者，贝雷戈瓦还是第一人。因此，人们不禁要问：他为什么要走自杀这条绝路呢？政界和舆论界对此作了种种猜测，众说纷纭，但大多都提到两点主要原因：一是社会党在议会大选中惨败，壮志未酬；二是牵连"受贿丑闻"，有口难辩。

贝雷戈瓦一向以对密特朗忠诚和待人诚恳而著称，他曾为密特朗连任总统立下汗马功劳。但他是在社会党内外交困、社会经济危机四伏的形势下入主总理府的。在这位出身门第不高、又无学历，仅凭坚韧不拔、锲而不舍的精神而出人头地的总理身上，有着自卑与自信相交织的复杂心理。他为获得权力而自豪，尽心尽职，不遗余力。无奈时运不济，他入主马提翁宫后，虽使尽浑身解数，力图改变困难局面，但效果不佳，仅仅维持了法郎的坚挺，压低了通货膨胀，未能扭转经济不景气的颓势，失业人数持续增多，引来众人的不满。3月30日，当他被迫离开总理府时，他感到自己为国家勤勉服务，法国经济状况还算相对良好。然而，新总理巴拉迪尔上台后，在议会上所作的施政纲领中则说：今日的法国是战后最困难时期。在贝雷戈瓦看来，这无疑是在全盘否定他的政绩。如果社会党执政10余年来的问题都要由他来承担责任，显然他是难以承受的。对社会党在议会选举中遭到惨败，贝雷戈瓦身为社会党竞选活动的领导，更是深感愧疚，并有负罪感。议会选举后，社会党面临分裂，第一书记法比尤斯离开领导岗位，罗卡尔取而代之。作为法比尤斯派的成员，贝雷戈瓦感到绝望。他担心在下月的社会党全国代表大会上，自己再次成为攻击的对象。那种得不到理解的痛苦，在折磨着他。党外的攻击，党内的流言蜚语，像一把把利剑在刺痛他的心。

然而，问题还不仅限于此。最使他的自尊受到伤害的是"100万法郎贷款"事件。1993年2月，正当议会竞选活动进入高潮，贝雷戈瓦全力以赴地投入竞选时，《鸭鸣报》披露一则消息：贝雷戈瓦于1986年以无息的条件，接受企业家贝拉100万法郎的贷款，用以购买巴黎16区一套100平方米的住宅，有受贿嫌疑。贝雷戈瓦立即作了这样的解释：第一，贷款是通过公证员办的，并向税务部门申报过，手续合法，"无可指摘"。第二，1986年他是在野党议员，向他行贿没有意义。第三，1986—1989年期间，他以书、旧家具和工艺品作为抵偿还了50万，余下的50万，1992年底以支票一次还清。但是，报界仍不放过他，提出要他辞职；有的记者还穷追不舍：贝雷戈瓦出身贫寒，从未对艺术品表现出过兴趣，旧书、旧家具、艺术品来自何处？报界的攻击和责难，令他感到奇耻大辱。他私下曾说："我67岁了，干了一辈子，难道连套100平方米的房子都不能有吗？"

据贝雷戈瓦身边的人回忆说，自"100万法郎贷款"事件后，贝雷戈瓦表面上强颜欢笑，内心里却凄苦难言，他感到自己一生清白，如今名誉受到玷污，有口难辩，离开总理府后，他回避新闻界，居家闭门不出，除了必须参加的会议外，不在公众场合露面。由此看来，贝雷戈瓦选择自杀这条道路亦并非意外，人言可畏，舆论可怕，对一个有自尊心、视名誉为生命的人，只好一死了之，到世外去寻求平静和安慰。因此，贝雷戈瓦之死，也引起法国一些政界人士对新闻界的责难，他们认为新闻媒体过分渲染"100万法郎贷款"的事，导致贝雷戈瓦自杀，应负有责任。而新闻界则断然否认有任何责任，声称他们是按职业道德工作的。一家报纸还含糊其词地说：政治本身就是残酷的。

值得一提的是，对于已死的人，不论他的朋友还是敌人，都表现出了相当的宽容。5月4日，当为这位前总理在他的家乡举行葬礼时，总统密特朗、总理巴拉迪尔和国民议会议长、参议院议长，现任和卸任的部长以及各政党领袖，都悉数到场，向法国这位政治家表示敬意。密特朗总统在葬礼上说了一句既含蓄又意义深长、耐人寻味的话："世界上所有的解释都不能说明把人的荣誉丢给狗是正确的。"那么，"狗"是指谁？贝雷戈瓦究竟是死于舆论还是另有他因？这在人们心中留下一团疑窦。由于贝雷戈瓦死前没有留下只言片语，人们只能凭各种分析来猜测他的死因。

（原载于《世界著名悬案集粹》，黄山书社1995年版，第437—442页，略有改动）

喜马拉雅山神秘雪人探踪

亚洲南部的喜马拉雅山，被誉为"世界屋脊"。它山川奇险，终年白雪皑皑，山上空气稀薄，气候变化无常。世界上许多国家的优秀登山运动员，无不以登上它的最高峰珠穆朗玛峰为殊荣。近年来有越来越多的人涌向喜马拉雅山，其中虽然也有登山运动员，但更多的却是一些科学考察队员或游客，后者进入喜马拉雅山的目的，不是为了涉猎这一世界屋脊的奇险，而是为了追踪长期以来盛传不衰的"雪人"。相传，在喜马拉雅山区的巴基斯坦、尼泊尔、锡金和中国的西藏等地，生活着一种像人一样的高级灵长类动物"雪人"。他们在人烟稀少的冰川雪地中，出没无常，行动诡秘。这为险峻的喜马拉雅山更增添了神秘色彩。

最早的有关雪人的目击记录，来自于希腊的摄影师 N. A. 汤伯兹。1925 年，他随皇家地理摄影探险队来到喜马拉雅山进行探险考察。一天，当他和他的搬运工们在锡金山脉大约 15000 英尺（4572 米）处扎营时，突然距他们 300 码（约 274 米）的地方，有一个奇怪的东西正沿着下面的山坡移动。汤伯兹作了这样的记录："它直立行走，样子酷似人，并时常停下来把一些矮小的杜鹃花灌木连根拔起，或用力拉这些灌木。在白雪的衬托下，它显得很黑。经我尽力辨认，它没穿衣服。约用一分钟它就走进了浓密的灌木丛，并从视线中消失了。"随后，这位摄影师又查看了这个动物留下的 15 个脚印，说这些脚印在形状上与人的脚印相似，但最大的地方也只不过 6～7 英寸（15～18 厘米）长，4 英寸（约 10 厘米）宽。脚趾的印迹非常清晰。但脚后跟的印迹不清晰，而且能看到的最小的印迹竟缩至一点。他的最后结论是："毫无疑问，这些是两足动物的脚印。"那么，这个"两足动物"究竟是什么？当时人们判断不一。有人认为是雪人；有人认为也许是一位隐居者，或者是一位与世隔绝的虔诚的佛教苦行僧，他们看破了红尘，来到还没有被尘世亵渎过的某个高高的且十分孤寂的地方，寻找他们的神。

然而，问题并非如此简单。自汤伯兹之后，又有许多目击雪人踪迹的事件频频发生。1951年11月，英国登山运动员埃里克·辛普顿在喜马拉雅山东南部的门洛哥茨的雪地上，发现并拍摄了一串奇怪的脚印，每个脚印长31厘米，宽17.5厘米。他沿着这串脚印走了约1.5公里，直到它在坚实的冰上消失为止。1970年，英国登山运动员D.威廉斯在尼泊尔的一座高山上也发现了一串人形动物的脚印，并且还发现一个人形动物在月光下跳跃前进。1972年12月17日，美国动物学家克罗宁在尼泊尔的康格玛山考察时，次日清晨发现在住地帐篷外边，有一串奇怪的脚印，脚印长27.5厘米，宽15厘米，后跟圆而宽，并有一个短而宽的大趾印痕。他将脚印翻制成了石膏模型。这串脚印同1951年辛普顿发现的脚印十分相似。克罗宁根据脚印推测，雪人是两足直立行走的，体重约为150磅（68千克）。他认为，这些脚印是"喜马拉雅山有一种尚未发现的动物存在"的物证。1980年，一支荷兰旅行队在尼泊尔北面的山地旅行时，在海拔4500米的高处也发现了一些奇怪的大脚印，他们也进行了拍照留存。

不仅雪人的脚印频频被发现，而且目睹雪人的事件，自20世纪50年代以来也多次发生。1958年5月12日夜晚，有两名美国"雪人探险队"队员，在尼泊尔东部的一条小河边亲眼看到一个雪人正在大口大口地吞食青蛙。这个地区的青蛙非常大，胸宽15~18厘米，脚长18~21厘米，身长36~40厘米，是雪人最喜欢吃的食物。这两个探险队员就是在捕捉这种青蛙时发现雪人的。据他们讲，那个雪人身高1.2米左右，除了脸部，浑身都长了厚厚的黑毛，头上的黑毛一直奔拉到肩膀，好像妇女头上的长发。雪人也是用两条腿走路，跑起来像刮风一样。

1977年9月，在巴基斯坦最为原始的山区——北部边疆奇特拉尔县山区，一名叫布尔丹的牧羊人正悠闲地坐在一块巨石上，照看着他的羊群。忽然袭来一股恶臭，他回头望去，在坡下3米处有一个浑身毛茸茸的"雪人"，正在不停地寻食虫子和蚂蚁，动作显得十分机敏。这是一个男性雪人，身高约1.75米，肌肉结构和胸廓都十分发达；浑身上下长满深棕色的茸毛，毛长8~10厘米。身体完全裸露，一丝不挂，脸很宽，颧骨突出，鼻扁而宽，眉弓宽大，脖子很短，四肢比起人类的腿臂显得长、大而发达。由于受到牧羊狗的惊吓，他很快逃入原始森林。布尔丹的奇遇，长达两个多小时。现年52岁的布尔丹，在讲述16年前经历的往事时，仍记忆犹新。这一奇闻是由西班牙动物学家若尔迪·马格拉内1993年披露于世的，他自1987年以来一直潜心研究雪人或称为野人的课题。他说，布尔丹目睹的这种雪人，与距今年代最近的穴居猿人最为接近，类似这样的目击事件，仅巴基斯坦北部边疆山区迄今已发生了27起，因此雪人的存在确有其事。

目前，世界上一些学者根据各方面的调查，推测出雪人有以下一些特征：雪人分大小二种，大雪人高2.4米左右，小雪人高1.2米左右。这是两种不同种类的雪人。大雪人在逐渐减少，甚至绝迹；小雪人在尼泊尔、锡金、不丹等地还存在着相当的数量。雪人不属于猿类，因为猿类长有尾巴，而雪人没有尾巴。雪人的头脑比大猩猩和猴子的头脑灵活，可能仅次于人类，至今还没能捉到一只雪人足以说明这一点。雪人跑得很快，并且有一双猫一样的眼睛，听力和嗅觉也非常灵敏。

然而，是否真的存在雪人，也有许多学者表示怀疑。1959年末，日本组织了一支以东京大学教授小川鼎三为队长的雪人探险队，到尼泊尔进行了一次科学考察，结果一无所获。除了发现一些估计是雪人的脚印外，没有找到一件有说服力的东西。但是，他们获悉当地的喇嘛寺中珍藏着一块被认为是圣物的"雪人头皮"，寺中和尚声称已保存了350年。他们本想进行仔细检查，未获允准，因为喇嘛们怕"圣物"受到亵渎。他们只索取了几根头毛带回国内，经科学鉴定，发现和人身上的毛有些近似，但从毛的形状来看，又很像生活在喜马拉雅山地带的羚羊的毛。

1960年，一支美国"雪人考察队"也来到尼泊尔境内进行调查，一位百科全书的出版商是这次考察的主要发起人，其目的是出版产生轰动效应的书籍。被选为这支考察队队长的是埃德蒙德·希拉里爵士，他是队里第一个征服珠穆朗玛峰的人，也是一位以诚实著称的人士。考察队

115

在山中徒步旅行了一段时间后，希拉里返回并发表了声明：他没有发现任何有关雪人的证据。为了证明他的观点，他带回一块"神圣的雪人的带发头皮"，经检验，它是一顶普通的山羊毛帽子，也是当地人常常戴的一种帽子。

后来，又有两个对雪人持怀疑态度的美国人，到喜马拉雅山追踪雪人。他们在当地雇了一名非常善于登山的舍尔巴人，一起踏上寻找雪人的旅途。数日之后，他们在洁白的雪地上发现了类似雪人的足迹。这种足迹和英国探险队曾经公布过的照片完全一样，比一般人的脚印几乎大一倍，5个脚指头很粗。可是不一会儿，他们就发现这些脚印同雇来的舍尔巴人的脚印一模一样。原来这些脚印是舍尔巴人留下的。舍尔巴人的靴子是自制的，他们用一大块熟皮子做成一个长方形的靴底，靴底上面缝上厚厚的毡袜子，就成了靴子。靴子穿旧了，靴底也越穿越薄，以至于后来每走一步，雪地上就清楚地留下了粗粗的脚趾印。他们认为，这可能就被当成了雪人的足迹，即以前曾在报纸和杂志上发表的"雪人的脚印"。

另外，这两个美国人还设法从当地的喇嘛寺弄到了一点"雪人的头皮"的毛和头骨样品，带回美国进行分析研究。经芝加哥博物馆鉴定，所谓"雪人的头骨"，无论颜色和形状以及毛的硬度和密度，都非常像印度"布拉马牛"身上的瘤子。而"雪人头皮"的毛，可能是喜马拉雅山羚羊身上的东西。

总之，关于喜马拉雅山地区是否存在"雪人"的问题，有的专家说可能有，有的专家则一口咬定没有，事实究竟如何至今还是一个谜，难以定论。不过，以上所提到的西班牙动物学家若尔迪·马格拉内，于1992年底又组织一支带有现代化仪器和设备的考察队进入巴基斯坦北部山区，在那里安营扎寨，决定进行一次为期1～3年的科学考察，大有不达目的誓不罢休之势，也许这次考察会有一个结果。

（原载于《世界著名悬案集粹》，黄山书社1995年版，第443—447页，略有改动）

"尼斯湖怪兽"之谜

　　在英国北苏格兰的因沃内斯郡，有一个幽美的湖泊，叫尼斯湖。它从东北向西南斜贯苏格兰，呈狭长形，长约30公里，宽约1.5公里，面积约40平方公里。在不列颠诸岛中，它是一个容量最大的淡水湖。湖水很深，大部分深度在200米以上，最深处达270米。湖岸坡度很陡，湖水中悬浮着大量的泥炭颗粒，非常混浊，在水中就是用很强的灯光照射，其能见度也只有几米。湖水很凉，平均气温常年保持在5℃。在这个湖中，长期以来流行着种种传闻，说湖中栖息着巨大的怪兽，并且还有人声称目睹过这种怪兽。那么，尼斯湖中是否真的生活着奇怪的巨兽，它究竟是什么怪物？这至今仍是世界科学史上一桩令人费解的谜，尚无人能够说得清楚。

　　流传下来的有关尼斯湖怪兽的最早文字记录，是出自一本关于圣·哥伦比亚的传记。圣·哥伦比亚是个基督教徒，16世纪时被罗马天主教会派到这里传教。在其传记中，记述了一个奇迹般的传说：一个圣徒救出了一个被这个怪兽吞没的人。

　　关于尼斯湖怪兽目击事件的现代记录，是从1933年才真正开始的。1933年5月2日，《因韦尔纳斯信使报》上发表了一篇报道，讲述一个当地商人约翰·麦凯和他的妻子在湖边散步时，忽然发现在距离他们300米远的湖面上，出现一个陌生的庞大怪兽，说它在水中"玩耍、翻滚、跳跃了足足一分钟"。当时由于怪兽的一部分身体浸在水中，没有看清楚它的全貌，仅看到它有一个乌龟头状的脑袋和长颈鹿似的脖子，背上长着5个驼峰状的鼓包。它像蛇那样，一边伸屈着躯体，一边快速地在湖面游动，最后消失在水中。这个怪兽的身长不太清楚，估计有20米。这篇报道，是由一个名叫亚历克斯·坎贝尔的人写的。他是尼斯湖的湖水管理员，他在1966年退休以前，一直做湖水管理员工作。他声称已经看见这个怪兽好几次了，并说之所以把它取名为"怪兽"，并不是因为它有些吓人，而是不知叫它什么为好。

上述报道，是首次关于目睹尼斯湖怪兽的详细报道，曾轰动世界。从那以后，又有几个人在尼斯湖看到了这种怪兽。1938年6月15日，苏格兰斯平布里季市的沃特劳夫妇和5位朋友在尼斯湖上划船的时候，突然在离他们100米远的水面上，又出现了这种怪兽，只见它以飞快的速度向远处游去。几天以后，利物浦市的两个牧师正在尼斯湖上泛舟时，也忽然发现前面300米远的水面上，有一个拖着一条长尾巴、长着5个驼峰的大怪兽，在水中悠然地游动着。两个人吓得魂不附体，慌忙向岸边划去。

除目睹者的种种传说外，还有一些有关尼斯湖怪兽的照片，更加引起人们的注意。第一批著名的照片是1933年11月拍摄的，但拍得不大清楚。值得称道的照片是1934年4月拍摄的，拍摄者是罗伯特·K.威尔逊。他是伦敦的一位妇科医生，此人性格内向，不喜欢抛头露面，因此过了许多年，大多数人甚至对这张照片的拍摄者姓甚名谁都不知道，只简单地称这张照片为"著名的外科医生拍的照片"。这张照片上显示的是：正从水中窜出的什么东西的长脖子和小脑袋的轮廓。不幸的是照片中没有什么东西可用来判断这个物体的大小。但这位医生的照片与目击者们所描述的这个怪兽有一个大脖子和小头的说法是相符的。

此后，尼斯湖怪兽的传说时盛时衰。在第二次世界大战期间，又发生过几起目击事件，但由于当时欧洲战争阴云笼罩，关于这方面的报道没有引起人们的注意。二战结束后，人们对此又兴趣益然起来。1955年初，苏格兰海员俱乐部成员和英国广播公司及英国海军司令部携手，为弄清尼斯湖里是否真有怪兽，决定进行一次大调查。为了这次调查，他们特地请来30名深水作业的潜水员。英国广播公司准备了特制的摄影机和亮度很强的探照灯。海军司令部准备了最新式的雷达。某公园的园长还许愿说，如果捕获到活的怪兽，他愿出赏金5000英镑。另一位马戏团的老板说，愿出3000英镑买下这头怪兽。

但是，关于这次调查，后来一直没有消息。事过5年之后，1960年6月15日，路透社发表了如下一条消息：

"很久以前，就传说英国苏格兰的尼斯湖里有怪兽栖息。13日夜晚，英国广播公司电视台也播放了那个怪兽正在游泳的影片。但是，可取镜头的时间仅仅只有40秒，映出的怪兽模模糊糊，看不清楚。最初怪兽安静地停在那里，可是不一会儿就左右摇晃起来，接着又以飞快的速度向远处游去，最后翻起一股白浪钻入水中。拍摄这段影片的是一位36岁的摄影师。据说他在湖边隐蔽了6天。看过电影的人都反映画面不清楚，不知道影片中的怪兽是真是假。"这则消息表明，这次调查仍未能揭示怪兽的庐山真面目。

1960年4月，一个怪兽迷——英国航空工程师蒂姆·迪斯德，也拍摄了一部关于尼斯湖怪兽的简短影片。他声称这部影片是当怪兽在尼斯湖水面上活动时拍摄的。迪斯德站在湖的一边，这个怪兽靠近湖的另一边。影片中这个移动的物体很小，而且不清楚。但英国皇家空军的照片鉴定专家检查了这部影片后，断定这是一个总长约27.4米、有生命的物体。于是，迪斯德的影片开创了对尼斯湖进行研究的新阶段。此后在较暖和的月份里，不断有装备齐全的探险队，还有数不清的自费寻找怪兽的人，成群结队地来到尼斯湖。

1972年，由美国应用科学研究院组织的一个探险队，用水下照相机拍摄了两张照片，好像是这个庞大动物的像钻石一样的鳍和部分躯体。1975年，一个科学探险队又获得大量的具有戏剧性的水下照片。一张是这个动物的一个大脖子和小脑袋；另一张表现出一个粗糙的、皮肤上长有许多疙瘩的物体，这张照片被称为该怪兽的头部特写。为了进一步加强这种研究活动，1976年《纽约时报》曾资助这个研究院组织了更大型的、装备更好的探险队，进行探寻活动。在探寻中，还使用了现代化的声呐技术。根据声波定位仪在水中探测的结果，得知尼斯湖中的怪兽头部呈圆形，尾巴很长，全身长约15米，身体直径为6米，用四肢踩着湖底走路。研究人员判断这种怪兽可能是中生代恐龙中最大的一种生活在水中的雷龙。但这只是根据很模糊的声呐记录而作出的判断，此外并未发现这个怪兽的任何实质性证据。

究竟有没有尼斯湖怪物？如果有这种怪物，那么它是什么动物？近半个世纪以来，这些一直是世界上许多学者研究和争议的话题。专门研究"超常现象"的美国著名学者丹尼尔·科恩，在《对怪兽的现代看法》《怪兽》等著作中认为，到目前为止，对现代巨怪是否存在的问题所进行的科学调查，其结果都是否定的或模棱两可的。因此是否存在尼斯湖怪兽，令人怀疑；如果存在这种动物，那么它肯定不是永生的，为什么从没有发现它的遗体呢？为什么没有发现它爬上岸的真正脚印呢？尼斯湖尽管很深，但水域面积还是有限的，一种巨大的动物能在这样长的时间里躲得过多次实地科学探察吗？虽然有人声称偶尔目睹过这种怪物或拍了照片，但以"短暂的一瞥""模糊不清的照片"或传说为依据的事件，其真实性能有多大呢？因此，对尼斯湖怪兽是否存在的问题，科学界采取了审慎态度。也有人根据尼斯湖里的怪兽每逢夏季就出现，而一到秋天就销声匿迹的传闻和报道，认为这种怪兽可能也和大马猴一样，是人为地搞出来的"怪兽"，每逢有观光者到来时，故意导演这样一场闹剧，哗众取宠。还有人认为尼斯湖怪兽是一场骗局。据1995年9月7日《上海译报》披露，1934年拍摄的那张世界著名的照片是一伙人伪造的。参与这场骗局的共有5个人，他们在花几先令买的玩具潜水艇上装上长颈和头做成的"怪兽"，放进湖水中并启动，拍了几张照片，而后作为"本世纪独家新闻"登在《每日邮报》上。如果这则消息属实，那么，为什么这场骗局能保密得如此长久？为什么参与者都保持沉默？这也是个谜。

但是，也有很多研究工作者认为，不能完全否定尼斯湖怪兽的存在，有两件事实可以作为印证这种怪兽存在的佐证。

其一是1964年1月，意大利和西伯利亚探险队在苏联雅库次克境内的黑尔湖进行考察时，发现湖水不停地翻腾，接着看见一个黑大的怪物浮出水面，它全身呈黑色，有10多米长，样子很像中生代的恐龙。这一发现证实了很久以前就传说黑尔湖里有怪物栖息的传闻。此湖不但无鱼，连鸭子都不靠近湖边，可能与生存着这种动物有关。从1964年开始，莫斯科大学和科学家们组织了考察队，在湖边进行不间断地观察，结果曾两次看见了怪兽。它头部比身子小得多，颈部很长，身体闪闪发光，皮肤呈黑色，背上长有脊鳍，尾巴很长，全身约有15米，可以说与尼斯湖怪兽完全一样。

其二是1977年4月，在新西兰海岸外，一条正用拖网捕鱼的日本渔船，在近300米的深度捞到一个巨大的腐烂尸体，它长约10米，重约4000磅，气味很难闻，而且在甲板上渗出一种黏性的、带白色的物质。渔民们怕它污染了已捕到的鱼，拍了照片并取下一些组织作标本后，又把尸体抛出船外。照片冲洗出来后，轰动日本。各种权威人士立即发表了对这种东西的猜测：一条鲸鱼？一条姥鲨？一头海象？……但最普遍的猜测是蛇颈龙的遗体。照片上显现的形状：小头、大脖子，有4个鳍的厚躯干和一条长尾巴。这同尼斯湖怪兽的样子也是一致的。

上述事实说明世界上确实存在着水生怪物，只不过还没有被人们认识罢了。到目前为止，对尼斯湖怪兽有下列几种推测：长脖子的海豹、蛇颈龙、雷龙、海蛇。世界野生动物基金会的彼得·斯科特爵士给这种怪兽取的科学名字为"有钻石状鳍的尼斯湖怪兽"。

尼斯湖是一个不冻湖，19世纪其两端开凿了运河，沟通了大西洋和北海，现在它直接同外海相连。但因为湖面同大西洋、北海的海平面高度不一，所以也像巴拿马运河那样修了28个闸门来调节水位。如果尼斯湖里确有中生代的恐龙类动物栖息的话，那么可以断定它们不是从外海通过运河偶尔来到尼斯湖的，而是自从有了这个湖泊以后，它们就一直在这个湖里生活着，至今没有灭绝。真是这样的话，这对研究地球的历史，对研究生物史、海洋史等，都是极为珍贵的活资料。但是，这一世界科学史上的谜案，至今尚难揭破，人们正期待着进一步的科学探查和研究。

（原载于《世界著名悬案集粹》，黄山书社1995年版，第448—453页，略有改动）

『尼斯湖怪兽』之谜

李小龙之子死于道具枪的当代大奇案

　　1993年3月31日，美国北卡罗来纳州威明顿市的一处电影拍摄场地，正在拍摄一部武打功夫片《乌鸦》。突然，一声枪响，蜚声影坛的国际功夫片巨星李小龙之子——李国豪应声倒地。12小时后，因伤重抢救无效，李国豪不幸身亡，年仅28岁。

　　《乌鸦》这部影片，是根据同名喜剧小说改编的，由美国卡罗尔科电影制片公司摄制。描写的是一位摇滚歌星被黑帮分子谋杀身亡，后来他又以超自然的力量重返人间，报仇雪恨，得以与未婚妻团聚，同时使他生前的财产失而复得。担任这部影片主角的李国豪，按剧情需要，当时提着一个杂物纸袋由一个门走过，另一名扮演黑帮分子的演员正在追杀他。纸袋中装有少量火药，当"黑帮分子"开枪时，引发纸袋中的火药，模拟爆炸场面。"黑帮分子"的道具枪，枪膛内装的应是假子弹，谁料却射出一颗真子弹，在6米距离内击中李国豪的腹部，他应声倒地。现场医务人员施行紧急抢救，并立即将其送往附近的新汉诺威地方医院。医院诊断结果是腹部遭硬物体穿透，肠道与血管都严重受创，引起大出血。X光片显示，李国豪腹部的伤口，大约有一个铜板大小，直穿脊椎，脊椎附近有金属物。医院指出，李国豪送到医院时已丧失意识，但仍有生命力。由于伤势过重，李国豪昏迷12个小时后，抢救无效，于当日下午1时4分死亡。

　　影星猝死，各界震惊，社会舆论大哗，电台报纸竞相报道这一悲剧。广大影迷们无不为之扼腕叹息，或狐疑满腹，议论纷纷：道具枪为何会射出真子弹？摄影棚中的这幕悲剧是误杀还是谋杀？以拍武打功夫片而扬名天下的李小龙20年前在拍摄《死亡游戏》时，在影星丁佩香闺中离奇死亡，死因至今不明，为何他的儿子在拍《乌鸦》时又中弹身亡？父子相同的结局是巧合，还是都因为影片片名不吉祥（乌鸦在中国人眼里是一种不吉祥的鸟）？人们既万分惊诧，又百思不解。

李国豪出生于美国加利福尼亚的奥克兰，6岁时随父母移居香港。当他刚学会走路时，李小龙即对他进行武术基本功训练。李小龙曾因主演《精武门》《猛龙过江》《唐山大兄》等影片而驰名遐迩。1973年7月20日李小龙32岁英年猝死时，李国豪年仅8岁。父亲的死因，众说纷纭，给李国豪一家带来许多困扰。为避开不必要的纷扰，其母琳达带着儿子国豪和女儿回美国西雅图定居。

自小时候起，李国豪便把父亲奉作心目中的偶像，经常看父亲练武，2岁时已由父亲亲授跆拳道，耳濡目染之下也有了相当的武术功底。到美国后，他曾经跟父亲的弟子山度士习武，当时他并未想过要步父亲的后尘从事演艺业。然而，也许是因为他血液中毕竟有李小龙的基因，在他上高中及在爱默森学院读书时，即对戏剧产生兴趣，参加了舞台剧演出，后来又进纽约斯特拉斯堡戏剧学院学习表演。21岁时首次在银幕亮相，主演了平生第一部电影《龙在江湖》。此片虽然没有为李国豪打开从影的坦途，但他还是矢志不移地决定走父亲的演艺道路。此后他又演了《浴血蛟龙》《龙霸天下》等武侠功夫片。

李国豪近几年在艺海中虽然奋力拼搏，但主演的几部片子票房收入均不理想。尽管如此，凭着父亲李小龙的声望，他的知名度大为提高。然而，他并不以大影星之子而自傲。他到香港拍片时，希望人家忘记他是"龙"的传人。他曾向人表示，虽然很多人认为如果他靠李小龙的名望可以在影坛叱咤风云，功成名就，但他并不希望这样，他要靠自己的实力去拼搏，希望大家忘记他是李小龙的儿子。李国豪在香港拍片时，与当今红极一时的女影星杨紫琼成为好友。有一次他们去租录像带，店员好心向他们介绍李小龙的电影，他竟脱口反唇相讥："谁是李小龙？"尽管李国豪不希望靠父亲的名望来闯荡影坛，但他事实上却完全继承了李小龙的衣钵：不喜欢读书，只热衷于功夫片和拍电影，并日渐成为人尽皆知的国际功夫片名影星。加上时逢李小龙逝世20周年纪念，李国豪片约不断，这对他崭露头角，成为影坛一代风云人物，大有佑助。然而，谁能想到在这个时候，他却不明不白地毙命在一把道具枪下！

李国豪的死亡，使他的亲人和朋友无限悲伤。对于他的母亲琳达来说，20年前丈夫不明不白地离她而去，而现在电影又夺去了她的儿子，怎不叫她伤心欲绝？李国豪原定4月与在洛杉矶一家电影制片公司工作的女友爱丽莎结婚。他们相识于拍片的时候，两人情深意笃，不论人前人后都表现得非常亲密，爱丽莎对李国豪百依百顺，而李国豪也对未婚妻表现了中国人的男子汉风度。他们的婚礼化为泡影，令人唏嘘。功夫片影星成龙在上海听到李国豪的死讯时说："简直太惊讶了！"由于他自己也经常拍危险的枪击镜头，不由得感慨万千。李国豪在香港所拍影片《龙在江湖》的导演于仁泰惊闻噩耗，为影视界失去一位大有前途的功夫片影星而深为痛惜。李国豪的好友杨紫琼闻知凶讯后，深叹人生短暂，生命太匆匆，她说李国豪为人大度随和，从不得罪人，谁会谋杀他呢？

李国豪中弹身亡后，当地警方立即对这一事件展开调查。据为李国豪动手术的医生鉴定：李国豪的腹部有一道4厘米宽的伤口，尸体解剖后，在体内找到一颗弹头，子弹穿过腹腔打到脊椎内。警方的验尸报告说，李国豪是由一颗0.44口径的子弹致死的，并将此案列为谋杀案处理，但是未找到谋杀的证据。曾为50多部影片制作过道具枪的洛杉矶特技协调员约翰逊说：一般情况下，一颗0.44口径子弹可以射穿一个在约4.6米远的人的身体。而李国豪恰恰是在这个距离内被击中的，但子弹并未穿透身体，显然这颗子弹是否是一颗0.44口径的真子弹，值得怀疑。

警方也试图调查证实，是否存在这样一种可能：枪膛内可能卡有一颗哑弹，当道具枪装进空包弹（开枪时发生爆炸但并不射出任何物体的子弹），开枪爆炸时推动哑弹射入李国豪腹部。从李国豪腹部子弹入口创面较大和子弹没穿透身体而存留体内的情况看，很可能是哑弹造成的，因为哑弹的飞行速度比正常子弹的速度要慢。而子弹飞行的速度越慢，子弹出入目标的洞口也越大，这也许是李国豪枪伤伤口大的原因。如果这种情况成立，那么李国豪可能是死于误杀。然而，目前担任美国全国枪会总教练的李小龙之弟李振辉却不以为然。他说："自小龙死后至今20

年我没有放弃过要找寻哥哥死亡背后的真相，今日国豪又同遭不幸，我亦会同样追查真相。我将会不惜冒生命危险查到底。若有人要对付我的话，请放马过来。不过这些人请记住，如果要杀我，最好百分之百把我干掉，否则只要我剩下百分之一生命，也会跟他们拼到底。"李振辉是手枪、霰弹枪及来福枪的专家，有许多年玩枪经验，他认为有哑弹头留在枪管里发生误杀的机会甚微。

有人认为，李国豪是被黑帮杀手所害，原因是李国豪未答应与他们合作拍片。还有传说，李国豪是被日本黑手党所杀，他与其父死在同一杀手手里，因为他在出事前曾表示要深入调查父亲的死因。他曾向一位友人透露：他相信杀死他父亲的人不会放过他。

究竟是谋杀？还是误杀？实在难以下确切的结论。随着警方的深入调查，这一疑案的真相也许不久就会大白于天下。当然，也有可能会像20年前他父亲李小龙的死一样成为不解之谜。

（原载于《世界著名悬案集粹》，黄山书社1995年版，第458—462页，略有改动）

外星人与飞碟奇谜觅踪

1947年6月24日，美国一位年轻的实业家——阿诺德在驾驶飞机回家的途中，在喀斯喀特山脉的上空，远远地看见对面的山上有种东西在闪闪发光。他定睛一看，原来是9个伞状的飞行物正以每小时2000多公里的速度飞行着，2分钟后就消失得无影无踪。由于这种东西的形状很像两个扣在一起的咖啡托碟，因此人们给它起名为"飞碟"，后来又将类似于这种的"不明飞行物"缩称为"UFO"。

阿诺德的这次目击事件，标志着不明飞行物现代史的开始。当这个来路不明的飞行物被作为一条消息在报纸、电台发表后，一石激起千层浪，引起社会哗然，立即有许多人站出来纷纷证明目睹过这种飞行物。仅仅10天时间，美国就有33个州的人证明看到过这种飞行物。有人还声称这个来路不明的飞行物，并非从1947年才有的，很久以前就曾有人发现它在地球上空飞行。例如1910年1月，美国田纳西州和亚拉巴马州，两天之内有1000多人看到一种圆盘状的奇异飞行物体在天空飞行。1938年7月，纽约市又有几千人看到一种弧线飞行的奇异物体，据当时目击者讲："这种飞行的物体闪着光，发出一种吱吱的巨响，不一会儿就消失在地平线里，好像钻入海里去了。"

阿根廷政府1962年3月24日也公布一条消息：飞碟在拉潘帕省着陆了。目睹这次着陆的是一个农场主，在他走近飞碟时，看到两个身穿飞行服模样的人，从飞碟里走出来。当那两个人发现农场主注意他们时，匆忙钻进飞碟飞跑了。另外，巴西海军司令部也曾发布过一条消息：1958年1月，巴西海军的一艘观测船，在特立尼达岛附近航行时，观测员们看到了一个很大的飞碟，岛上的居民也看到了。观测员们还拍下了这个飞碟的照片。

到目前为止，在加拿大、澳大利亚以及南美洲、欧洲和亚洲的许多国家，都有人证明目睹过飞碟。据统计，40多年来世界各国关于飞碟的目击报案，总数已超过3万起；被目击的飞碟，形状五花八门，颜色瑰丽奇异，行动神秘诡谲，能使发动机莫名其妙地熄火，电讯信号紊乱或消失，等等。目击者既有普通群众，也有声名显赫的政治名人，如美国前总统吉米·卡特于1973年9月18日亲自签署一份文件，证明他曾看到过飞碟。法国新闻媒体报道：伊朗著名宗教领袖霍梅尼在诺夫勒城堡居住期间，于1977年2月24日曾遭到不明飞行物的监视。那是一个色调暗淡的大型圆柱形物体，带有白、红、绿颜色的指示灯，于当地时间23时30分左右飞临诺夫勒，在城堡上空1公里的地方静止不动片刻，而后向南飞去。诺夫勒城堡由于这位著名流亡宗教人物的居住而驰名天下，飞碟的飞临是否也是想一睹这位显赫人物的风采呢？1979年1月10日，十分严肃的《纽约先驱论坛报》透露：1975年在好几个极端秘密的核导弹发射场和核轰炸机空军基地的上空，曾受到不明飞行物的探查。据说飞碟飞得很低，有几次竟是紧贴着地面飞行的。几架美军的驱逐机试图追赶，但没有成功。更令人不可思议的是《美国探询报》报道的一则消息：1977年8月13日晚上，一名32岁的美国空军军官莫迪，曾遭到飞碟中外星人的劫掠。当时，莫迪开车来到一块空地上看流星雨，深夜1时20分，忽然"唰"的一声自空中降下一个碟形物体，全身闪着灰金属的光，高5.5～7.5米，宽12～15米，腹部下面有3个圆球。莫迪急忙躲入车内，准备发动汽车逃走，但车子怎么也启动不起来，接着从飞碟中飘来（不是走来的）两个外星人，抓住他的车门想要打开。莫迪吓坏了，准备冲出去，以106.69千克重的身体猛向车门一撞，把一个外星人的后背击个正着，随即冲出车门，再猛地一拳打在另一个外星人的脸部，感到软绵绵的。但这时罩着他车子的奇光消失了，他也失去了知觉。当他再度恢复知觉时，已躺在一个硬板平台上，一个外星人正在对他进行研究。他想坐起来，但动弹不得。莫迪说：外星人的额头比人类的约大三分之一，没有眉毛，没有头发，圆眼睛大如铜铃，眼珠乌黑，看人时眼神锐利；

耳、鼻、嘴均比人类的小，嘴唇极薄；身高约150厘米，外形纤弱，穿白紧身衣，仅将头、手露在外面。外星人还能对莫迪说一口流利的美国英语："只要你不再打斗就可以让你活动自由。"莫迪答应后，外星人用一根金属棒触了他一下，他立刻恢复了活动机能。外星人还告诉他，他们那架航空器只不过是一架小型侦察机，更大更快的母机，在8000～9000公里之外的太空。外星人还暗示，他们有很多亲族和盟友，人类最终将会并入他们的盟族里。临别时，外星人提醒莫迪，回去后请医护人员看一下。第二天，莫迪后腰背上有烧伤的感觉，经检查，有一处四边整齐的伤痕。后来在胸膝之间又出现了一些小斑疹，虽然被医生医好了，但自此以后经常掉头发、头痛、喜怒无常。

上述报道不啻是天方夜谭。然而，这并非独家新闻，类似的报道常见诸报端。1964年4月24日，美国新墨西哥州警察奈·札莫拉追踪一个超速行驶的摩托车驾驶员时，在城外发现一个飞碟，旁边站着两个外形有着人的特点的宇宙人，约有10岁儿童那么大。当他打电话向指挥部报告时，这两个宇宙人退到飞碟里飞走了。1965年7月1日，瓦朗索尔镇普罗旺斯村的一位种植薰草的法国人，看到疑似要偷他种的贵重植物的两个年轻人，个头很小，站在有雷诺厂生产的"多菲那"牌汽车那么大的一个物体旁。当他走到离他们5米远的地方时，其中一个"男孩"用一种器械对准他，他当时就呆呆地停在那里了。那两个小宇宙人立即登上飞船飞走了。后来在一位记者向他调查时，出示了一张札莫拉看到的宇宙人的描绘图形，这位农人一看照片，吓了一跳，很快休克了。没想到这张照片与他看到的小宇宙人如此相像。1973年10月11日，两个造船厂的工人——42岁的查理·希克森和19岁的喀尔文·巴克尔，去密西西比河帕斯卡高拉钓鱼时，被3个银色皮肤、没有眼睛的家伙劫持到一个鸡蛋形的飞碟上达20分钟，给他俩"拍照"后又将其送回河边码头上。巴克尔说，当他一看见这3个有着人的特点的家伙时就晕了。他们脸上都有一条当嘴用的细缝，3个尖尖隆起的东西就是鼻子和耳朵。他们的飞行器从天而降，悬浮在帕斯卡高拉河面上几米处。这两个工人后来受到美国空军调查"不明飞行物"的专家阿伦·海内克博士的接见，并被使用催眠术，由加利福尼亚大学詹姆斯·哈德博士进行了测谎检查，没有发现破绽。

类似的报道和传闻，自20世纪六七十年代以来，在国外尤其是美国不胜枚举。那么，飞碟究竟是什么东西？是否是外星人访问地球人的标志？在宇宙中其他星球上究竟有没有比人类智慧更发达的外星人？这些问题一直困扰着人们，令人迷惑不解。一些专家学者虽进行了大量的调查研究，但至今未能找到解开这一奥秘的金钥匙。

早在20世纪60年代，美国和苏联就先后用大型射电望远镜，开始了对外太空的观察和研究。1973年秋，美国还建立了"飞碟研究中心"，并配备一支调查队伍，一天24小时工作，对取得的有关飞碟的资料、照片等进行电影、光谱分析，以及压痕石膏模型等详细的测量和数据分析研究。20世纪80年代中期，国际行星协会相继在美国和阿根廷安装了两台复杂的无线电信号分析装置，分别用以搜索、分析地球南北半球空间的电波信号。自1989年开始，美国国家航空航天局每年增拨1000万美元，用于对飞碟和探测外星智慧生物的研究。30多年来，科学家虽然对外星文明进行了50余次小规模的搜索，但至今仍没有找到外星人存在的可靠的技术证据。据美国"飞碟研究中心"对12000多起不明飞行物事件逐一进行调查和分析，一些科学家认为，所谓飞碟现象绝大部分可以有两种解释：一种是云块、球状闪电、海市蜃楼、流星等天文、大气现象；另一种是受到太阳光照射的导弹、卫星、飞机等的残骸和成群的昆虫给人们的视觉引起的错觉。如主持"飞碟研究中心"的美国著名学者海纳克教授曾说：如果对飞碟的资料、照片、数据等认真研究一整年而毫无结果，这本身就有很大的否定意义。美国研究飞碟的著名专家、《航空周刊与空间技术》杂志的编辑菲力浦·J.克拉斯博士，在其力作《UFO得到解释》中，通过对大量资料及物品的分析，认为飞碟"来自似乎是可信人士中的不可信的故事"。

同上述否定性意见不同，有的科学家认为，对飞碟和外星人不能随便否定，宇宙无涯，生命不仅存在于地球，也存在于其他星球，谁敢断定在银河系中的那些行星上没有比人类更先进的宇宙人存在呢？谁又敢否定这些宇宙人不能驾驶飞碟访问地球呢？我们现在不是也正在做向外太空发射电波信号、寻找外星人的努力吗？对飞碟的目击事件，有些确实是视觉上的错觉，有些甚至是捏造的，但不能说世界上到目前为止所发现的目击报告都是无根据的瞎说。美国一位专事寻找外星文明的科学家麦克多诺，曾从科学角度，分析了各种适宜生物生存、演化、繁衍的自然条件，最后得出结论：在我们生活的银河系中至少有4000颗行星上存在着同地球一样的文明。不过，要找到这样一颗行星，通信是极其困难的。离地球最近的恒星距地球约4光年，合37.8万亿公里。这意味着地球收到该恒星某颗行星的无线电信号，可能是4年前发出的，地球发出的信号至少也要4年才能到达该行星。而事实上更多的恒星距地球更遥远，因此，寻找外星人的通讯需要数代人的努力，并非一朝一夕就能作出科学结论的。

有的学者认为，古代的一些传说，所讲的实际上就是外星宇航员访问地球的事。如希腊神话中的英雄普罗米修斯可能就是来自外星的宇航员。甚至有人提出上帝就是宇航员的化身，亚当和夏娃也是外星人，他们在自己生活的行星毁灭前逃到了地球，而所谓伊甸园不过是6500万年前的一颗行星。这些说法当然缺乏根据，难以令人信服。但近年来，又有一些研究工作者提出：古代外星人曾帮助地球人的祖先建立了地球文明，如埃及金字塔、南太平洋复活节岛上的巨石雕像、玛雅文化中的城市建筑等，可能都是外星人建造的，因为这些工程是早期人类的技术和工具无法胜任的。当然，这些观点也没有为考古学家和地质学家的研究所证实。

对飞碟持肯定观点的学者中，有人还提出了现代的一个事实：第二次世界大战中，德国曾研制出了飞碟，共有3种型号。第一种是由德国工程师施里韦尔和加别莫列1940年设计的，外观像一个横放的自行车轮子，螺旋桨叶犹如辐条，可作水平或垂直飞行，但平衡性能差，易出事故，很快被淘汰。第二种型号是第一种的改进体，尺寸增大，并增设了舵翼机构以提高飞行稳定性，最大时速1200公里。第三种型号又分为直径38米和68米两种，使用的是澳大利亚设计师维克多·沙乌别格尔设计的"无烟无火苗爆炸式"发动机，装有12台火箭。1945年2月19日，这种飞行器进行了唯一的一次试飞，不到3分钟飞行器便升到15000米高空，水平时速达2200公里，它还能悬挂在空中或从原地前进或后退。二战末期，当生产厂家所在地被苏军占领时，这种飞行器及资料全部被销毁。施里韦尔和沙乌别格尔迁居美国。1958年8月，沙乌别格尔曾给一位朋友写信说："1945年2月试飞的机型是我与一流的工程专家们在毛特豪辛集中营中秘密研制的。战后我听说不少国家都在大力发展碟式飞行器，但仍然没有研制出我当年设计的那种型式。当年的飞行器全炸光了。"美国人曾愿意出巨资向沙乌别格尔购买他的飞碟，特别是发动机的秘密。但沙氏表示，在国际性全面裁军协议正式签署前，他不会公布飞碟的秘密。

既然二战期间德国已设计出了飞碟，那么外太空倘若存在比人类更发达的宇宙人，他们也一定会设计并制造出更为先进的飞碟飞抵地球。因此，不能简单地否定天外文明或飞碟存在的可能性。目前，对是否存在天外文明和飞碟的问题，已在世界引起广泛的注意。1977年8月20日，美国发射的"旅行者2号"宇宙飞船，携带了一张唱片"地球之音"，作为人类献给外星的礼物，发射到太空。这张可保存10亿年、直径为30.5厘米的铜质唱片装在铅质盒里，盒外有使用说明。唱片用图像编码信号的形式录制了表现人类起源和文明发展的115张图片。唱片上还有当时的美国总统和联合国秘书长对外星人的致意以及55种语言的问候语。唱片上还有12分钟的包括风雨雷电、鸟鸣兽吼、人笑婴啼等35种自然界的声响，此外还录有代表不同时代、不同民族、不同地区的世界名曲27首，其中有中国的京剧和用古琴演奏的《高山流水》。这标志着对外太空文明的探测已进入现代化阶段。同时，联合国也决定对"不明飞行物"进行国际性的研究。1978年联合国特别政治委员会第47次会议，决定设立一个专门机构，负责进行和协调对"不明飞行物"及其有关现象的研究并发布研究结果。1979年联合国第43届代表大会又通过一项提案，把UFO作为世界性课题进行研究。

尤其值得注意的是，1992年10月12日纪念哥伦布发现美洲500周年的这一天，美国航空航天局开始施行一次探索未知世界的壮举：启动架设在阿雷西博大峡谷群山之巅的世界最大最敏感的射电望远镜，开始接收来自其他星球的信息。该望远镜的巨型抛物面天线直径305米，截面积相当于10个标准足球场。与此同时，在一望无际的加州莫哈维大沙漠，一台抛物面天线直径为34米的大功率射电望远镜也投入使用。这项名为"高分辨率微波测量"的计划为期10年，耗资1亿美元。搜索计划分为两部分：一是使用阿雷西博的射电望远镜对距地球100光年以内的800颗恒星进行观测；二是利用莫哈维大沙漠的射电望远镜对整个宇宙进行监测，搜索、接收1万兆赫以内的所有无线电信号。人们期待着这次对宇宙的最全面的一次大搜索，能揭开天外文明和有关UFO的奥秘。

（原载于《世界著名悬案集粹》，黄山书社1995年版，第462—470页，略有改动）

"普雷斯特·约翰"其人其国的传说是真实的吗

从12世纪起，欧洲历史上一直存在着一个神秘人物"普雷斯特·约翰"的传说。这是由一封信引起的。1170年，正当伊斯兰教与基督教的冲突处于高潮之际，拜占庭帝国皇帝曼奴依尔（1143—1180年）在君士坦丁堡金碧辉煌的皇宫中突然收到一封内容离奇的来信。信中叙说的主要内容如下：

"如果你真的希望知道我们伟大的国家存在于何方，那么请不要怀疑地相信：我，普雷斯特·约翰……在财富、德行和一切上天赋予的创造力方面都是世所罕见的。72位部族首领向我纳贡称臣……我们神明的权力统治着三个印度邦国，并扩及整个印度，那里是基督信徒圣·托马斯的安息之地。帝国神明的影响，通过沙漠地区和靠近通天塔的巴比伦沙丘地带，远达太阳升起的地方。

"在我们的领土内可以看到大象、骆驼和各种各样的珍禽奇兽……蜂蜜在我们的土地上流淌，牛奶溢满于各个角落……如果您能计算出天空的星座和海中的沙粒有多少的话，你就能由此估量出我们的帝国和国家地域的广阔程度。

"我是一位虔诚的基督教徒，并将在任何地方保护本帝国的基督信徒。"

信末的署名为"普雷斯特·约翰"。这是何许人也？曼奴依尔对他毫无所知，闻所未闻，信中讲述的内容更让他丈二和尚摸不着头脑。于是，他让人把整封信抄写了若干份，分别送致欧洲各国君主，希求揭开"普雷斯特·约翰"这个神秘人物的面纱。然而，欧洲各王国的君主和其麾下的幕僚臣属及饱学之士，无一人知道"普雷斯特·约翰"的名字和来历，所有的人都对信中的内容感到震惊不已。特别是这位异邦君主在信中提到的他所统治的国家地域广阔、生活丰裕、信仰基督教这三点内容，给他们留下了极为深刻的印象。一时，"普雷斯特·约翰"其人和他统治的王国，成为欧洲各国宫廷中王公大臣议论最多的一个话题。无数人在四处奔波、寻找，以求解开这个谜团。然而，"普雷斯特·约翰"的王国究竟在何处呢？从13世纪到15世纪，欧洲人为寻找这个神秘的王国花了200年时间，均无果而终。

1217年，罗马教皇曾亲笔为"普雷斯特·约翰"修了一封书信，以欧洲基督教世界的忠实信徒的名义，向他及其治下的基督教臣民们致以衷心的敬意和问候。教皇在信中还向这个异邦基督教君主承诺，他要在罗马修建一座神殿，以此表示愿将整个基督教世界联合起来的诚意。这封信写好后，派信使按当时的地理概念送往与埃及毗邻的"中印度"，实际地点即今天的埃塞俄比亚一带。但是，那里根本没有"普雷斯特·约翰"其人和他的王国，教皇当然也没有收到这位异邦基督教君主的复信。

1220年，欧洲又出现一条传闻："普雷斯特·约翰"为寻求基督教世界的统一，曾准备到欧洲与罗马教皇和各国的封建君主会商大计。不幸恰遇到成吉思汗西征，大肆烧杀掳掠，"普雷斯特·约翰"不幸遇难。许多人对这一传闻将信将疑，更多的人则不相信这条传闻，认为法力无边的"普雷斯特·约翰"绝不会这样轻易死去。他们继续寻找，希求得到满意的答案。14世纪至15世纪，欧洲人特别是葡萄牙人和西班牙人，相继掀起航海探险热潮，其中一个重要目的就是寻找"普雷斯特·约翰"的王国，因此这个时候又出现了许多关于"普雷斯特·约翰"的传闻和猜测。1520年，葡萄牙人为了排挤阿拉伯人，控制红海商路，急于在埃塞俄比亚找到"普雷斯特·约翰"的后裔，企图利用信奉同一基督教教友的力量，打击阿拉伯人，达到自己的目的。一支探险队经过半年的考察后，在一份报告中声称"看到了'普雷斯特·约翰'曾经住过的帐篷和宿营地"。但是，在埃塞俄比亚上至皇帝、下至臣民都从来没有听说过"普雷斯特·约翰"其人其事。因此，他们的发现还缺乏可靠的佐证，无法让人信服。1558年，一位名叫迪雅格·荷曼的葡萄牙探险家绘制了一幅地图，在这幅地图上，"普雷斯特·约翰"头戴王冠，手持王仗，威武非凡地坐在王位上。人像所处的位置是在红海南岸的陆地，并在旁边注有埃塞俄比亚的字样。显然，荷曼认为"普雷斯特·约翰"的王国是在埃塞俄比亚的。然而这仍然是一种主观臆测而已，并没有提出科学的根据。

探险者没有找到"普雷斯特·约翰"的王国，研究者也没有得出统一的结论。西方学者通过长期研究、考察，大致作出了下列几种结论。

一、埃塞俄比亚说。有学者认为，埃塞俄比亚就是"普雷斯特·约翰"治理过的国家。理由是：其一，从教皇亚历山大三世到15世纪的航海探险家均持此说。其二，"约翰"（John）可能就是埃塞俄比亚皇朝名号"赞"（Zan）的谐音变化。其三，埃塞俄比亚从公元4世纪开始一直遵奉基督教为国教。其四，20世纪初，一位葡萄牙传教士在埃塞俄比亚的一处墓葬中，发现一些古代基督教徒用过的宝剑和旗帜，认为这是"普雷斯特·约翰"时代的文物。后来欧洲一些考古工作者，又在埃塞俄比亚发掘出一个十分豪华壮观的中世纪时代的皇宫遗址，认为这就是"普雷斯特·约翰"居住过的王宫。但是，这些解释均显牵强，不能令人信服。

二、东欧说。有学者认为，公元5世纪时，君士坦丁堡主教聂斯托利曾因倡导一些新教义而吸引了大批信徒，他们被称为聂斯托利派。而欧洲东部很多地方的基督教徒，实行的就是聂斯托利派宗教礼仪。因此"普雷斯特·约翰"的王国可能就在东欧某个地区。1250年编年史学家琼恩威尔曾宣称，"普雷斯特·约翰"死于蒙古人对东欧的入侵。1298年，马可·波罗也曾提出成吉思汗西征时，曾杀死了一名很有势力和影响的聂斯托利派领袖。有人推测这个被杀死的"领袖"可能就是"普雷斯特·约翰"，因为这同琼恩威尔的说法是相吻合的。

三、印度说。有学者认为，"普雷斯特·约翰"自称"统治着三个印度邦国，并扩及整个印度"。他统治的王国很可能就在印度。因此，在新航路开通之后，很多探险家和学者到印度考察，希求寻访到"普雷斯特·约翰"的踪迹。但在印度的考古发掘和民间传说中，均没有找到这位神秘人物的影子。另外，印度长期盛行的是佛教和印度教，基督教是在17世纪以后随着英国殖民主义者入侵才传到印度的。这与"普雷斯特·约翰"信中说印度居民信奉基督教不相符合。因此,"印度说"也难以令人置信。

四、虚构说。有的学者认为,根本就不存在"普雷斯特·约翰"其人,关于其人其国的那封来信完全是伪造的。一种意见认为,那封信可能是欧洲某个国家的一些僧侣凭想象编造出来的,其目的可能是想同拜占庭帝国的君主开个大玩笑。另一种意见认为,这封信很可能就是拜占庭帝国的皇帝曼奴依尔本人指使宫中文人编造的。因为这时拜占庭帝国的国势较前有所削弱,而曼奴依尔依然没有放弃保持旧的大国地位的幻想,他仿效查士丁尼,又提出了以君士坦丁堡为基地,恢复统治全世界的罗马帝国的计划。为了恢复东西方的统一,他协助亚历山大三世重登教皇之位,并向教皇提出联合各教会及消灭教会分裂的计划。那封伪造的信,很可能就是他为了实现其政治计划,在外交上施放的一个政治气球,以探测欧洲各国君主的政治态度。此说能否成立,也是值得研究的。

上述种种说法,似乎均有些道理,但又疑窦重重。历史上究竟存不存在"普雷斯特·约翰"其人其国?这是一桩至今仍无法解开的历史悬案,尚须学界认真考辨。

(原载于《千古之谜·世界文化1000疑案:甲编》,中州古籍出版社2004年版,第24—26页)

闵采尔担任过"永久议会"的主席吗

1525年5月27日清晨，在德国缪尔豪森城外的刑场上，一个威风凛凛的中年汉子面对反动诸侯、行刑刽子手和前来要他忏悔的牧师气吞山河地高声喊道："忏悔？决不！世界上的一切都应当归公，千年天国一定会实现！"然后从容走上断头台，英勇就义。这位勇敢绝伦的英雄就是在德国农民战争中叱咤风云的、伟大的、杰出的农民起义领袖闵采尔。

闵采尔1489年出生于一个小手工业者家庭，青少年时期聪明伶俐，刻苦好学，17岁时入莱比锡大学专修哲学和神学，获学士和硕士学位。离开大学后，闵采尔先后当过教区学校的教师和一些地区的传教士。这时，德国正处于严重分裂割据状态，阶级矛盾极为尖锐。全国分裂为7个大诸侯、200多个小诸侯、1000多个独立的骑士帝国，他们在自己的领地内掌握司法、税收、铸币等特权，拥有常备军，可以独立对外宣战和媾和，个个俨然都是名副其实的土皇帝。天主教会占有全国三分之一的地产，进行各种名目的巧取豪夺。在教俗封建主的反动统治下，全国80%以上的农民饥寒交迫，无以为生，挣扎在死亡线上。农民担负的租、徭役不断增加，有的地区租税高达收获物的40%，徭役每星期达六天之多。公共使用的山林、池塘、牧场也大部分被教俗封建主占为己有。在政治上，农民没有任何权利，领主可以像处置财产一样任意处理他们及其妻女。农民稍有反抗，封建主就对他们施以各种残酷的刑罚：割耳、割鼻、挖眼、断指、斩首、车裂、火焚等等，无所不用其极。马克思称农民处于"生不能，死不得"的境地。农民被迫不断掀起反抗斗争。所有这些情况，闵采尔在传教过程中通过与下层人民的接触均已耳闻目睹。农民的悲惨处境使他深受教育，感触至深；各地农民开展的反封建斗争，使他感受到了在农民中蕴藏着的巨大革命力量。

1517年，德国宗教改革爆发后，闵采尔积极参加了宗教改革运动。1520年4月，闵采尔在路德的推荐下，担任了茨威考城的神甫。这里是德国的采矿业和纺织业的中心之一，矿工、纺织工人数众多，工商业发达，被当地的大诸侯萨克森选侯视为"自己领地上的一颗珍珠"，任意盘剥。因此，下层人民同富裕的社会上层之间矛盾十分尖锐。在闵采尔来到茨威考之前，矿工和纺织工组织了一个异端教派"再洗礼派"（因主张信徒成年后必须再度受洗礼而得名），宣传"尘世上的天国"就要到来，主张没有贫富、剥削，实行财产公有。闵采尔积极参加了"再洗礼派"的活动，并指导茨威考城的工匠于1521年春发动起义。起义失败后，闵采尔逃往捷克布拉格，并同捷克的反封建势力建立了联系。1521年11月，闵采尔在布拉格发表《告捷克人民书》，提出"人世间不应当有压迫和剥削"，公开号召农民起义，被捷克当局驱逐出境。他重返德国，深入工人和贫苦农民中继续宣传革命主张，并把德国的宗教改革运动同发动人民起义结合起来。从1522年至1524年，闵采尔为了发动德国农民战争，走遍了德国几十座城市和数百个乡镇，并发表了一些著述。在一篇著作的结尾，他写道："整个世界必须经受一次大震荡，这是关于不敬上帝的人垮台而卑贱的人翻身的事情。"人民群众从闵采尔的言论中汲取了巨大的精神力量，在闵采尔的直接推动下，德国农民起义斗争的火焰越烧越烈，全国绝大部分地区都卷入了风雷激荡、硝烟弥漫的战场。

1524年6月，德国农民战争首先在士瓦本的图林根打响，翌年在法兰克尼亚、图林根和萨克森地区相继掀起高潮，从而形成德国农民战争的三大战场。闵采尔亲自领导和直接指挥了图林根和萨克森地区的农民战争。1525年3月，闵采尔率领平民、矿工、农民，推翻了帝国直辖市缪尔豪森的城市贵族的统治，在该城建立了起义群众自己的革命政权"永久议会"（一称"永久市政会"）。这是个新型的革命政权，它宣布没收教会的财产，废除农民的封建契约和债务，取消封建特权，实行财产公有，人人平等，并严惩了罪大恶极的封建领主。"永久议会"的政策、措施深受人民的拥护，广大农民和城市平民纷纷积极投身于起义运动，遂使这里成为德国农民战争中斗争最坚决、气势最磅礴的中心地区之一。反动诸侯惊恐万状，不断发出"缪尔豪森是一切冲突、不满的基础和发源地，所有叛乱像泉水一样从那里涌出"的哀鸣。

图林根和萨克森地区风雷滚滚的起义形势是与闵采尔的组织、发动和领导分不开的。但是，闵采尔有没有担任"永久议会"的主席、成为这个新型人民革命政权的最高领导人呢？这一问题，是一桩历史疑案，从经典作家到历史学家存在着截然不同的看法。

一、肯定说。恩格斯在《德国农民战争》中指出："1525年3月17日，即还在德国南部总起义之前，缪尔豪森就已发生革命了。原有的城市贵族议会被推翻了、政权转入新选出来的'永久议会'手中，永久议会的主席就是闵采尔。"周一良、吴于廑主编的《世界通史》中古部分也说道："闵采尔活动的中心是缪尔豪森城。1525年3月17日，城内手工匠和平民推翻了城市贵族的统治，成立'永久议会'。闵采尔被选为主席，门徒亨利·佛伊浮是他的有力助手。"1982年由少年儿童出版社出版、顾汉松编著的《世界五千年（三）》也持此说，并在书中绘声绘色地描述了选举闵采尔为"永久议会"主席的过程和场面。这是一套专为少年儿童编写的普及历史文化知识的读物，该书前言中说"这套故事，取材尊重历史事实"。可见闵采尔担任"永久议会"主席也是具有历史真实性的。

二、否定说。19世纪德国著名史学家威廉·戚美尔曼在《伟大的德国农民战争》中认为，闵采尔没有担任"永久议会"的主席。他考察了德国农民战争的史实，认为对缪尔豪森城起义及建立新政权起作用的有两个人，一个是闵采尔，另一个是闵采尔在当地的忠实信徒和学生普法伊费尔。他说，"普法伊费尔为新市政会定名为'永久市政会'"，"普法伊费尔和闵采尔对新市政会和由八人组成的市民委员会都有影响；但是，普法伊费尔和闵采尔都没有像梅兰希通所捏造的那样，担任过市政会主席。他们既没有做过缪尔豪森市长，也没有当过市政会委员。普法伊费尔仍然是尼古拉的牧师，闵采尔仍然是圣母院的牧师；他们为自己取得的权利仅仅是可以出席市政会会议"。1989年郭振铎主编的《宗教改革史纲》支持并采用了戚美尔曼的观点，认为"闵采尔不是市政会主席，也不是市长，但以牧师身份经常出席市政会"。

三、回避说。即采取回避的方法，在书中不直接点明闵采尔是否担任过"永久议会"的主席。我国20世纪80年代出版的一些史书多取此说。朱寰主编的《世界中古史》中说："闵采尔是新政权的实际负责人。"刘明翰主编的《世界史·中世纪史》认为："闵采尔实际领导了这个革命政权。"朱庭光主编的《外国历史名人传》（古代部分下册）中认为："这个政权的实际领导人是闵采尔及其助手普法伊费尔。"

上述种种观点，存在着明显的分歧。恩格斯在《德国农民战争》第2版序言中称自己的"这部著作并不奢望提供独立研讨过的材料。相反，关于农民起义和托马斯·闵采尔的全部材料，都是从戚美尔曼那里借用的。他那本书虽有些缺点，但仍然不失为一部最好的资料汇编"。但是，戚美尔曼对闵采尔担任"永久议会"主席一事是否定的，而恩格斯是肯定的。那么恩格斯是根据什么"材料"断言的呢？闵采尔究竟是否担任了"永久议会"的主席？这些问题还须学术界认真研究。

（原载于《千古之谜·世界文化1000疑案：甲编》，中州古籍出版社2004年版，第125—127页）

"箕子入朝" 是真是伪

"箕子入朝"与古朝鲜的开国有着至为重要的关系。古朝鲜是朝鲜历史上最早建立的奴隶制国家。关于古朝鲜的建国有两种说法：一是"檀君开国"说，二是"箕子入朝"说。"檀君开国"说是一种神话传说，最早见于13世纪朝鲜僧人一然的《三国遗事》。该书述道："古记云：昔有桓因庶子桓雄，数意天下，贪求人世……雄率徒三千，降于太白山顶神檀树下，谓之神市，是谓桓雄天王也。将风伯、雨师、云师，而主谷、主命、主病、主刑、主善恶，凡主人间三百六十余事，在此理化。时有一熊一虎，同穴而居，常祈于神雄，愿化为人。时神遗灵艾一炷、蒜二十枚曰：尔辈食之，不见日光百日，便得人形。熊虎得而食之，忌三七日，熊得女身。虎不能忌，而不得人身。熊女者无与为婚，故每于檀树下，咒愿有孕。雄乃假化而婚之。孕生子，号曰檀君王俭，以唐高即位五十年庚寅，都平壤城，始称朝鲜。"这就是"檀君开国"说的由来。据此，朝鲜历代封建统治阶级都认为檀君实有其人，把他作为古朝鲜的初代国王，甚至使用所谓"檀君纪年"。其实，这种神话传说是不足为信的。

"箕子入朝"建立古朝鲜的说法，是根据中国和朝鲜的有关古籍记载而得出的结论。据古籍记述，相传箕子是我国殷商时期的大贵族，一说是纣王的叔父，一说是纣王的庶兄。商朝末年，纣王昏愦荒淫，沉湎酒色；暴虐无道，滥杀无辜，致使社会动荡，危机四伏。朝中一批大贵族如箕子、微子、王子比干等，屡次进谏，要求纣王远酒色，亲忠良，操理政事，改革朝纲，以挽救商朝大厦将倾的危局。结果触怒纣王，比干被杀，箕子被囚，微子出逃。周武王灭商后，"释箕子之囚"。但箕子获释后，不能接受周武王取代商朝的事实。他耻于亡国，遂率五千不满现实的人外逃，来到周朝的东部边陲——"东夷"，即朝鲜半岛北部一带定居下来，据地称雄，与周天子分庭抗礼。周武王因初定天下，百废待举，无暇他顾，只好承认"箕子入朝"建国称王的这一既成事实，"于是乃封箕子于朝鲜而不臣也"。这就是"箕子朝鲜"或"古朝鲜"的由来，箕子由此也就成了朝鲜历史上的开拓性人物。

然而，究竟有没有"箕子入朝"之事，学术界看法相悖，众说不一，至今仍是桩令人费解的历史悬案。

一、否定观。有人认为有关箕子其人其事的古籍记载不可靠，可能是后人附会或捏造的，因而不存在"箕子入朝"之事。齐思和在其主编的《世界通史》上古部分中指出："《史记》中有殷末周初箕子率族人去朝鲜的记载。朝鲜后来也有关于箕子的传说，当然未必完全可靠。"周一良在《亚洲各国古代史》中认为：周武王灭商以后封箕子于朝鲜，是为朝鲜"开国"之始的说法，在《史记·宋微子世家》中有所记载，而在《史记·朝鲜列传》中则未有记载。这种说法是以后在中国史书里发展起来的，如班固的《汉书·地理志》更具体地说箕子在朝鲜订了八条原则治理人民等。司马迁的记载有无根据很难肯定，"但箕子开国的说法，可能是后人的牵强附会"，"以后在朝鲜出现的箕子墓和平壤的箕子井田等都是后人的附会"。延边大学朴真奭等编著的《朝鲜史讲义》也认为："箕子朝鲜的传说不可靠，叙述上存在严重矛盾，缺乏科学根据，不便轻信。"韩国学者李丙焘教授认为：《尚书大传》记载"释箕子之囚"是武王十三年，东走朝鲜的箕子又"于十三祀来朝（周）"，箕子在同一年内往返朝鲜和镐京两地，在交通工具极不发达的古代是不可能的。日本学者今西龙在《箕子朝鲜考》中认为：乐浪郡朝氏为炫耀其门阀，冒称自己是箕子的后裔。其后，占据古朝鲜故地的高句丽，又拜箕子为神。后来到李朝时期，朱子学在政治、文化上居统治地位，朝鲜人便假托箕子为其先祖。朝鲜社会科学院历史所编纂的《朝鲜全史》第二卷中指出：《史记》作者为美化汉朝与古朝鲜的"从属关系"，将《尚书大传》中首次捏造的"箕子朝鲜"之说进行了荒唐地加工；中国古籍中"编造"出来的"箕子朝鲜"之说，是为汉朝征服古朝鲜、实现其统治的政治目的服务的。该书作者认为："箕，国名也；子，爵也。"因此，箕子并非人名。从而从根本上否定了"箕子朝鲜"的存在。

二、怀疑论或不定论。有人认为对"箕子入朝"之事既不能完全肯定，也不应轻易否定，惟有付之存疑待决。我国学者冯家升认为："从考古学上虽然不能证明箕子开辟朝鲜的传说，但从考古学上也没有证明其乌有。"黄炎培认为：《朝鲜史略》"谓箕子走朝鲜，率五千人以来，此说殊少根据"。封箕子于朝鲜之事，除文字记载外，至今尚未有古迹可以证明，因此，日本白鸟博士谓朝鲜人以箕子为历史有名的贤哲，为提高自家门阀，借箕子以装饰其系谱。此论似失之刻，怀疑史书记载，自可博求反对的证据，但在未得此证据前，最大限度，惟有付之存疑，否则，武断或盲从，其失惟均。杨通方认为："箕子入朝"迄今在考古方面尚未得到直接的印证，目前只能视为传说。但约公元前10世纪，古朝鲜已进入青铜时代，这一时期出土的文物与中国辽宁所发现的形制是一致的；战国时代的燕明刀钱，在朝鲜北部各地也被大量发现，这说明中国和古朝鲜在文化上确实存在着联系。渤海、黄海沿岸古为东夷区，商朝灭亡后，箕子作为东夷人，"走之"朝鲜，不是不可能的。王辑五在《亚洲各国史纲要》中认为："关于箕子有无问题，虽有种种说法，但是在没有发现有力证据以前，我们实难加以否定。"他说，首先，在朝鲜南部和西北部曾发掘了许多石棚遗迹，这同我国山东半岛和辽东半岛发掘的石棚同属一个系统，若把《史记》《汉书》和朝鲜史籍中"武王封箕子于朝鲜"的记事"和古棚遗迹对照起来看，绝不是一件偶然的事情"。其次，古籍记载"殷人尚白"（《礼记·檀弓上》），即崇尚白色衣物；而朝鲜人民自古以来便好穿白色衣服，这个习惯至今尚未完全改变。第三，中朝开国始祖的传说相同。中国商朝的始祖有卵生的神话，即商契母简狄因吞食玄鸟蛋而生契；而朝鲜开国的始祖也有一种卵生的神话，如高句丽的建国始祖朱蒙，据说其母为日光所照而孕，生一大卵，朱蒙从大卵中破壳而出。"就这些事实和神话来看，也可以推知箕子于商朝亡后率遗民到朝鲜去，并不是无因的。"因此，"箕子入朝"的可能性是存在的，不能轻易否定。

三、肯定论。有人认为古籍中关于箕子其人其事的记载是可信的，

"箕子入朝"实有其事。张政烺在《五千年来的中朝友好关系》中，通过对"箕子与箕母"的考据分析，对"箕子朝鲜"作了肯定的结论。他认为朝鲜平壤附近的"箕田"古迹，因是箕子传来的商代田制，即仿照商代田制平均分配土地的办法，故称"箕田"。朝鲜古代学者韩百谦著的《箕田考》一书记道："箕田在平壤城南，含毬门和正阳门之间，保存得最好，阡陌皆存，区划最为分明。其制皆为田字形，每田有四区，每区皆七十亩。大路之内横计之有四田八区，竖计之亦有四田八区，八八六十四，井井方方的。"张先生认为："箕田井井方方的和商代甲骨文田字相合，而一区七十亩则和孟子所说'殷人七十而助'相合，这种划分的方法则是箕子从商朝传来的了。"他还坚信箕子王朝在平壤传了40多代，约计八九百年，比周朝还要长些，直到朝鲜王箕准时才灭亡。

金毓黻在《东北通史》中，通过对中、朝史籍的研究，对"箕子入朝"作了更为明确的结论。他认为"箕子之东封朝鲜"的记载最早可见于公元前2世纪初的《尚书大传》："武王胜殷，释箕子之囚，箕子不忍周之释，走之朝鲜，武王闻之，因以朝鲜封之，箕子既受周之封，不得无臣礼，故于十三祀来朝。"此后，我国史籍均有记载，如《史记·宋微子世家》的记载："武王既克殷，访问箕子……于是武王乃封箕子于朝鲜而不臣也。"《汉书·地理志》的记载："殷道衰，箕子去之朝鲜，教其民以礼义、田蚕织作。乐浪朝鲜民犯禁八条。"《三国志·魏书·乌丸鲜卑东夷传》的记载："昔箕子既适朝鲜，作八条之教以教之，无门户之闭，而民不为盗。"根据以上记述，他得出结论："箕子之名，始见于《易》（明夷卦），亦一见于《左传》（僖公十六年），再证以尚书大传、史、汉、国志之记载，则知箕子之东封朝鲜，盖已身履其地，为确有其事。"金先生还认为，不仅中国古籍有关于箕子的记载，朝鲜古籍中也有记载，如《朝鲜史略》中"周武王克商，箕子率中国人五千入朝鲜"的记载；《海东绎史·引三才图会》中"箕子率五千人入朝鲜，其诗书礼乐，医药卜筮，皆从而往，教以诗书，使知中国礼乐之制，衙门官制衣服，悉随中国"的记载；《朝鲜鲜于氏奇氏谱牒》中"武王克殷，箕子耻臣周，走之朝鲜，殷民从之者五千人，诗书礼乐及百工之具皆备"的记载；等等，都可证实"箕子入朝"实有其事。

邱世绪在《古朝鲜探索》中，根据周初实行大分封的史实，对箕子被封入朝的古籍记载也作了肯定的结论。他认为，周武王初定天下后，为了扩大和巩固统治区，曾大规模分封诸侯，实行分封制，当时的所谓"封邦建国""以藩屏周"，就是对贵族实行分封的结果。受封最多的是姬姓贵族，相传在周初所置的70余国中，武王兄弟就有15人被封为诸侯。受封的异姓诸侯以姜姓为多，尚父（吕尚）就被封为齐侯。同时受封的还有一些殷商的传统贵族，箕子可能就是其中的一个。周初实行分封制的目的是将分散林立的小邦合并建立起诸侯国，作为周朝统治中心的屏障。在这个过程中，其周边各族如所谓的东夷、西戎、南蛮、北狄等被纳入了周朝的势力范围。朝鲜在地理上属于"东夷"，因此我国史籍记载的"箕子被封入朝"的事，是符合当时实际情况的。如果视这些记载是后人的伪造，则很难想象2000多年前的学者如此伪造是为了什么。

吉林省社会科学院副研究员刘永智在《"箕子朝鲜"不应任意否定》一文中，以考古史料为据，指出1973—1974年在辽宁喀左县北洞村出土的青铜方鼎上有曩侯（即箕侯）铭文，证明殷末周初，箕族的支裔确实生活在为燕控制的辽宁地区。箕子被释后，回到故地，但该地已为燕召公所据，于是东走朝鲜，故《淮南子·道德训》载"柴，箕子之门"，其注释为"纣死，箕子亡之朝鲜，旧居空，故柴护之"。这说明箕子确实去了朝鲜。他还指出，指责汉朝史家捏造了"箕子朝鲜"是无根据的，朝鲜考古学家宥浩博士虽然对"箕子入朝"持否定见解，但承认"在卫氏朝鲜之前，有过箕子朝鲜是事实"。朝鲜既然有箕氏之族，他们不是箕子的后代，也必定是箕子的近族支裔，这也证明箕子获释后，经过今日河北、辽宁的箕族地区移居朝鲜是完全可能的。

中国学者王国维、李季、吴泽、李乃杨，日本学者林泰辅等对"箕子入朝"均持肯定见解。然而事实真相究竟如何呢？千年史苑中的这桩疑案尚待学者们研究、探讨。

（原载于《千古之谜·世界文化1000疑案：甲编》，中州古籍出版社2004年版，第139—142页）

"无敌舰队"究竟是怎样覆灭的

1588年8月，西班牙同英国为争夺海洋霸权，在英吉利海峡进行了一场举世瞩目、激烈壮观的海战。这次海战，西班牙出动了重型军舰和其他类型的舰船134艘、火炮2430门、水手和炮手8000人、接舷战步兵2.3万人、神职人员和其他各类人员300人，总兵力达3万余人，号称为"最幸运的无敌舰队"。而当时英国能应战的各种型号的舰船大大小小凑在一起总共只有140艘，其中大部分是海盗式的武装商船，规模不大，整个舰队的作战人员也只有9000人。两军相比，众寡悬殊，战争的优势显然在西班牙一方。但是，这场海战的结局，却大大出人意料，西班牙惨遭毁灭性失败，"无敌舰队"几乎全军覆没。西班牙从此江河日下，急剧衰落，海上"霸主"的地位被英国取而代之。

强大的"无敌舰队"在寡弱的对手面前居然不堪一击，一战覆亡，这不能不引起历史学家及军事研究工作者的极大兴趣。长期以来，多少学者捉笔疾书，撰文研究其败亡的原因，但观点不同，结论殊异。大致有三种意见。

一、基础说。16世纪的西班牙，是一个头号殖民强国和海上霸主，号称"日不落帝国"，其殖民势力遍布亚、非、欧、美四大洲，海外贸易盛极一时，有1000余艘商船常年航行于世界各大洋。各殖民地的金银和其他财富犹如一条从不干涸的溪流，源源不断地流向西班牙国库，其财力、国力之强盛，在当时的西欧首屈一指。然而，西班牙的强盛，只是表面上的暂时的虚假繁荣。首先，西班牙的工业不发达，其繁荣强盛不是建筑在本民族的经济基础上，而是靠掠夺殖民地的财富。据统计，仅1545—1560年间平均每年从美洲运回西班牙的黄金就有5500千克，白银24.6万千克。这种靠掠夺他国财富来维持的强盛肯定是不会持久的。其次，西班牙缺少举国一致的政治基础。从16世纪下半叶开始，由于腓力二世（1527—1598年）的反动统治，西班牙迅速走上衰落的道路。腓力二世是个保守的天主教卫道士，1556年他即位为国王后，对内利用宗教裁判所加强专制统治，曾先后批准执行过100多次火刑，迫害"异端"，滥杀无辜；实行重税政策，搜刮民财；对外穷兵黩武，连年征战。他专横残忍，挥霍无度，不关心国内工商业经济的发展，只满足于享用掠自殖民地的金银财宝，在马德里豪华宫廷里，整日觥筹交错，歌舞不绝，过着醉生梦死的生活。在他统治期间，西班牙经济凋敝，民不聊生，矛盾激化，危机四伏。"得道多助，失道寡助"，腓力二世的反动政策和行径激起人民的极大愤恨，他不惜耗费巨大国力、财力组织庞大的"无敌舰队"进攻英国，自然在国内是得不到多少人支持，因而缺少战争获胜的基础。

英国当时虽然在军事上不如西班牙，但政治上已建立了强大的专制君主制，经济上资本主义经济迅速发展，海外贸易日益扩大；国家实行重商主义政策，保护工商业，奖励航海业，受到新兴资产阶级的支持。同时，这时英国已完成了宗教改革，摆脱了天主教会的控制，建立了本民族的新教国教，这就使整个英国对此次战争的认识较为一致。资产阶级把打败西班牙看作是扫除障碍、建立海上霸权的前提条件，进而可以向海外扩张，在殖民主义餐桌上分一席之地；新教徒认为这是同反动的天主教势力的决战；人民群众积极支援战争则是为了保家卫国，因而举国上下同仇敌忾，一致行动，御敌于国门之外。这是英国在这场海战中取得胜利的根本保证，也是西班牙惨败的根本原因。

二、指挥失当说。缺乏政治经济基础的说法，虽然不无道理，但也仅是一家之言。有的学者不同意这个看法，认为"百足之虫，死而不僵"，16世纪的西班牙虽然正走向衰落，但其政治、经济实力尚未达到大厦将倾的境地。从当时交战双方的军事实力来看，西班牙无疑是占有绝对优势的，并非没有获胜的可能，"无敌舰队"的惨败主要是腓力二世用人不当造成的。"无敌舰队"装备完毕后，腓力二世于1588年4月25日在里斯本大教堂举行授旗仪式，任命大贵族西顿尼亚公爵为舰队总司令，代其率队远征。西顿尼亚本是个陆军将领，因其出身于名门望族，在贵族中有较高威望，深得国王信赖，故被任命为舰队统帅。但他本人根本不懂海战，对指挥庞大的舰队在海上作战毫无经验，而且晕船。这项任命他始料不及，根本没有任何思想准备和信心指挥这场战争。一开始他即上书腓力二世，恳请辞职，要求另请高明，但未被获准。试想，这样的将领指挥海战，哪有不败之理？

果然不出所料，西顿尼亚的指挥糟透了。当英国舰队发现"无敌舰队"进入英吉利海峡后，立即抢占上风方位，主动出击。西顿尼亚按传统战略，命令舰队列成半月形迎战。但西班牙舰队的阵势很快被打乱，损失惨重。西顿尼亚无心恋战，传令撤出战斗，向东退驶。是夜，又出乎他的意料，英军巧施火攻，把装有易燃物的8条破船点燃，顺风开进西班牙舰队，顿时烈火熊熊。西顿尼亚从梦中惊醒，手足无措，慌忙传令：砍断锚索，启航避让。在一片混乱之中，各船或竞相逃避，互相撞沉，或被大火烧毁。西顿尼亚原想等火船漂过以后，再恢复战斗序列，谁知因他错令断锚，多数军舰都丧失了两个主锚，无法停船，只好任风吹去。天亮后又被英军追上，因弹药消耗、损失过大，"无敌舰队"几乎无还手之力，始终处于被动挨打的局面。西顿尼亚见大势已去，不敢再战，遂率残舰败卒，绕道返国。回到西班牙时，"无敌舰队"只剩下43艘残破舰船，几乎全军覆没。可见，西顿尼亚的错误指挥，是这次惨败的主要原因。连西班牙士兵都把这次不幸归罪于西顿尼亚，纷纷抱怨道："真见鬼！陛下竟把一个只学会在陆上走路的人派到海上来指挥！"其实，腓力二世对西顿尼亚指挥打胜这场海战也是信心不足的。出航前，西顿尼亚曾接到腓力二世的密封谕旨，上面写道"密。只有在舰队司令亡故时才许拆开。"原来，腓力二世早就曾想任命轻骑兵上将唐·阿隆索来指挥西班牙舰队，这封密谕就是要阿隆索在西顿尼亚发生不幸时接替总司令职务的。"无敌舰队"出航前，阿隆索是皇家军事委员会成员，担任过西西里舰队的总司令，获得过圣约克勋章，是既能领会、执行意旨，又善于指挥海战的舰队司令官。他在这次远征中担任分舰队司令，可惜由于西顿尼亚的错误指挥，同"无敌舰队"多数官兵一样葬身海底了。但腓力二世为何不起初就任命阿隆索为总司令呢？这又是个不解之谜。有人曾断言，如果"无敌舰队"的总司令是阿隆索，而不是西顿尼亚的话，这场海战的结局可能将是另一番图景。

三、天灾说。认为"无敌舰队"不是毁于人祸，而是亡于天灾。它首先遇到的对手，不是英军，而是更加可怕而又无法战胜的大西洋的狂风巨浪。这是进军时机选择不当造成的。"无敌舰队"是在1588年5月奉王命扬帆启航的，这个季节，正是大西洋风多、雾大、浪险之时。西顿尼亚曾为此忧心忡忡，他深知此时在大西洋上航行，前途难卜，但又不好违拗王命，只好勉为其难，硬着头皮率队出征。果然不久即遇到大西洋风暴的袭击。6月19日，突然狂风大作，海浪翻天，"无敌舰队"许多船只被吹翻、吞噬，淡水从仓促制成的木桶中漏出，食物大量腐烂变质，水手们疲惫不堪，步兵大多数因晕船失去战斗力。西顿尼亚一筹莫展，虽经多方搜寻、救援，仍然损失了33艘舰船、8449名士兵和船员。由于天不作美，"无敌舰队"未交战先折兵，战斗力被大大削弱。西顿尼亚公爵写信据实报告，建议暂停远征，与敌人达成体面的妥协，待来年再图进兵。但腓力二世的回答却斩钉截铁，没有半点回旋的余地："即使你不得不再扔下10艘或12艘船只，你也必须立即出航。"西顿尼亚就是带着这样一支失去战斗力的队伍与英军交锋的，这就种下了"无敌舰队"覆亡厄运的种子。当遭到惨败撤回国时，如惊弓之鸟的残舰败卒在苏格兰北部海域再次遇到风暴，一些舰船又被海浪吞噬，或触礁沉没。至此，"无敌舰队"几已全军覆没。英军以未失一艘战舰，仅死伤100余人的轻微代价，大获全胜。这一结局，也许是老天帮了大忙。事后，腓力二世不无感慨地长叹道："我派（无敌舰队）去是和人作战，而不是去和海涛作战。"这说明天灾的惩罚敲响了"无敌舰队"的丧钟。

上述三说，似乎均言之成理。但"无敌舰队"覆亡的根本原因何在呢？是缺乏战争的基础，还是指挥的无能，抑或是天灾风暴所致？这一问题，似还应深入研究、探讨才能得出更为科学的结论。

（原载于《千古之谜·世界文化1000疑案：甲编》，中州古籍出版社2004年版，第156—159页）

『无敌舰队』究竟是怎样覆灭的

哥伦布首次在美洲的登陆地究竟在何处

1492年8月3日拂晓，西班牙南端的巴罗斯港，渐渐从晨雾中显露出来。这时，突然一声号炮响过，只见三艘海船"圣玛丽亚"号、"平塔"号和"尼尼亚"号，扬帆启航，驶向一望无际的茫茫大海。在旗舰"圣玛丽亚"号的船头，正站着一位身材不高、头发火红、满脸雀斑、一副鹰钩鼻子的人，他就是这支小小船队的总指挥——哥伦布。此人虽然其貌不扬，但却家喻户晓，在世界史上被誉为"新大陆的发现者""伟大的航海家"。他带着当时西欧人狂热追求黄金的强烈愿望，踏上了寻找被马可·波罗所描绘的"黄金遍地，香料盈野"的神话世界——中国和日本的航程。但他做梦也没有想到，他的这次航行，竟会给人留下许多争论不休而又百思不得其解的疑团！

哥伦布是意大利热那亚人（当代有学者提出新说，认为是西班牙加利西亚人），1451年（一说1446年，一说1435年）出生于一个纺织毛织品的行会手工业者家庭。祖父、父亲都是织布匠。哥伦布在父辈的纺织机上度过了童年，但他并没有继承和安于父辈的先业，而是由别的影响将他引向了一条使他驰名遐迩的轨道。热那亚是一个国际贸易的著名商港，商贾云集，商船进出络绎不绝，异国的香料、货物散发着诱人的馨香。哥伦布在干活之余，常去码头上看热闹，在那里他才得知世上有珍禽奇兽、奇花异草、香瓜佳果。不久，他由一旁观者变成一个猎奇冒险的实践家。大约在满14岁之后，他即投身海洋当了一名见习水手。后来他曾多次参加远航，南到几内亚，北到冰岛，积累了丰富的航海经验，并听说了许多关于西航可以到达东方的故事。他热爱知识，勤奋好学，曾细心阅读过《马可·波罗游记》，在现今保存在西班牙塞维利亚城哥伦布图书馆中的一本《马可·波罗游记》上，有哥伦布亲笔作的边注264

处。他还读过许多关于"地圆说"的论著，相信地圆说。1476年他偶然来到葡萄牙，逐渐形成西航去印度的想法。他曾向意大利著名地理学家托斯卡内里写信求教，并得到一幅托氏绘制的世界地图。于是，他根据托斯卡内里"向西航行，即能到达那个生产各种香料和宝石最多的国家"的指引，大胆地为自己制定了一项西航去印度的计划。他认为从加那利群岛到日本只有2400海里，到中国只有3350海里，从而把地球缩小了70%，这是哥伦布始料未及的。当他踌躇满志、信心十足地把"西航计划"呈献给葡萄牙国王若奥二世，请求支持时，却碰了一鼻子灰，被看作"是个吹牛大王"而轰出宫廷。哥伦布愤然离开葡萄牙，移居西班牙。

西班牙是葡萄牙的近邻，占有伊比利亚半岛总面积的五分之四，扼地中海通往大西洋航道的咽喉。15世纪末，统一后的西班牙，是当时西欧的强国之一，但由于长期以来，战事频繁，国库空虚，迫切要求向海外扩张，寻求金银。哥伦布的计划正中西班牙统治者的下怀。但统治者内部对此计划意见不一，并没有马上接受，直到哥伦布来西班牙六年后，几经周折，才在伊萨贝拉女王慧眼识才、力排众议的支持下，被资助西航探险。据说她本人还变卖珠宝，解囊相助，以壮此行。1492年4月17日，西班牙王室同哥伦布签订了著名的"圣大菲协定"，任命哥伦布为他发现或取得的一切岛屿和大陆的元帅、总督和首席行政官；这些地方所出产的或交换得来的一切珍珠、宝石、黄金、白银、香料、物品，十分之一归哥伦布，剩下的归西班牙王室。哥伦布的夙愿实现了。

离开巴罗斯港后，哥伦布和他率领的87名水手（一说88名，一说90名，一说120名）沿着人所共知的航线，首先到达加纳利群岛，修好损舵，补充了食品和淡水后，于9月6日离开加纳利，驶进欧洲人再也不熟知的海域。为了不迷失方向，哥伦布命令一直向正西方航行。两个多星期过去了，大西洋水天一色，浩瀚无垠。又过去了两个星期，前方仍然天连水、水连天，茫茫无际。陆地在何方？水手们失望了，愤怒了，吵嚷起来："这个热那亚疯子到底把我们往哪儿带呀？"现在只有两条路了，要么叫他下令返航，要么把他抛进大洋！旗舰上一部分水手开始密谋哗变。这时，哥伦布发现水里漂浮着树枝，后来还看到飞翔的海鸟，他认为陆地已不远了。于是，他把大家召集起来宣布道："三天之内，如不见陆地，我就返航！"他说得是那样的坚定和自信，又暂时稳住了水手们的情绪。果然，10月12日，"平塔"号瞭望台上的值班水手罗德里戈·特里安纳惊呼起来："啊，陆地！"这一声惊呼，使在大西洋上漂泊了一个多月的冒险家们，个个欣喜若狂，欢呼雀跃，他们纷纷跑上甲板，互相拥抱，像疯子似的跳起舞来。天亮时，哥伦布穿上石榴红的元帅服，另外两个船长分别扛着绣有代表斐迪南的"F"字和伊萨贝拉的"Y"字的绿色旗帜，登上了他们望眼欲穿、梦寐以求的陆地。这是一个面积不大的小岛，他们向当地土人问是什么地方，当地土人回答说"瓜纳哈尼"（Gunahani，意为"我不懂"）。哥伦布上岛后，领着全体船员，匍匐在地，狂吻海滩的沙石，感谢上帝的恩赐。祈祷完毕，哥伦布以西班牙国王和王后的名义，宣布占领该岛。他挥剑砍去几根杂草和树枝，表示已征服该地，并将该岛命名为"圣萨尔瓦多岛"（Sansalvador Island，意为"神圣的救命恩人"或"救世主"）。这就是哥伦布首次登上美洲大陆的第一块土地。从此美洲结束了与世隔绝的状态，世界才有了作为一个整体的历史。10月12日也成了所有拉丁美洲国家共同的节日——拉丁美洲诞生纪念日。然而，哥伦布首次登陆的地点究竟在今天的什么地方呢？世界史学界较为一致的意见认为，这个地方就是巴哈马群岛中的华特林岛，1939年9月至1940年1月，美国哈佛大学著名历史学教授塞缪尔·埃利奥特·莫里森博士（1887—1976年），率领一支科学考察队，乘坐两艘与当年哥伦布乘坐的大小差不多的小帆船，沿着当年哥伦布走过的航线作了一次科学考察。莫里森的这次科学考察是在哥伦布这位具有多方面才干的杰出航海家的精神激励下进行的，其结果同哥伦布一样，获得了巨大成功。他们从新英格兰出发，横渡大西洋到达里斯本，再从里斯本沿着哥伦布当年的西航路线回到加勒比海。同年6月又乘船考察访问了古巴和巴哈马群岛。三次航行，把哥伦布当年四次远航所走过的地方都走遍了，不仅有了实际经验和切身体会，而且搜集了大量的资料、数据。在此基础上，集10年研究，写成《海洋统帅哥伦布》一书。这是一本关于哥伦布生平的传记著作，也是世界史学界研究哥伦布的权威性专著，曾在美国获得普利策文学奖。在这本书中，莫里森对哥伦布首次登陆地点是华特林岛的观点，作了明确地肯定和支持，从而使史学界的这一看法更具有了权威性。

然而，问题并没有结束。1986年10月，美国《国际先驱论坛报》发表一条消息，一批研究人员运用计算机和一种新的资料分析法得出结论：哥伦布首次在美洲"新大陆"的登陆点，不是现今大多数历史学家所认为的华特林岛，而是巴哈马群岛中一个名叫萨马纳的偏僻小岛，距离华特林岛有110千米。主持哥伦布登陆地点研究的《国家地理》杂志编辑约瑟夫·贾奇在一次记者招待会上说："我们相信，我们已经解决了五个世纪以来重大地理难题之一。我们认为，我们已经证明这事已最终解决了，大部分历史书是错的。"这一新说，是第一次对40多年来已被广泛接受、并被著名史学权威莫里森肯定的结论提出的重大挑战，因而轰动学术界。许多学者预料，新解释不仅对哥伦布首次登陆地点，而且对围绕500年前发现"新大陆"的那次航行中的许多其他问题，都将引起一场大辩论。

我国史学界对哥伦布首次登陆地点多持"华特林岛说"，但语气似又不那么肯定。周一良、吴于廑的《世界通史》上说"可能是瓦（华）特林岛"。李纯武的《简明世界通史》认为"可能就是今天的华特林岛"。朱庭光主编的《外国历史名人传》说，"据推测，这就是瓦（华）特林岛"，如此等等，用词基本一致，既认为是华特林岛，但又不十分肯定。对这种看法，有人不以为然。宋正海、刘道远在1980年第9期《地理杂志》上发表的《伟大的航海家哥伦布》一文中认为：哥伦布首次登上美洲的地点是现为巴哈马岛华特林岛东南350千米的凯科斯岛（也是巴哈马群岛的一部分）中的一个小岛。这又是一个与众不同的新说。此说论据何在，作者未道其详，至今亦未见国内学术界有不同意见的争鸣。但显然此说没有因袭旧观点。

综上所述，哥伦布首次登上美洲的地点，共有三种意见：华特林岛说，萨马纳岛说，凯科斯岛说。究竟哪种说法最准确、科学，更符合历史实际，尚待学术界进一步研究、论证。

（原载于《千古之谜·世界文化1000疑案：甲编》，中州古籍出版社2004年版，第679—681页）

哥伦布首次在美洲的登陆地究竟在何处

越南古代史上确有一个"文郎国"吗

国家是社会经济发展到一定时期的必然产物，世界上任何一个民族，都经历了国家形成的历史阶段。然而，世界上大多数民族国家的形成概况，多缺乏可靠的信史记载而仅据传说记述。传说，有虚有实，有真有伪，因此后人的看法也难免大相径庭，肯否不一。越南古代史上"文郎国"的虚实，即为一桩众说纷纭、悬而待决的千古之谜。

"文郎国"相传是越南最早的国家。最早提到"文郎国"的越南史籍，是成书于14世纪后期的《越史略》，著者不详。这是越南流传至今的最古的编年史。关于"文郎国"的情况，书中是这样记述的："昔皇帝既建万国，以交趾远在百粤之表，莫能统属，遂界于西南隅。其部落十有五焉，曰：交趾、越裳氏、武宁、军宁、嘉宁、宁海、陆海、汤泉、新昌、平文、文郎、九真、日南、怀欢、九德。皆禹贡之所不及。至周成王时，越裳氏始献白雉。《春秋》谓之厥地，《载记》谓之雕题。至周庄王时，嘉宁部有异人焉，能以幻术服诸部落，自称雄王，都于文郎，号文郎国。以淳质为俗，结绳为政，传十八世，皆称雄王。"

另一部提"文郎国"的越南正史，是吴士连于1479年编撰的《大越史记全书》。书中云："初炎帝神农氏三世孙帝明，生帝宜。既而南巡至五岭，接得婺仙女，生（泾阳）王。王圣智聪明，帝明奇之，欲使嗣位。王固让其兄，不敢奉命。帝明于是立帝宜为嗣，治北方；封王为泾阳王，治南方，号赤鬼国。王娶洞庭君女，曰神龙，生貉龙君。……君娶帝来女，曰姬姬，生百男，是百粤之祖……封其长子为雄王，嗣君位……（雄王）建国号文郎国。"

根据上述记载，现代越南史学界大多认为"文郎国"实有其国。阮灵等在《雄王问题和考古学》中认为：越南"在三四千年以前就建立了一个具有独特的青铜文化的文郎社会，这个民族显然是一个具有非凡力量的民族"。越南社会科学委员会编纂的《越南历史》断言，"在青铜器发展的时代，越南的历史进入了雄王时期——文郎国时代"，至今已"经历了4000年悠久的历史"。

但是，也有一些越南史家对"文郎国"是否确实存在表示怀疑。史学家陈重金认为：越南旧史所载"文郎国存在2622年，经历了18世雄王"之说不足为信，因为若取长补短，平均计算，每位君王在位约150年。虽系上古时代之人，也难有这么多人如此长寿。陶维英等一些当代史家十分赞同陈重金的观点，认为"文郎国"可能是后人伪造的，他在《安阳王和瓯雒国的问题》一文中指出，"文郎一名只能是后人杜撰的"，"我们不能拘泥于国字而就认为雄王所辖治的地方是一个具有今天国家含义的国家"。明峥在1958年出版的《越南史略》中，也认为"文郎"不是一个国家，他说，"文郎"这个名称，很可能是一个最初到红河两岸和带江以及今天的富寿、永安和山西的积江沿岸河谷生活的部族。他在《越南社会发展史研究》一书中，进一步明确地作了这样的结论："越南历史上最早的部族是文郎部族。"

我国学者对"文郎国"的真伪，也存在着迥然相异的看法。陈修和先生在《中越两国人民的友好关系和文化交流》一书中称"文郎国"是"越南最古的国家"，认为文郎国"传18世，皆称雄王的记载是比较正确的"。因为"我国周庄王时代，正当公元前7世纪，传至周末，也恰为18世"。

但是，我国大多数史学工作者对"文郎国"是否确实存在，均持否定态度。理由是：

其一，越南最早的古籍没有"文郎国"的记载。《越志》是越南目前所知的最早的史籍，系黎文休所修。此书虽然未能传下来，不详其说，但黎文休还著有一部《大越全书》。吴士连在《〈大越史记全书·外纪〉序》中说黎文休的《大越全书》记述的是"自赵武帝（即赵佗）以下至李昭皇（1225年）"。《大越史记全书·外纪》卷2保存着黎文休对赵佗的评论："赵武帝能开拓我越，而自帝其国……为我越倡始帝王之基业，其功可谓大矣！"可见黎文休是把赵佗作为越南的开国皇帝的，没有提及"文郎国"。由此可知他所撰修的《越志》也一定是以赵佗为开国皇帝而不会记有文郎国。越南人所著的《安南史略》，是又一部较早的史籍，在该书所记的越南世家中，也把"赵氏世家"放在首位，未有"文郎国"的记述。上述两部古籍，其成书年代均早于《越史略》和《大越史记全书》，因而后者所述"文郎国"的传闻是不能凭信的。

其二，我国史籍对"文郎国"亦无确切记载。我国最早记有"文郎"的书，是约成书于5世纪的《林邑记》，它记载了朱吾县（今越南广平省洞海县）南文狼人的情况："朱吾以南有文狼人，野居无室宅，依树止宿。渔食生肉，采香为业，与人交市，若上皇之民矣。"郦道元作《水经注》时，抄录了《林邑记》的这段文字，并加注释："县南有文狼究，下流径通。""究"即川和水的意思。"文狼究"可能是因文狼人而得名。但是《林邑记》和《水经注》都讲的是文狼人，而没有"文郎国"。后来，杜佑在著《通典》时参考了前书中有关文狼人、文狼水、文狼城的记载，结合古代对国字含义的理解（古代"国"字指城邑、城邦，即地域、区域的意思）把文狼说成国名，改"狼"字为"郎"字，又将其地点移到经济发达的峰州（今越南富寿省越池县南），便把唐代峰州说成是古代文郎国的地方。杜佑的《通典》比《水经注》成书约晚300年，他的说法显然是错误的，因为不仅在此之前我国史籍无此说，而且与杜佑同时代或后来的历史学家、地理学家如作《元和郡县图志》的李吉甫，作《旧唐书》的刘昫，作《新唐书》的欧阳修等，都没有采用杜佑的提法。而比《通典》晚400多年成书的《越史略》和《大越史记全书》，可能就是根据杜佑的说法，编织了"文郎国"的故事。因此，通过对我国史籍记载的考察，可以断定越南古代只有文狼（郎）人或文狼（郎）部落，不会有"文郎国"。

其三，从"文郎"本身的含义考察，也可以认定当时不可能产生国家。"文"即"文身"，这是许多古代民族在早期社会发展阶段中存在的一种风俗习惯，即用针在人体全身或局部刺出自然、动物或几何图形。

"狼"是部落崇拜的图腾。"文狼（郎）"名称可能来源于原始人类的部落习俗和图腾崇拜。古越人濒海而居，渔猎十分方便，生产劳动以渔猎为主，而从事这项生产的主要是男子，他们认为将身上绘成水怪或龙的形状，可以避免水中害人动物的攻击。因此"文身"的习俗最初是与生产劳动相结合的。后来随着文化的进步，"文身"虽然失去了图腾崇拜的含义，却作为一种习俗和传统保留下来，成为当地人们身上的一种美术装饰。但是，由于他们的"文身"，后人就把他们居住地域称为"文郎国"了。

"文郎国"问题，也引起苏联、法国、日本等国研究学者的注目，但多认为越南古代没有"文郎国"。苏联的穆克里诺夫、德勒勃萨夫等人在《东南亚各民族》一书中认为："雄王时代的社会性质是处于原始社会解体，正向阶级社会过渡的时期，还没有阶级统治的国家。"法国学者H.司马帛洛在《文郎国》一书中，也对"文郎国是阶级社会的国家"的说法表示怀疑。日本的河原正博教授、杉本直治郎博士、山本达郎博士都是长期从事越南史和中越关系史研究的专家，他们认为公元10世纪前越南没有建立自己的国家。河原正博教授在其著的《丁部领即位年代考》中指出：越南独立国家的开创时间，应在丁部领平定"十二使君之乱"，统一红河下游地区，自称"大胜王"时代。1977年台北再版的吕士朋撰写的《北属时期的越南》一书，也认为越南远古时代不存在"文郎国家"。

总之，诸种说法，莫衷一是，说虚道实，俱称有理。真相究竟如何，只有全面深入地研究考辨，才能揭开这一"千古之谜"。

（原载于《千古之谜·世界文化1000疑案：甲编》，中州古籍出版社2004年版，第702—704页）

《圣经》中提到的示巴女王实有其人吗

　　《旧约全书·列王记》第 10 章，有这样一段记载：公元前 10 世纪中期，以色列王国在国王所罗门的治理下，国泰民安，十分兴盛，特别是他花了 20 年时间建造的金碧辉煌、雄伟壮观的耶和华圣殿和王宫，更加使他驰名遐迩。有一个异国君主示巴女王，闻悉所罗门的声名后，对他十分仰慕，于是在庞大护从队的陪同下，用骆驼驮着香料、宝石和许多金子，浩浩荡荡地来到耶路撒冷，拜会所罗门，她故意提出一些难题让所罗门解答，以试探他是否像盛传的那样智慧无穷。谁知所罗门聪明绝顶，智慧超群，有问必答，"没有一句不明白，不能答的"。示巴女王见所罗门大有智慧，又看到他所建造的宫室、席上的珍肴美味，群臣分列而坐，仆人两旁侍立，以及他们的衣服装饰等情况，十分诧异，就对所罗门说："我在本国所听见议论到你的事和你的智慧，实在是真的。我起先不信那些话，及至我来亲眼见了，才知道人们所告诉我的，还不到一半。你的智慧和你的福分，超过我所听见的风声。"于是，她向所罗门献上厚礼，将 120 塔连特金子、宝石和极多的香料送给了所罗门。所罗门对这位远道而来的异国女君主给以盛情款待，对她所提出的一切要求，都给予了满足，在她回国时还馈赠了许多礼物。

　　《圣经》中的这段记载非常精彩，但示巴女王究竟来自何处，姓甚名谁，书中未道其详。所罗门在位时间约为公元前 965 年—前 928 年，据此可知示巴女王生活在公元前 10 世纪。从示巴女王去耶路撒冷时所携带的大批珍贵物品看，示巴王国无疑是一个富甲天下的文明古国。那么，示巴女王的真实情况如何？示巴古国究竟在何方？古籍查无所载，流传下来的只是一些美丽的传说。

一种传说认为，示巴女王是预知耶稣受难于十字架的女先知。据说她在去耶路撒冷拜见所罗门的途中，遇到一座木桥，她的意念幻觉中突然闪现出耶稣基督被人用这座木桥的板木做成的十字架钉死的可怕情景，她马上虔诚地向这座木桥祈祷祝福，然后绕道而行。所罗门获悉这个不祥之兆后，立即命人把此桥拆毁，将桥板深埋地下，以防不测，以为这样就万事大吉了。谁知这些桥板后来被人从地下挖了出来，结果还是成了恶人钉死"上帝之子"耶稣的木料。

另一种传说，示巴女王是埃塞俄比亚古国——阿克苏姆的女王。她身材窈窕，姿容娇艳，治国有方，聪颖过人。她住在宏伟壮观、金碧辉煌的宫殿里，生活优裕，富比天下，但却为一直没有找到如意郎君郁郁寡欢。当她听说以色列国王所罗门英俊勇武、聪慧不凡时，就决定到耶路撒冷拜会他。她和大批随从带着许多珍贵的礼物到达耶路撒冷后，受到所罗门的热情接待。在会晤时，示巴女王用各种难题考问所罗门，均得到完满解答，使她赞赏不已。所罗门也被示巴女王的美丽容貌深深打动，对她一见钟情，但女王的端庄威仪和高贵出身，又令他不敢贸然相犯，于是设计相诱。在为示巴女王举行的盛大宴会上，所罗门向示巴女王立下誓言，只要她不带走未经他允许的东西，他就不会破坏她的贞节。但他在宴会上故意让示巴女王多吃了许多放有大量辛辣香料的食物，示巴女王宴罢就寝，睡了片刻，顿觉口渴难忍，醒后起来偷偷喝了帐篷中的一瓶水。这是所罗门预先放在帐篷中的。所罗门以此为借口，说她食言，于是就解除了约束自己的誓愿，占有了示巴女王。示巴女王在耶路撒冷待了半年后，决定回国。这时她已身怀六甲，所罗门给她一个指环，说："如果你生下一个儿子，就把指环给他，让他拿着指环来见我。"示巴女王回国后生下一子，取名埃布纳·哈基姆，意为"智者之子"。埃布纳·哈基姆长大成人时，示巴女王就把指环给他，让他去以色列觐见父王。埃布纳·哈基姆来到耶路撒冷后，所罗门欣喜若狂，想让他留下来继承王位统治以色列。埃布纳·哈基姆执意不肯，所罗门只好给他涂上继承王权的圣油，放他回埃塞俄比亚，并立下只有埃布纳·哈基姆的子孙后代才能统治埃塞俄比亚的约法。埃布纳·哈基姆回国后便成了埃塞俄比亚的国王，称为"孟尼里克"。从此，他的后代继位时，都要举行一番庄严的仪式，宣誓他们的王统来自所罗门。

除上述离奇、浪漫的传说外，示巴女王的芳容情影在文学艺术作品中也被描绘得千姿百态、迥然相异。中世纪欧洲和文艺复兴时期的宗教艺术中，示巴女王时而被描绘为美丽的女王，时而被扭曲为丑陋的女巫。在法国哥特式教堂的雕刻中，她又被不可思议地刻画为一位跛足者。在犹太教的传奇故事中，示巴女王被描述为长着毛茸茸双脚的恶魔，称她是古代亚述和巴比伦神话中诱人堕落的淫妇。在伊斯兰教的故事中，示巴女王被视为妖怪"比基尔斯"，说她的所作所为对人类都意味着灾难。近代欧洲文学作品中，对示巴女王的褒贬也截然不同。19世纪法国著名小说家福楼拜，在《圣安东尼的诱惑》中，将示巴女王描写成是诱惑隐士的邪欲的化身。20世纪爱尔兰著名诗人叶芝的笔下，则对示巴女王的品德和才智大加赞扬。凡此种种，不一而足，示巴女王的形象究竟是依据史实而作的人物特写，还是随各人的臆想而进行的艺术加工，不得而知。

示巴女王的真实面目迷雾重重，示巴古国究竟在何处也悬而难决。有人认为，示巴古国在埃塞俄比亚。有的历史文献还把示巴女王在埃塞俄比亚的传说视为史实而写入正史，如埃塞俄比亚的《国王丰功编年史》，认为示巴女王就是埃塞俄比亚历史上的马克达女王。1928年，埃塞俄比亚末代皇帝海尔·塞拉西在登基仪式上曾庄严宣布："我是大卫·所罗门、埃布纳·哈基姆之嫡裔。"这说明埃塞俄比亚一直是以示巴女王的后代自居的。有人还把埃塞俄比亚一些遗址同示巴女王联系起来，认为位于阿克苏姆古城附近的梅顺水库，曾是示巴女王的池塘；阿克苏姆古城西边的一个陵墓，被称为是示巴女王之子"孟尼里克"的墓葬。

同上述意见相反，有的学者认为，《圣经》中提到的示巴古国，是公元前10世纪兴盛于阿拉伯半岛西南部的一个文明古国，在现今的阿拉伯也门共和国境内。由于它濒临红海，紧靠当时的通商要道，与以色列、埃及、埃塞俄比亚等国贸易往来频繁，商业一度十分发达。示巴商人还学会了利用红海季风远洋航行，每年2月到8月当海风吹向印度洋时，他们就同南方或远东进行贸易；8月以后当海风回吹时，他们就溯红海北上与埃及等地进行贸易。这个季风的秘密直到公元1世纪时才被希腊人发现。有的学者经考证后认为，现今阿拉伯也门共和国的东部城市马里卜，就是示巴古国的首都，该城现在还沿用着古代名称。在马里卜郊外沙丘中发现的一处设计奇巧的建筑物废墟，考古学家考证它属于公元前4世纪建的"月神庙"，当地人称它为"比基尔斯后宫"。而"比基尔斯"是伊斯兰教传说中对示巴女王的称呼，因此，马里卜可能就是示巴古国的都城。

也有人认为，示巴古国的居民来自幼发拉底河一带的闪米特人部落。他们崇拜太阳、月亮、星星，所用的文字和字母同古代腓尼基人也十分相近。但上述种种说法，都还缺乏可靠的文字或考古方面的依据。

（原载于《千古之谜·世界文化1000疑案：甲编》，中州古籍出版社2004年版，第818—820页）

《圣经》中提到的示巴女王实有其人吗

校史述说

唯我师大　相承一脉

——从省立安徽大学到安徽师范大学的历史变迁

　　"七十春秋，几经变革；唯我师大，相承一脉。"这是安徽省原省长王郁昭先生为安徽师范大学建校七十周年的题词。安徽师范大学八十年校庆时，王郁昭先生又再次题词："杏坛桃李万千树，一脉相承八十年。"王老为学校的题词，实事求是、一锤定音地厘清了民国时期的安徽大学与安徽师范大学薪火相继、一脉相承的历史传承关系。

　　清代大思想家龚自珍说得好："欲知大道，必先为史。"作为师大人，要搞好我们的事业，首先必须了解学校的历史。安徽师范大学是安徽省历史最悠久的大学，她源于1928年在安庆创办的省立安徽大学，此后经过多次更名、易址，最后扎根芜湖，定名为安徽师范大学。从省立安徽大学到安徽师范大学的历史，按时代和校园变迁可分为两个时期：安庆时期和芜湖时期。

一、安庆时期（1928—1949）

　　安庆时期主要是民国时期在安庆的办学历史。1928年在安庆创办的省立安徽大学是安徽高等教育史上第一所综合性大学，她是顺应当时社会发展形势需要而创立的。

　　19世纪后期，由于帝国主义的侵略，民族矛盾日益激化，民族资产阶级极力要求改革维新。甲午战争后，以康有为为代表的维新派认为，中国积弱的根本原因是教育不良、学术落后，提出"变法之本在教育人才，人才之兴在开办学校"。辛亥革命后，中国高等教育制度的变革又获得了新的发展。在此背景下，中国各省都纷纷创办了大学。1912年京师大学堂定名为北京大学，1917年复旦公学创办本科改名为复旦大学，1925年清华学校设立大学部开招本科并于1928年更名为国立清华大学，1913年武昌设立武昌高等师范学校于1928年更名为国立武汉大学，1924年孙中山创办广东大学并于1926年更名为国立中山大学，1926年山东创办了省立山东大学，如此等等，不再赘说。安徽师范大学的前身省立安徽大学也是在上述背景下创办的。

省立安徽大学从1921年开始筹备，几经波折，历时七年，终于1928年孕出硕果。1928年4月10日，省立安徽大学完成筹备，预科班正式开学，142名学生（分为社会科学班和自然科学班）在安庆菱湖百子桥原法政专门学校礼堂举行了开学典礼，这一天即为省立安徽大学及安徽师范大学的诞生日、校庆日。同年8月，省立安徽大学设立"文法学院"开始招收本科学生。10月，96名本科新生入校（中文19人，教育20人，外语2人，法律32人，政治15人，经济8人）。时年39岁的皖籍北京大学著名学者刘文典先生被任命为省立安徽大学的第一任校长。他热心教育，爱护青年，重视人才，治校有方，深得教师、学生爱戴。但因保护学生顶撞了蒋介石，遭蒋责难，于1928年12月被免职。

此后，学校又经历了程天放、王星拱、杨亮功、何鲁、程演生、傅铜、李顺卿等多位校长的主政，学校专业设置日臻完善，师资队伍不断加强，办学规模不断扩大。1929年2月学校析文法学院为文学院和法学院，文学院设中文、外语、教育三系，法学院设政治、经济、法律三系。1929年9月，学校成立理学院，正式招收数学、化学、物理三系理科新生。上述系科从省立安徽大学到安徽师范大学，一脉相承从未间断地发展到今天，是目前学校历史底蕴最深厚、最古老的专业。1930年秋，学校在理学院又设立了生物系招收生物专业新生，这时学校形成三院十系的办学规模，学生人数由1929年的131人增至379人。师资队伍也不断壮大，国内声名远播的学者、大家如郁达夫、苏雪林、陈望道、周建人、朱湘、冯沅君、陆侃如、刘大杰等都受聘来校任教，大大提高了学校的办学水平和声望，获得"京沪一带，仅次于同济"的美誉。1935年，学校增设了农学院，开始招收农艺、农业经济专业学生。

正当学校蒸蒸日上，不断发展之际，不幸抗日战争全面爆发。日寇侵占南京后，拟沿江而上进攻武汉，安庆常遭轰炸，省政府办公机关于1938年1月13日从安庆迁至大别山腹地立煌（金寨），全省秩序大乱。6月，安庆沦陷，省立安徽大学的学生、教师纷纷离走，校长李顺卿借去重庆教育部催款一去不归。省政府任命农学院院长汪洪法为代理校长负责保管学校财产、物品，后令其将学校图书、仪器、设备等装船运至湖北沙市，拟在那里复学，后因教育部考虑内迁大西南的学校过多，无足够生源就学，决定省立安徽大学停办，现有学生并入武汉大学。1939年，汪洪法向省政府办理了移交手续。至此，具有十年优秀办学成果的省立安徽大学就此中辍，这是日本军国主义侵略造成的恶果。

省政府迁至大别山后，安徽还有半数未被日寇侵占的"非沦陷区"高中学生亟须就学，于是省政府在立煌设立临时政治学院，收聚部分流散的原省立安徽大学教师并又新聘一批师资，继续培养国家急需的高等教育人才。1941年临时政治学院开始招生，设文史、教育、政治、法律四系，学制一年。1942年临时政治学院改为省立安徽师范专科学校，1943年秋又更名为省立安徽学院，招收四年制本科学生。学院设中文、史地、外语、数学、政治、经济六系并及银行、艺术专修科。省立安徽学院还在皖南休宁万安镇设立皖南分院，招收银行、财会专业学生。省立安徽学院的创办是省立安徽大学停办后安徽省在高等教育方面的继续和发展，是安徽师范大学校史的又一源头和重要组成部分。

1945年日寇投降，抗日战争胜利。省立安徽学院迁往合肥东南临河集租李鸿章家族仓库办学，因条件极差无法教学，半年后迁往芜湖赭山南麓原日伪旧军营办学。与此同时，内迁大西南的各大学在抗战胜利后纷纷回原籍复校，省立安徽大学经皖籍学者经多方努力并报教育部批准，也开始复校，并改"省立"为"国立"，是为国立安徽大学。1946年1月国民政府教育部决定：聘朱光潜、陶因、高一涵、叶元龙、杨亮功、程演生等12人为国立安徽大学筹备委员会委员，朱光潜为主任委员，陶因为委员兼秘书，负责复校事宜。至4月，朱光潜坚辞不就，教育部改陶因为筹委会主任委员。4月20日，在南京教育部会议室召开了第一次筹委

唯我师大 相承一脉——从省立安徽大学到安徽师范大学的历史变迁

会会议，教育部次长巢县人杭立武出席并致词。会议决定：国立安徽大学在安庆原校址复校。5月5日，筹委会由南京迁至安庆办公。6月正式接收校舍，并添建教授住宅及办学设施，组建机构，聘请师资。9月30日，教育部正式任命陶因为校长。11月6日，陶因启用"国立安徽大学关防"（即校印，现藏于校档案馆）和校长印鉴。11月11日，国立安徽大学隆重举行了开学典礼，陶因作了《本大学创立经过》的报告。

复校后的国立安徽大学设文学院、法学院、理学院、农学院四院，内含中文、外语、历史、教育、政治、经济、法律、数学、物理、化学、农艺、森林12个系，后又增设园艺系及茶叶专修科。1947年上学期，国立安徽大学有教职员工307人，学生1100余人。

1948年6月陶因辞职，教育部改任原省立安徽大学校长杨亮功为校长。1949年3月23日，中国人民解放军包围了安庆，杨亮功带少数追随者渡江逃往大渡口又转江西（后又随蒋介石逃至台湾）。4月22日，安庆解放。6月，中国人民解放军南京军管会派首席军代表靳树鸿、副代表黎洪模等人来安庆接管了国立安徽大学，学校从此回到了党和人民的怀抱。

二、芜湖时期（1949—2014）

1949年7月，暴雨肆虐，长江洪水泛滥，安庆广济圩溃破，国立安徽大学校园被洪水淹没，三个月洪水未退，二层以下楼房浸泡在洪水中，学校损毁严重，无法继续办学。军代表向南京汇报后，华东局（时设南京）及南京军管会决定将国立安徽大学迁往芜湖，与安徽学院合并成立新国立安徽大学，聘请地质学家广德人许杰为校长。10月，许杰来芜设立国立安徽大学筹备处，开始接收安徽学院的一切设备。安庆的学校图书、仪器、家具、设备也开始装箱准备搬运。1949年12月4日，国立安徽大学的全体教职工及其家属，携带除房舍外的全部物品"图书仪器百余箱、家具万余件"，连同农学院养的八头奶牛，乘南京军管会派出的一艘军舰，成建制整体一股脑儿从安庆搬迁到芜湖，芜湖赭山南麓这块宝地就成了国立安徽大学永久的校园，一直发展到今天的安徽师范大学。

国立安徽大学迁至芜湖，仍沿用原来的校名、校牌和印章，设文、法、理、农四个学院及文艺（中文、艺术）、外语、史地、教育、法律、经济、数学、物理、化学、土木、农艺、园艺、森林13个系，并招收专科。1952年5月，学校首设党委，项南为校党委书记，戈华为副书记，许杰为校长，方向明、干仲儒为副校长。

国立安徽大学迁至芜湖后，经历了四次校牌、校名更变。

第一次更变丧失了我们的祖传校名——安徽大学，这是由全国高等学校院系专业大调整造成的。新中国成立后，我国高等教育专业设置学习苏联，进行院系专业大调整。1950年9月，我校的土木工程专业调到南京大学。1952年，我校法律专业调到华东政法大学、经济专业调到复旦大学。1953年，我校的教育、历史三年级学生调到华东师范大学。调整后的安徽大学由四院改为二院：师范学院、农学院。1954年，中央高教部通知华东局：安徽大学校名取消，其下属的师范学院和农学院分别独立为安徽师范学院和安徽农学院。1954年9月，农学院迁合肥独立建校，安徽师范学院承袭安徽大学的所有财产、图书、物品、人事等在芜湖赭山南麓继续办学。

第二次更名初始于1958年完成于1960年。1958年，曾希圣为提高省城合肥的品位，决定成立三所以"合肥"命名的大学：将芜湖安徽师范学院的中文、历史等文科专业调到合肥师范专科学校组建"合肥师范学院"；将淮南矿业学院搬合肥组建"合肥工业大学"；又从华东师范大学调入一批教师和干部组建"合肥大学"，曾希圣亲自兼任校长。1958年9月，毛泽东视察合肥，曾希圣请毛主席题写"合肥大学"校牌，毛主席认为合肥城市小、没名气，"还是安徽大学好"，于是将新建的"合肥大学"题为"安徽大学"。原合肥大学文件也印证了此事，1958年10月28日合肥大学（校办字）第26号文件公告："合肥大学已改名安徽大学，并于10月13日启用安徽人民委员会颁发之'安徽大学铜质印章'，原'合肥大学'印章同时作废上缴。"这样，安徽师范学院再想恢复"安徽大学"的校名已无可能。时任校党委书记万立誉在无奈之下决定将学校更名为"皖南大学"，恰逢刘少奇1958年10月视察芜湖，万立誉同曾希圣到铁山宾馆请刘少奇题写了"皖南大学"校牌。后经报教育部批准，1960年安徽师范学院更名为皖南大学。"文化大革命"中，刘少奇被错误地批判、打倒，他题写的"皖南大学"校牌校名被造反派捣毁废除，于是学校第三次被改为"安徽工农大学"，这次更名是"文革"的产物。

第四次更名于"文革"后期，1970年中国科技大学下迁安徽，省委决定将合肥师范学院的校园让给中国科技大学，而将合肥师范学院整体迁到芜湖与安徽工农大学合并，这样，原来从芜湖迁至合肥的中文、历史等文科专业又重新回归母体，安徽工农大学成为全省文、理、艺、体最为齐全的综合性大学。因合肥已阴差阳错地存在着"安徽大学"，老校名已不可能再恢复，学校领导经过考察，决定将安徽工农大学更名为安徽师范大学，1972年获得教育部批准并请郭沫若题写了校名。安徽师范大学正式定名至今，又历经风雨走过了四十多个年头，2005年芜湖师范专科学校并入后，学校的办学规模进一步扩大。经过几代"师大人"的共同努力，今天的安徽师范大学是历史上任何一个时期都无法比拟的。

岁月悠悠，沧海桑田。安徽师范大学从创办到今天已走过了八十七年的光辉历程。抚今追昔，鉴往知来。学习、了解校史，不仅仅在于追溯过去，而是要在"求真"的基础上，获取学校发展过程中的经验和教训，传承办学过程中的教育理念和精神文化，从而达到"史言志"和"彰往而察今"的作用。安徽师范大学的历史，是一部辉煌的历史，是一部真实的历史，她没有丝毫的虚假和做作，所有"师大人"在谈及我们的历史时，都可以理直气壮地说：从省立安徽大学到安徽师范大学，"唯我师大，相承一脉"！

（原载于《安徽师大报》2014年第547期）

朱湘：中国现代新诗巨擘的陨落

中国现代文学史上，有一颗永不陨落的新诗派巨星，他就是闻名遐迩的新诗派诗人朱湘。29 岁即离世的他，短暂一生的成就、影响，至今仍为学界津津乐道。

坎坷的前半生

朱湘，字子沅，原籍安徽太湖。1904 年出生于湖南沅江上游的沅陵县。父亲朱延熙是清代光绪年间的翰林，在湖南任道台十余年，因政绩突出，被皇帝钦赐"功高九万里，道台十三春"金匾嘉奖。朱延熙元配余氏因病早逝后，他续娶清代洋务派著名人物张之洞胞弟张之清的女儿为妻，婚后张氏又生了二女四男，朱湘是最小的孩子，深得朱延熙宠爱。朱湘之名，是朱延熙为纪念他的出生地而取的，以湘为名，以沅为字。朱延熙希望这个在湖湘出生的小儿子能浸润湘沅之灵气，追慕屈子之遗风，有所作为。不幸的是，朱湘 3 岁丧母、11 岁丧父，后由同父异母的大哥抚养长大。

朱湘聪颖过人，自幼好读，6 岁即开始接受启蒙教育，先后读过《龙文鞭影》《诗经》《史记》等书。朱湘七八岁时，即能作文，10 岁回太湖老家，请塾师专教。父亲死后，13 岁时他由大哥带至南京就读江苏省立第四师范学校附属小学。1919 年，朱湘入南京工业学校预科学习一年，并在青年会学习英语，受《新青年》影响，开始赞同新文化运动。幼年起养成的良好学习习惯，使朱湘攒下了深厚的学识功底。1920 年，朱湘以优异成绩考入清华学校，并插入中等科四年级。1927 年，朱湘公费同柳亚子之子柳无忌等人一起赴美国留学。1929年9月12日朱湘回国，原拟应闻一多邀请到武汉大学任教，但1929年12月他到达上海时，遇到清华时的同窗好友饶孟侃，知悉省立安徽大学成立，他临时改变主意，二人一同来到安庆，被成立不久、急需人才师资的省立安徽大学聘为文学院教授兼外语系主任。

声名远播的诗歌成就

朱湘是新月诗社的代表人物之一，在20世纪20年代的清华园里，他（字子沅）与饶孟侃（字子离）、孙大雨（字子潜）、杨世恩（字子惠），被誉为"清华四子"，这四个著名的学生诗人实乃清华"四大才子"也。入清华学校读书时，朱湘即对新诗产生了浓厚的兴趣。1921年，朱湘开始写新诗。1922年他18岁时即在《小说月报》上发表了新诗处女作《废园》：

> 有风时白杨萧萧着，无风时白杨萧萧着；萧萧外更听不到什么。野花悄悄的发了，野花悄悄的谢了；悄悄外园里更没什么。

在校期间，朱湘加入清华文学研究会，同时还参加了闻一多、梁实秋等人组织的清华文学社。他一边读书，一边致力于新诗创作，发表了多篇新诗，并翻译了罗马尼亚民歌和英国诗人怀特、丁尼生、勃朗宁、雪莱和莎士比亚等人的作品。但经常性的旷课加之多次违反制度，朱湘被开除。离开清华后，他以大量时间搞创作。1925年1月，上海商务印书馆出版了他的第一部诗集《夏天》。1926年4月，他应闻一多、徐志摩之邀，参加他们主办的《晨报》副刊《诗镌》的编辑工作。1927年8月，上海开明书店出版了他的第二部诗集《草莽集》。

1934年，上海商务印书馆出版了他生前编好的第三部诗集《石门集》。1936年，上海时代图书公司出版了他的第四部诗集《永言集》。朱湘的诗歌成就，使他当之无愧地成为中国现代新诗的奠基人之一，在中国现代诗歌史上留下了深远的影响。

朱湘的悲催个性

朱湘天资聪明，但性格倔强、孤傲，这似乎注定了他短暂一生的悲剧。

朱湘考入清华学校时，中文和英文学习成绩十分突出，新诗更是颇负盛名，但他不是一个循规蹈矩的学生，经常为了所偏爱的文学逃课，对一些枯燥无味的必修课和选修课，干脆不上。当时学校斋务处制定了一个"学生吃早餐点名"的制度，朱湘非常厌恶，经常不参加点名或故意迟到（据记录共迟到27次），以示抵制。由于旷课、逃课和故意违反斋务处的"制度"，累计记满三次大过，他于1923年冬距出国留学仅剩半年时被学校开除。著名学者罗念生当时也在清华，他说："这样的开除，在清华还是破天荒第一次，轰动全校。我因此想去看这位同学，只见他在清华西园孤傲地徘徊，若无其事，我心里暗暗称奇。"清华虽校纪严肃，但重视人才，鉴于他的才气，学校同意让他写个检查、承认错误，就可以继续留校学习。但朱湘不愿意，他选择离开。

在朱湘给清华文学社好友顾一樵的信中说："我的中英文永远是超等、上等"，离开清华是"向失望宣战，这种失望是多方面的"，但"清华又有许多令我不舍之处。这种两面为难的心情是最难堪的了。反不如清华一点令人留恋的地方也无倒好些"。他不满道："人生是奋斗的，而清华只钻分数；人生是变换的，而清华只有单调；人生是热辣辣的，而清华只是隔靴搔痒。"被清华开除后，朱湘只身去了上海，以写诗、编辑、代课等职谋生。诗集《夏天》问世后，因与徐志摩往来甚殷，朱湘知名度蹿升，"清华四子"之一的孙大雨向时任校长曹云祥求情，希望让朱湘复学。曹云祥确认朱湘果真有才后同意了这个请求。1926年秋，朱湘重新回清华复学，并于1927年赴美国留学。

在朱湘离开清华到上海谋生期间，他曾回到南京与其父指腹为婚的刘霓君完婚。刘霓君原名刘彩云，"霓君"是婚后朱湘给她取的号。婚礼是在朱湘的大哥家举行的。大哥是朱延熙元配余氏所生，性格暴躁。举行婚礼时，大哥硬要朱湘像对待父亲那样对他这位"家长"磕头，行跪拜礼。朱湘坚决不从，说：我们都是受过新教育的人，不要搞旧的那一套，要行礼，也只能行鞠躬礼。为此，朱湘同大哥大吵一架，一气之下，当晚新婚夫妇俩离开了大哥家。兄弟俩均是倔强性格。

留学美国时，朱湘也表现出了他的鲜明个性。1927年8月，朱湘以清华公费到美国劳伦斯大学留学，原定学习五年，但朱湘只学了两年，没有获得学位即回国了。在美国两年中，朱湘三次转学，其中固然有朱湘的爱国情操使然，但也十分受他的个性影响。试举几例：有一次在法文课上，老师要学生朗读都德的游记，其中有一段形容中国人像"猴子"一般，美国学生都哄堂大笑起来。朱湘气得脸色铁青，他认为这是对中国人的侮辱。从教室出来，朱湘阴沉着脸，一言不发地回到宿舍就爆发说要退学。他言出必行，经过接洽，朱湘转到芝加哥大学延续学习。

在芝加哥大学的第二个学期，朱湘选了一门课，没想到任课老师不愿意让中国人来上他的课，看到朱湘在班里，很不高兴。一次老师上课时，带了几本书发给学生预览，朱湘看完就送回讲桌上，并亲眼看到老师把书拿走了。没想到过了几天，老师在班上当众抱怨，斥责有人借书不还，当场逐个追问谁借了他的书，首先从朱湘坐的第一排问起，问到朱湘后就不再往下追问了。这是什么意思？正如朱湘所言，分明是说我这个中国人把书藏起来了。下一个学期，朱湘无课好选，又选了这个老师开的另外一门课，该老师故伎重演，又在班上说书的事。朱湘就在课堂上指出老师讲解的错误作为回击。老师怀恨在心，故意讲葡萄牙那样的小国都把澳门占了之类的话羞辱朱湘。还有一次，班上明明7个人，老师却讲只有6个人，只能借阅6本书，有学生纠正，他仍说只有6个人，显然是没把朱湘这个中国人计算在内。朱湘忍无可忍，又从芝加哥大学辞学转到俄亥俄大学。朱湘常常失控的情绪，很可能与其早年少孤的家庭环境有关。他父母早丧，抚养其长大的大哥又性格暴躁，朱湘有寄人篱下之感，心中积怨过深，这可能就是其性格怪异的根源。

朱湘在美国时，心中也时时怀着对爱妻娇儿刻骨铭心的思念，每月80美元的留学公费，别人不够用，他还节俭二三十元寄回养家。正直不阿的个性，加之思念妻儿，成为他提前结束留学回国的动因之一。经过三次转学，朱湘已无意在美国求得学位，他感到"在美国住得越久，就越爱自己的祖国"。在美国两年中，朱湘给妻子写了90余封情书，每封信都有编号。在第33封信中，他谈及决定不取学位，对刘霓君说："老实一句话，博士什么人都考得，像我这诗却很少人能作出来。"这些情书中，他写谋生之艰辛，为钱所困的尴尬，更多是如水柔情般对妻子日常生活的叮咛和夫妻间的体贴、呵护。朱湘去世后，好友罗念生将这些情书编辑出版，书名《海外寄霓君》，与鲁迅致许广平的《两地书》、徐志摩致陆小曼的《爱眉小札》、沈从文致张兆和的《湘竹书简》，并称为新文学史上的四大情书经典。

执教省立安徽大学

朱湘一生中唯一的一次正式大学执教生涯，就是于当时还在安庆的省立安徽大学中度过的，这是他人生的辉煌顶点。从美国回国后，朱湘即被省立安徽大学聘为文学院教授兼外文系主任，时年25岁，月薪300大洋，属教授第一档次，学校对他这位"海归"留学生加著名诗人非常重视。他任教省立安徽大学后，便把妻女接到安庆一起生活，并在安庆锡麟街租了一栋二层小楼居住，过起了惬意体面的生活。朱湘执教期间，力主"用世界眼光去介绍外国文学"，努力培养一批翻译人才。他的理想是：吸收外国文学"合理内涵"的精华，与中国优秀传统民族文化相结合，创造出新的具有中国民族特色的新文学。为此，他拟定了一个宏伟的计划，一面广揽名师，一面整顿内务，加强课内课外对学生的教授，经常参加学生"文学社"活动指导学生，还把从美国带回的书籍捐赠给资料室供学生借阅，深受学生好评。当时他信心百倍，踌躇满志。但好景不长，仅仅两年半时间，朱湘就离开了他所倾心想干一番事业的省立安徽大学。他为什么离开？是怎样离开的？身后留下了许多令人津津乐道、众说纷纭的疑点和一些讹误。

朱湘离开美国，于1929年12月到达上海，而后来到省立安徽大学，正式受聘任职是1930年1月。他来省立安徽大学任教究竟是谁聘任的呢？

传统说法是时任校长王星拱聘任的，其实不然。1929年6月，著名教育家王星拱被安徽省政府聘为省立安徽大学校长，但不久后的1930年1月，他又被任命为武汉大学副校长。王星拱去武汉任职时，尽管名义上还兼任着省立安徽大学校长，但实际工作已全部交由文学院院长杨亮功全权代理。杨亮功原是应王星拱之邀出任省立安徽大学文学院院长的，1930年6月他被省政府正式批准为校长。杨亮功主政学校期间，大力加强师资队伍建设，重金从全国广聘名师和博学人才来校执教。诸如郁达夫、陈望道、周建人、苏雪林、陆侃如、冯沅君、何鲁等名人都是此时被聘到省立安徽大学任教的。诸多大师级人物的汇聚，使省立安徽大学一时声名鹊起，获得"京沪一带，仅次于同济"的美誉。朱湘也应是在上述背景下被聘到省立安徽大学任教的。由于王星拱于1930年1月已离开学校上任武汉大学，实际主政学校的是杨亮功，因此朱湘为杨亮功所聘更为确切。

那么朱湘是何时离开省立安徽大学的？原因何在？有学者作了这样的表述："1932年暑假，朱湘到上海约请赵景深先生到安大教书，由于赵所在书局坚决挽留，未能成行。次年5月，朱湘又到上海，邀请赵景深、戴望舒、方光焘等到安大任教。"上述说法提到"1932年暑假""1933年5月"等时间，朱湘还到上海为学校奔波请教师。但据查20世纪30年代的省立安徽大学校报《安大周刊》记载，1932年4月30日下午3时（程演生于4月21日接替何鲁担任校长），是朱湘最后一次出席"教务会议"（《安大周刊》第八十四期），此后召开的此类会议，出席人中再不见朱湘身影。

朱湘自杨亮功任校长时期，一直以教授兼外文系主任的身份出席"教务会议"。如果朱湘1933年5月还在学校，《安大周刊》在此期间的"教务会议"，为何不见他的身影了呢？加之苏雪林这样说过：民国"二十一年十月间我在武大，有一天接到一封朱诗人由汉口某旅社寄来的信，信里说他要赴长沙，不幸途中被窃，旅费无着，想问我通融数十元。那天我恰巧有事要到汉口，便带了他所需要的钱数寻到他的寓所……寒暄之下，才知道他久已离开安大。""民国二十一年十月"即为1932年10月，"他久已离开安大"，不可能是一两个月的事情，因此不可能1933年5月还去上海为学校公干。

朱湘的离职，很有可能也是因他的个性造成的。在省立安徽大学执教期间，朱湘因人事、欠薪等问题"多次与校方理论、争吵"，特别是其妻在安庆生了一个幼儿，因没有奶吃，又病了无钱医治，最终夭折，朱湘与校方大吵了一顿，"他争吵的结果"是与校方产生了芥蒂。苏雪林文章中说，"（民国）二十二年十月，诗人又到了武昌……他说自己失业后就没有找着事，不知武大有没有相当功课让他担任，我教他去寻他清华旧同学方高诸先生也许有办法。他临去时，又嗫嚅地说武大的事如果不成，他要到安大去索欠薪。"看来省立安徽大学欠朱湘的薪水应确有其事。苏雪林还说"他，正像他夫人所说只要肯好好干下去，安大的教席是可以与学校相始终的，而他为了一点芥子般的小事与学校决裂"。朱湘个性孤傲、固执、偏狭，人事相处，往往不够融洽，据说校方将他主持的"英文文学系"改为"英文学系"令他很不满，因此与学校发生矛盾。朱湘不拘小节，往往出言不逊，得罪同事。当时省政府"财政奇绌"，办学经费不能按时拨发，为向政府讨薪，校方拟派4名代表到省政府谈判，有人推举苏雪林和冯沅君（冯友兰之妹、著名文学家陆侃如之妻，当时陆、冯夫妻均为朱湘在校同事）当讨薪代表，朱湘却怪笑着说："请女同事去当代表，我极赞成，这样经费一定会下来得快些。"怪里怪气的语言表述，据说惹得苏雪林大怒，差点和朱湘发生冲突。

朱湘因个性和言论，与闻一多等人也发生过不快。1926年，朱湘参与徐志摩、闻一多等人创办的《晨报》副刊《诗镌》工作，因此被视为新月诗派的中坚诗人，但很快就和闻一多闹起矛盾来。当时闻一多刚出版了《屠龙集》，朱湘马上写了一篇《评闻君一多的诗》，一口气写了7000字，指摘闻一多诗歌的几大短处，首先是用韵错误，挑出60多处；其次是用字问题，指责闻诗"太文""太累""太晦""太怪"；第三是"总是将幻想误认为想象，放纵它去滋蔓"；第四认为缺乏音乐性。闻一多很不愉快，致信梁实秋说："朱湘目下和我们大翻脸。"朱湘的大翻脸，据说是因《诗镌》发表的诗作而起。当年4月15日《诗镌》上，闻一多将自己的《死水》《黄昏》和饶孟侃的《捣衣曲》排在版面上方，将朱湘的《采莲曲》排在一个角落里，朱湘认为自己的诗比他们的好，放在

"角落里"是闻一多在嫉妒、排挤自己，便在4月22日公开宣布与《诗镌》决裂。朱湘还迁怒徐志摩，说："瞧徐志摩那张尖嘴，就不像是作诗的人。"称徐志摩"油滑""是一个假诗人，不过凭籍（借）学阀的积势以及读众的浅陋在那里招摇"。朱湘言行令人费解，闻一多曾愤怒地说："这位先生的确有神经病，我们都视为同疯狗一般。"梁实秋也说："在历史里一个诗人似乎是神圣的，但是一个诗人在隔壁便是个笑话。"

应该正是上述种种性格和人事上的原因，导致1932年4月21日程演生接替何鲁任省立安徽大学校长后，重新履行人事聘任时，没有再续聘朱湘，使朱湘离开省立安徽大学，开始一段潦倒生活。

投江自杀之谜

1933年12月5日，一个冬日的早晨，朱湘在从上海到南京的"吉和"轮上，投江自杀。朱湘为什么自杀，几乎无人知道真正原因。有人说他是"不满现实，以死抗暴政""不满反动当局的作为"。《申报》提出是"黑暗对知识分子的残害"。也有人认为"死于精神抑郁"。而产生"精神抑郁"的原因，一是朱湘孤僻的性格，二是朱湘当时生活落魄。

1932年暑假朱湘离开省立安徽大学后，先后到了北京、天津、上海、长沙等地，都未能找到正式工作，只能靠作诗卖文为生，而稿费又不能支撑他养家糊口，有时不得不找朋友借钱度日。此间朱湘向苏雪林、饶孟侃、柳无忌等人都借过钱。而在四处奔波中向朋友寻求援助时，往往受到冷遇。有一次在上海，朱湘穿着旧棉袍，由轮船的人"押解"着去找友人赵景深借钱买船票，行李被押在船上。他到天津找柳无忌，想请柳无忌帮助说情在南开大学谋份教职，也没有成功。这些都是对朱湘的沉重嘲弄和打击。更要命的是，在贫困潦倒之时，朱湘的夫妻感情也出现裂痕。自从小儿子死后，妻子刘霓君开始埋怨朱湘无能，夫妻关系渐渐恶化，最后刘霓君提出离婚。夫妻不睦，亲情缺失，流浪的朱湘没有稳定和安宁的归宿，加剧了他内心的凄凉和苦恼。所有这些，应都是使朱湘自杀的重要原因。

朱湘的自杀，在当时的舆论界引起巨大反响，众说纷纭，很多名人都作出了不同解释和感慨。如梁实秋说："应由他自己的精神错乱负大部分责任，社会上的冷酷负小部分责任。""朱先生脾气似乎太孤独了一点，太怪癖了一点，所以和社会不能调谐。"

朱湘的自杀，既有社会层面的问题，也有个人方面的因素。孤傲、决绝、敏感、清高、刚正、偏狭而又抑郁，是朱湘的典型性格，这样个性的天才，无论在什么时代，都很难被接受。

但朱湘真的自杀身亡了吗？有人对此表示怀疑。朱湘跳江后，"吉和"轮上的水手立即进行了施救打捞，却没有找到朱湘的尸体。朱湘生在沅江上游，自小就会游泳，他自杀时，正值长江枯水期，以他的水性，岂能轻易被淹死？朱湘生前好友徐霞村的女儿徐小玉在《关于〈我所认识的朱湘〉》一文中说："朱投江的那艘吉和轮停船打捞多时，却没找到尸体，而朱湘又是个会游泳的人，父亲认为'一个会游泳的人，岂能选择投水的自杀方式'呢？二是，还有一场'奇遇'呢！父亲在文中是这样记述的：'一九三四年春夏之交，我到北平东安市场买东西，在要走出北门时，忽然对面走过来一个身穿汉装短衫的男子，一眼望去活像朱湘。我虽然不信有鬼的存在，但这样一个和朱湘长得一模一样的人的出现，却使我像触了电似地愣住了。待我清醒过来之后，这个人已经消失在拥挤的人群之中，再也寻不见他的影子。过了几天，我把这次'奇遇'告诉给刚刚回国不久的罗念生兄，他也说自己在东安市场也有过这么一次'奇遇'，他也同样没法解释。"徐霞村是传出"朱湘未死"的第一人，并拉朱湘清华时期的同学好友罗念生作见证，增添了人们对"朱湘自杀身亡"的疑窦。

朱湘虽然是一位短命的诗人，但在现代新诗史上是和徐志摩、闻一多比肩的大诗人，被鲁迅称为"中国的济慈"。他不仅是一位新诗派巨擘，也是教育大家，他在省立安徽大学为安徽高等教育的人才培养作出过重大贡献。他树立了一代学者风范，是历史上永远令人尊重和缅怀的一代学者、诗人、大师。

朱湘：中国现代新诗巨擘的陨落

当代社会科学新学科览要

社会史学

社会史学是20世纪西方史学界产生的新史学，历史学的分支，即用社会学的概念和方法研究各种社会活动乃至社会整体的历史的学科。它是历史学与社会学、经济学、政治学、民俗学等相交叉形成的学科。其研究对象可分为狭义和广义两种。狭义的社会史学研究的是社会结构和社会发展过程中的一个侧面，如社会结构史、社会流动史、劳工史、人口史、家庭史等社会单位的历史。广义的社会史学研究的对象是广泛的、综合的，即研究整个社会的历史或称社会整体的历史，诸如国家、政治、经济、军事、文化、宗教以及社会风俗等都在它的研究范围之内，尤其注重经济和文化要素在历史发展进程中的重要作用。研究方法除传统史学的归纳法、演绎法、考证法外，还吸取相邻学科的研究手段，采取跨学科的方法，如社会学、文化人类学等学科的结构论、模式论、群体论、系统分析法、社会调查法、个案法、计量法等。

社会史学是一门既古又新的学科。它的最早起源可追溯到古希腊著名历史学家希罗多德和古罗马史学家塔西陀，他们写的《历史》和《日耳曼尼亚志》即用了社会史学的方法，分别记述了塞西亚人的社会风俗和日耳曼人的部落制度。近代社会史学研究的代表当推18世纪法国大思想家伏尔泰，他在《论世界各国的风俗与精神》《关于历史的新认识》中，也进行了社会史学的研究。但是，作为一门独立的学科，社会史学产生于20世纪20年代。法国年鉴学派的第一代学者马克·布洛赫和吕西安·费弗尔对这门学科的兴起，作出了历史性的贡献。1929年，费弗尔和布洛赫创办了《经济和社会史年鉴》杂志，提出要把人类生活历史作为一个整体来加以研究，为社会史学研究提供了理论依据。《年鉴》的出版，标志着现代意义上的社会史学的诞生。在《年鉴》编辑部里，荟萃着历史学家、人类学家、社会学家、经济学家、地理学家，他们打破学科分隔状态，对经济史、社会史以及世界各种社会组织，进行广泛的交流、讨论以及跨学科的综合研究，年鉴学派因此而成名。1931年布洛赫写了《法国农村史》，1939年又发表了代表作《封建社会》。费弗尔1922年发表了《土地与人类演变：土地历史学引论》、1928年发表《马丁路德：一个命运》、1942年发表《拉伯雷的宗教：16世纪的不信神问题》等名著，提出了整体的、全面的历史观，并在跨学科研究方面作出了示范。第二次世界大战后，年鉴学派第二代史学家费尔南·布罗代尔把第一代人的努力发展到一个新的高峰，他在《腓力普二世时代的地中海和地中海世界》这部历史巨著中，把地中海世界划分为三大部分加以研究，提出了多元的时间观。在稍后所著的《历史与社会科学：长时段》一文中，他又从理论上详述了多元的时间观。这篇论文可以看作为年鉴学派的纲领，它标志着一种力图追求全面的历史的历史学日渐成熟起来。至20世纪50年代中期，年鉴学派终于确立了它在世界史坛的地位，并为社会史学研究的全面勃兴奠定了基础。

继年鉴学派之后，英、美等西方史学界也竞相开展社会史的研究。1942年英国学者屈威廉出版了《英国社会史》一书，并将社会史定义为"除去政治的人民史"，认为"没有社会史，经济史便无价值可言，而政治史则是一笔糊涂账"。1952年，英国创办了《过去与现在》杂志，并渗入年鉴学派的影响。1964年，研究人口与社会结构的剑桥学派创立，社会史研究日趋活跃。1968年英国有两所大学首次开设了社会史课程，1973年成立了社会史研究中心，1976年成立了英国社会史学会，创办了专门刊物《社会史》和《历史研究会杂志》，出版了有影响的《社会史学文集》。特别值得一提的是，英国马克思主义史学家在社会史研究中作出了重大的贡献。如霍布斯鲍姆的《原始造反者》（1959年）具体考察了农民反抗运动的几种表现方式，尤其着重研究了下层民众在社会结构发生重大变迁时的反应，开拓了研究传统的农民起义的新视角，在欧美史学界引起轰动。1971年，他又发表了《从社会史到社会的历史》一文，全面地论述了他的新社会史学观点。英国另一位马克思主义史学家汤普森的《英国工人阶级的形成》（1963年）一书，由工人阶级的阶级意识形成入手，探讨了工人作为阶级存在的前提，他的研究方法突破了马克思主义关于阶级的经典理论，给史学领域吹进了一股劲风。在美国，社会史研究也呈现引人注目的新趋势。从20世纪70年代开始，在美国的哈佛、伯克利、普林斯顿、约翰·霍普金斯等大学，都开展了社会史的研究。他们以独特的史学观念，新颖的史学方法和广泛的研究范围为特征，突出社会中普通人集团在历史中的作用，从注意历史中的公共因素转向注意过去被人忽视的隐私，提出"从下面往上看的历史"或"底层的历史"等一些重要的史学观点，扩大了史学研究范围，一些被以前传统史学家不屑一顾的问题如社会结构、社会流动、家庭结构、监狱、医院、教堂、性等，成为新社会史学家涉猎的重要领地，妇女史、黑人史、印第安人史、城市史、乡村史、劳工史等纷纷登上史坛。1967年，《社会史杂志》创刊。据美国8所大学统计，1958—1959年社会史在历史学系的课程中仅占2%，到了1978—1979年增至8.4%。社会史的论文1968年占全部史学论文的10%，1978年则占到22%，这说明社会史学已风靡美国史坛。另外，社会史学在荷兰、德国、日本等国也较为活跃。日本社会史研究的代表作以木村尚三郎的《现代社会的变化与历史学——从时间的历史学走向空间的历史学》和增田四郎的《走向社会史的道路》最为盛名。

综观二战后西方社会史研究，有以下四个特点。（一）课题激增。霍布斯鲍姆概括为六个方面：（1）人口和家族血缘关系的研究。这是在历史人口统计学和社会人类学直接影响下进行的。（2）城市史。涉及与城市有关的所有问题，尤其是现代工业社会规划和社会管理等问题。（3）阶级和社团问题。（4）人类学意义上的"心智""集体意识"或"文化"的历史性研究。这一课题更贴近社会史研究方法论的核心问题。（5）社会变迁（现代化或工业化）。这是社会史研究中最引人注目的课题。（6）

社会运动或社会反抗现象。其实，社会史学研究课题并非止此六端，还有更多的方面，如犯罪史、死亡史、性史、闲暇、教育、妇女等等。（二）研究方法多样化。广泛采用了社会学、人类学、心理学、人口学、经济学等方法。研究手段也在更新，如电子计算机的广泛采用等。（三）研究领域的拓宽。社会史学家越来越多地关注一些有关人类共性的问题，尤其是美国，有些研究涉及全球范围的问题，有些则直接面对当前社会中人们所面临的各种问题，并将其置于历史的广阔景观中进行研究。（四）新概念、新模式的采用。如意大利著名马克思主义者葛兰西在《狱中札记》一书中提出的领导权概念，匈牙利马克思主义者卢卡奇的阶级意识概念，已在学者们研究阶级和社团、社会运动和社会反抗中得到广泛运用。马克斯·韦伯的社会学研究模式、历史学研究模式也为许多社会学家所共识。虽然有的新概念、新模式还不够严密，但确实给社会史研究带来了生机，也是这门学科的生命力之所在。

当然，社会史学也存在不少问题，如研究领域过于细密化，选题偏小，大多限于一个"点"，不能同"面"结合起来，对社会生活各个领域的研究也还不够广泛化、深入化等，但是瑕不掩瑜，社会史学所昭示的发展前景是广阔的，它的内容如现代化和社会变迁研究、日常生活和精神面貌研究，都对我国当前史无前例的社会变革有着很大的现实意义和借鉴作用。20世纪80年代前半期，我国史学界也出现了自然科学方法论与史学融合的新潮，社会学与历史学的结合被提上日程并引起部分史学家的浓厚兴趣。《历史研究》1987年第1期发表评论员文章《把历史的内容还给历史》，号召在我国开展社会生活史的研究。《人民日报》1988年10月21日发表冯尔康的文章《社会史研究与史学研究》，认为"社会史研究本身对于史学贡献了一种史学研究法"，为"历史学的综合性研究法的实现创造了有利条件"。1992年中国社科院世界历史研究所等单位还创办了《史学理论研究》杂志，发表了一些社会史研究或西方史学理论、史学流派介绍的文章。社会史的研究在我国展现方兴未艾的局面。

总体历史学

　　总体历史学是用综合分析法研究人类活动总体历史的科学，历史学的分支，通称年鉴学派，是20世纪20年代末兴起于法国史学界的一个新的学术流派，后来波及整个西方史学界，是当代西方的新史学。主要任务是创立包罗万象的综合史，或称"总体的历史""全面的历史"。主张从不同的角度，即从社会、心理、道德、宗教、美学以及政治、经济、文化等角度研究人类社会的历史。

　　总体历史学是在反传统史学的斗争中诞生的。1876年，法国著名史学家莫诺在《历史评论》创刊号上提出，历史应该奠基在科学的研究方法之上。此后，法国史学家开始采用实证主义的研究方法，使史学成为一门"实证主义"科学，并在19世纪70—90年代产生了巨大影响。但是实证主义史学家主要用考证分析法研究政治史、军事史、外交史以及个人传记，范围狭窄，而对社会经济发展进程不感兴趣。19世纪末20世纪初，考古学、人类学等新兴学科的兴起，扩大了历史学家的视野，使一些史家对"实证主义"的治史方法和目的产生怀疑，他们不再满足于仅对政治史进行阐述，而要求对左右政治行为的更深层次的经济因素作深入探讨。于是史学研究开始走出反对对政治、军事等进行考证的小圈子，把研究对象扩大到经济、社会、文化、思想和心理等方面。

　　在总体历史学兴起道路上迈出第一步的，是法国著名学者亨利·贝尔。1900年他创办了《综合历史评论》，提出"文化历史综合论"，认为精神生活是历史发展的主要动力，应把文化历史因素提高到首位。他主张，历史科学必须在其逻辑和实践、内部和外部组织的统一之中表现人类历史的进程，亦即揭示在有形的外表之下进行的内在过程。史实是历史进程的内部逻辑的外在表现。为了说明史实和揭示其本质，需要新的科学组织，需要完善选择和分析史实的方法。解决这个问题的途径，一方面是使历史与其他科学如人类学、生物学、人口学、地理学、社会学等接近，使历史学成为社会比较研究的当然协作者；另一方面各学科的学者建立个人接触，进行"真诚的综合"。他还写了《历史综合》《传统历史学与历史综合》等著作。1942年，他成立了国际综合中心，但由于他缺乏科学的历史理论，文化综合任务未能完成。然而，他的理论给实证史学以一定的冲击，并成为总体历史学奠基的先导。

总体历史学的兴起，是和年鉴学派紧密相连的。1929年1月15日，法国斯特拉斯堡大学两位志同道合的教授费弗尔和布洛赫创办了《经济和社会史年鉴》，这标志着年鉴学派的正式诞生。对这个刊物，费弗尔说过，这个标题的两个修饰词，特别是"社会"一词，是他们考虑到历史的无所不包而特地选定的。他说："我们完全知道，在眼下，'社会'作为一个形容词，由于含义太多而最后变得几乎毫无意义……所谓经济和社会史其实并不存在，只存在作为整体的历史。就其定义而言，整个历史就是社会的历史。"1953年，他们在《年鉴》中又写道："历史应该成为社会科学的中心和心脏，应该是以社会学的、心理学的、伦理的、宗教的、美学的、政治的、经济的和文化的等各种观点对社会进行研究的一切科学的中心。"这说明自从《年鉴》创立伊始，即确立了他们的总体历史观。年鉴学派的发展，共经历了三个阶段：1929—1945年是初创阶段，也是"总体历史学"的形成时期。1949年，布洛赫发表了《为历史而辩护：历史学家的业务》，1953年费弗尔发表了《为历史学而战》，这两本著作集中地反映了他们的总体历史观。他们认为，总体历史就是以人为主体、由人的社会生活所涉及的各个方面组成活生生的历史。为了表现活生生的历史中的人，就需要表现人所涉及的各个方面，就必须从同其周围的自然界、生物界的联系着手进行分析，包括土地史、植物史、动物史、矿物史、物质文明史等。他们的思想为总体历史学的形成和发展奠定了基础。1945—1968年，是年鉴学派发展的第二阶段，这个时期是以年鉴学派第二代领导人布罗代尔为标志的，因此这一阶段也称布罗代尔时代。布罗代尔在创立总体历史学中占有重要地位，他继承了第一代的思想，强调把人类过去作为一个整体或一个系统来考察。他写了两部体现总体历史观的名著：《腓力普二世时代的地中海和地中海世界》（1949年）、《15至18世纪的物质文明和资本主义》（1967年），前者通过个别地区的情况描绘总体历史的图景，后者是从全球范围来阐述总体历史。尤其是前一部书，不仅综合了年鉴学派的研究成果，而且使其历史观和方法论系统化。他说："我企图在关于地中海的这本书中展现总体历史，从不动的因素出发，向人生活中最积极的行为移动。"为此，他运用多种研究方法综合研究了16世纪后半期该地区地理、社会、经济、思想、政治等各个方面的现象。他认为传统史学所注重的事件史只是"被历史大潮推涌到自己阔背上的泡沫"，只是常识观察的水平。历史学与经济学和其他社会科学的交流揭示了事件史背后长期起作用的历史现象。为此，他创造了一套新的时空理论，把历史时间分为长、中、短三个阶段，认为在历史上起作用的主要是地理环境、思想传统、风俗习惯这样一些中、长时段的历史现象。

1968年，布罗代尔辞去《年鉴》主编职务。此后，年鉴学派进入第三阶段。这个时期的特点为：年鉴学派不是以某一个人为标志，而是以一批人为标志，除年鉴学派最重要的三巨头（继布氏之后的新任三主编）勒鲁瓦·拉杜里、马克·费罗、雅克·勒高夫外，还有杜比、芒德鲁、德塞尔托、毕尔吉埃尔、肖努等一大批出类拔萃的学者。他们开始研究各单个因素，以地区为出发点，希望通过地区史的研究得出某些共同规律，在此基础上重写"总体历史"，肖努的系列史思想就是在此基础上产生的。系列史就是选择一定时期内最具典型的、同一定地理区域相联系的一系列大事件的支撑区，通过短时期内互相联系的事实，把研究引向下一个范畴——文明生活时期，然后再把一系列可靠的史实与地球上各族人民的历史相联系，以进入长时期。这个阶段，年鉴学派的史家研究的领域虽各不相同，但有共同的基本特点：一、历史研究日益抽象化、数量化。二、重新解释"总体历史"，认为总体不是靠包罗万象的综合来保证，而是通过寻求总体性研究对象，即通过人口学、生态学、语言学、人种学、医学等跨学科的研究来保证。三、研究方向发生变化。早期的年鉴派在研究中曾接受了历史唯物主义的某些观点，但第三代年鉴派中有些人背离了唯物史观，如拉杜里认为，历史研究的初级阶段可以到经济和社会关系中寻找历史动力，而一旦深入下去，那就要到生物因素而不是阶级斗争中去寻找。因此，许多学者放弃社会经济史转向研究人的内心世界，兴起对心态史的研究。

1950年，在巴黎召开了国际历史科学代表大会，从此，年鉴学派"总体历史"思想开始越出法国国界，许多西方学者在史学研究中都接受了总体历史观。1953年出版的纪念费弗尔的论文集中，有法、意、美、比四国学者的论文。1972年出版的纪念布罗代尔70寿辰的文集中，不仅有西方世界所有国家有关史学家的论文，还有东欧和苏联学者的论文。从20世纪60年代末起，美国两个顽固的官方杂志《美国历史评论》和《历史评论》也刊登了年鉴学派的文章。20世纪70年代以来，年鉴学派的学者纷纷被邀请到国外讲学。这说明年鉴学派"总体历史"已被世界史学界所接受。

当然，年鉴学派的史学观念也并非完美无缺。他们对历史过程的说明也莫衷一是，有时把地理环境和人口增长，有时把技术和交换的发展，有时把各种意识，看作历史过程的决定因素。他们对历史事实的解释也模棱两可，一方面坚持历史学的认识能力，另一方面又认为历史事实不能离开历史学家而存在，从而陷入相对主义的泥坑。然而，总的来说，年鉴学派对历史进行综合分析，要求建立一种新观念、新方法的理论和实践，还是值得肯定的。

比较历史学

比较历史学是历史学的分支，运用比较方法研究历史的新兴学科。研究对象是垂直的不同时期的历史和并行的不同地域、不同民族、不同国家的历史，探讨历史发展的一般规律和特殊规律。研究方法是对各种历史现象进行时间系列上的前后阶段的纵向比较或空间系列上的同一阶段的横向比较。涉及的学科领域有历史学、政治学、社会学、经济学、文化学等诸多学科。

比较历史学产生于20世纪20年代，但这种历史研究方法却源远流长，号称"史学之父"的古希腊历史学家希罗多德在其名著《历史》中，对希腊与波斯情况的分析就运用了比较研究的方法。其后，许多西方著名史学家也都在他们的研究中不同程度地使用过这种方法。18、19世纪，欧洲一些著名思想家如伏尔泰、康德、黑格尔、孔德等，也对历史进行了比较研究。特别是黑格尔和孔德，对历史的比较研究曾作出了较大贡献，他们不仅比较了世界历史，还提出了一些历史比较研究的理论和方法。但是，自觉地运用比较方法来研究历史并奠定现代比较历史学基础的是法国著名史学家马克·布洛赫。

布洛赫是法国年鉴学派创始人之一。1928年，他发表了《欧洲社会历史的比较研究》一文，首次从理论上对历史学的比较研究方法，进行了系统透彻的论述。不久，他又出版了《法国农村史》和《封建社会》，这是奠定比较史学理论基础的两部名著，其历史比较研究的方法和规则，为历史比较研究提供了范例，因此，他被誉为"比较史学之父"。与此同时，西方史学界有众多的史学家对这种研究方法也表现出极大的兴趣。德国史学家施本格勒和英国史学家汤因比分别在《西方之没落》和《历史研究》中，对人类文明体系进行了宏观的历史比较研究。于是，历史比较方法遂成为西方历史学研究中的一种重要方法。20世纪50年代后，比较历史学在世界各国普遍发展起来。一些西方史学家在荷兰海牙成立了"社会学和历史学比较研究协会"，并于1958年10月出版了国际性学术刊物《社会学与历史学比较研究》。据统计，该刊自创刊到1987年第2期，已发表800余篇论文。德国于1952年出版的《比较世界史》一书到1970年再版时共发行了11万册，还在法国发行了4.5万册。联合国教科文组织于1953年创刊的《世界历史》杂志，也刊登了许多历史比较研究的文章。1985年在斯图加特召开的第16届国际历史科学代表大会，还设立了比较军事史委员会。

在历史研究中，美国是运用比较史学方法最为广泛的国家。1966年召开的美国史学年会，曾专门讨论了比较史学问题。1978年12月，美国第93届史学年会上，"比较史学"是一个主要议题。《美国历史评论》1980年10月号和12月号以及1982年2月号均开辟了"比较史学的理论与实践"专栏，发表了许多讨论历史比较方法及进行具体历史比较研究的文章，其中引人注目的有雷蒙德·格鲁的《比较历史研究概论》、托马斯·亚历山大的《从比较的观点看南北战争前夕的南方和北方》等。美国史学家运用比较方法研究的问题也十分广泛。其中以普林斯顿大学国际研究中心主任布莱克教授主持的"比较现代化研究"影响较大，他们用历史比较法研究了各国现代化过程的异同。布莱克在《日本和俄国的现代化》一书中认为，日本在走上现代化之前曾受到中国的强烈影响，因此"建一个统一的官僚国家的理想"被保存下来，并成为日本传统的一部分；而俄国在走上现代化道路之前则受过拜占庭帝国的影响，因而引进了拜占庭的"管理方法"。这样就使日本与俄国的"传统政治结构"与西欧国家大不相同，但却成为这两个国家迈入现代化进程的重要条件（《日本和俄国的现代化——一份进行比较的研究报告》，商务印书馆1983年版，第50—51页）。

美国史学家运用比较方法进行研究时，将比较方法分为下列几种类型：一是所谓理论的并行论证法。这种方法把历史比较作为理论证明的辅助方式，通过对比历史实例来证明理论，旨在用实例来证明过程的普遍性。如A.S.艾森斯塔特的《帝国政治制度——历史上官僚社会的兴衰》和G.佩奇的《土地革命》，即用的是这种方法。前者列举古今许多帝国的史实，论证历史上中央集权帝国的兴起、延续和衰落的结构功能主义理论；后者用一些国家的典型材料，来证明农村阶级关系和有教养阶级、无教养阶级可能发生的政治行为，都是由经济决定的。二是所谓事物源流对比法。这种方法旨在显示所探讨的具体事物的特点，并表明这些特点如何影响了社会的发展进程。代表作是克利夫德·奇尔茨的《伊斯兰世界综鉴》、詹姆士·兰格的《征服和贸易》、瑞哈德·本迪克斯的《国家的建立与公民的身份》等。三是宏观因果分析法。这种历史比较方法首要的是要作出关于宏观意义的结构和过程的因果推论。从逻辑上讲，这种方法是依据一个或两个基本的分析构想进行工作，或将几种分析结合起来工作。代表作有小巴林顿·穆尔的《独裁与民主的社会根源》、弗兰西·莫尔的《日本、中国与现代世界经济》和加里·汉密尔顿的《国外商品中的中国消费：一种比较观》等（《当代美国和苏联的比较史学》，《史学理论》1988年第1期）。

目前，历史比较的影响已波及东西方史学界。1983年10月18日国际学术界在东京举行了"明治维新"国际学术讨论会，开展专题比较研究，来自日本、中国、印度、泰国、墨西哥等国的30余名学者出席了会议。在日本，较有影响的比较历史学家是大冢久雄，他建立了日本的比较经济学的研究体系。在中国，现代历史学家郭沫若、陈寅恪、齐思和、傅筑夫、胡如雷等均对历史作过比较研究，并取得了一些有影响的研究成果。20世纪80年代以来，中国史学界更是掀起一股"比较史学热"，1983年8月召开了首次历史比较研究的讨论会，1985年5月又召开了"中外封建社会劳动者生产生活状况比较研究讨论会"，发表了许多有见解的论著。至1993年底，全国发表的有关比较史学理论和方法的论文、译文和著作有100余篇（部）。

比较历史学的研究内容大致包括下列几个方面：（1）对各个文明体系整体发展的比较研究。（2）对不同地域中两个或两个以上社会的某些进程和制度的比较研究。（3）对可资比较的具体集团、事件、观念等的比较研究。（4）对不同结构的比较。（5）对不同国家、民族、阶级、人种的比较。中国学者认为，比较史学主要是对历史上的事物或概念的比较研究，其中包括事件、人物、思想、学派等，而不是对某个范围的通史、断代史或专题史进行全面的比较研究。

比较历史学的出现，对历史科学的发展具有重要的意义。第一，通过同一性的比较研究，可以找出历史发展的规律，从而更准确地认识历史的真面目。第二，通过差异性的比较，可以找出历史发展的特殊性，从而更全面地认识历史现象。第三，通过比较研究可以克服历史研究中的偏狭性，把研究的个别事物纳入广阔背景中进行比较考察，便于得出科学的结论。第四，比较研究能起到一种综合作用，有利于促进历史研究中理论与史料的统一、逻辑思维中抽象与具体的统一、观点与材料的统一。但是，历史比较方法本身也存在着局限性。马克·布洛赫在《论欧洲社会的历史比较》中曾提出：比较方法"不能解决每一个问题"。他认为历史比较方法严谨的、关键的应用只有在我们想对地理上邻近、历史上处于同一时代的社会进行比较时，才是可能的。若把在时间和空间上彼此远离的社会之间进行"大包大揽式的比较"，是不能得出精确结论的。美国史学家小威廉·西威尔说：比较方法的真正局限性在于它只能用于问题的一定类型，只有我们试图解释多少带有普遍性的现象时，比较方法才是行之有效的（《世界史研究动态》1983年第5期）。总之，比较历史学既有局限性，也有合理性，只要用马克思主义的唯物史观作指导，一定能在促进历史科学的发展中起到积极的作用。

计量史学

计量史学也称"数量史学"，即运用数学方法研究历史及其发展规律的科学。它是历史学与数学、计算机科学、信息理论等相交叉形成的新学科。

计量史学最早兴起于美国。美国史学界最初是在经济史领域开始使用计量方法的。美国历史学经济学派的创始人比尔德在《美国宪法的经济解释》一书中，曾详细地统计了各立宪人物的经济利益，得出结论认为，推动制定美国宪法的力量主要有四股，即金融集团、公债券持有者、工业家以及商人和造船主。因此，他认为美国宪法本质上是一部经济法，目的是保护制宪集团本身的"私有财产和基本权利"。在比尔德之后，美国不少史学家也纷纷运用统计数字说明历史问题。

1957年9月，美国经济史学会召开第17届年会，哈佛大学经济学家艾尔弗雷德·康拉德和约翰·迈耶在会上作了题为《经济理论、统计推定和经济史》的报告。他们认为"作为一门科学的经济学要研究历史的进程并依赖于历史研究。……因此，在处理有经济发展过程的历史资料时，经济分析的方法和手段应占有一席之地"。他们主张把计量方法有意识地运用到经济史的研究中去，认为从数量上把握历史事件是可行的。与此同时，美国珀杜大学的几位经济学家，也探索了用电子计算机处理历史数据等资料，并取得了成功。1960年，在珀杜大学举行了"经济史数量方法讨论会"，戴维斯、休兹等学者在会上介绍了他们的研究方法，并称之为"计量历史学"，引起经济史学家们的关注，经济史学家开始在研究中大量广泛地使用计量方法。1963年，美国经济学家富格尔发表了《新经济史学初探》一文，此文是应用计量方法研究经济史的一篇杰作。此后，用计量方法进行的经济史研究就被通称为"新经济史"，这是当代美国史学界的一个重要流派。

随着计量方法在经济史研究上被不断推广和运用，政治史和社会史研究领域也开始引进这一新的史学方法。同"新经济史"一样，人们把运用计量方法研究的政治史和社会史都冠以"新"字，分别称它们为"新政治史"和"新社会史"。在政治史领域，最早使用计量方法的是威廉·埃德洛特。20世纪50年代，他在研究英国议会关于谷物法的投票行为时，利用电子计算机进行统计分析，发表了《1840年英国下院的投票行为》。在他的影响下，一些政治史学家开始对美国国会中议员的投票行为进行分析。到20世纪70年代末，美国校际政治研究会收集情报资料的范围，已从各种选举统计和人口普查，扩大到以州为单位的社会经济情报，从而使政治史的计量研究又有很大发展。在社会史研究领域，较早使用计量方法的是杰克·埃布伦。20世纪60年代，他运用计量方法，从边疆人口的构成出发，探讨边疆运动的性质。继其之后，斯蒂芬·塞恩斯特鲁姆在对社会流动的研究中也运用了计量方法。他从1880年人口普查、1910年结婚证书、1930年出生证中挑选了8000个波士顿居民的样本，分别取得了有关他们的职业、住址、年龄、民族、宗教、财产等资料进行分析，结果表明，下层居民的地位最初与民族和宗教差异并无关系，但要摆脱贫困是相当困难的。这就推翻了过去把新政以前的繁荣时代称为黄金时代，并认为这个时代人人机会平等的观点。

随着历史计量方法被广泛采用，在20世纪60年代后期至70年代前期，相继出现了一些主要为历史计量研究服务的杂志，如《计算机和人文科学》《跨学科历史杂志》《历史方法通讯》《社会科学史》等，这些杂志经常大量刊载运用历史计量方法的研究成果和讨论历史计量方法的文章。20世纪70年代，美国还成立了"美国数学社会科学委员会"，该委员会积极推进历史计量方法的使用，曾资助普林斯顿大学出版社出版了10卷本的巨著《数量史学研究》，该书内容包括在历史研究中运用计量方法的一般原则和运用历史计量方法的研究成果，其研究成果涉及西半球奴隶制度和种族问题、美国选举史、议会行为史等。目前，美国已有数十所大学设有研究计量史学的专门机构，一些大学的历史系开设了计量史学课程，芝加哥大学还设立了计量历史学专业，并授予博士学位。

计量史学不仅在美国获得迅速发展，而且在其他西方国家也被史学家们广泛采用，并产生了深刻的影响。在英国，20世纪60年代创立了运用计量史学方法研究人口史和社会结构史的剑桥学派，他们根据统计数字来研究各个历史时代的社会，恢复当时人口数字的实况，分析出生、婚姻和死亡的趋向以及家庭、乡村、城镇人口的分布情况。英国还设立了若干个计量方法研究中心，其中最大的设在剑桥大学。在法国，法国高等研究院第六部是历史计量方法研究中心。法国学者肖尼在风城大学建立了法国第一个计量历史中心，他根据历史上巴黎人口的普查资料，研究了16—18世纪的基督教的情况。年鉴学派的代表人物布罗代尔十分推崇计量方法，在他们的《年鉴》杂志上发表了大量计量史学研究成果。1966年布罗代尔修订再版他的名著《腓力普二世时代的地中海和地中海世界》时，增加许多统计图表来表达历史现象。马茨威斯基等人还出版了著名的《法国经济数量史》。德国20世纪70年代也开始加强对计量史学的研究，1976年成立了计量历史研究会。在日本，一批青年史学家在20世纪70年代中期开始引进历史计量方法，组织了数量经济史研究会，出版了一批著作。小山修山在《绳纹时代的食物和人口》中，通过大量数据资料的统计分析，推算了日本史前时代和上古时代的人口规模及地区分布状况等。苏联也十分重视计量史学研究，曾在科学院历史学部下设立了一个数学方法和电子计算机委员会，并与莫斯科大学历史系苏联史教研室组织召开了一次"历史研究中的计量方法"学术讨论会。随着世界各国计量史学研究的发展，1980年在布加勒斯特举行的国际历史科学代表大会，决定筹建历史计量方法国际委员会，由美、德、匈、苏、瑞典等国家负责。

计量史学的主要研究方法和手段表现在：（1）利用电子计算机，系统地收集、整理和贮存史料，对数量资料进行分类和编码，建立历史资料数据库。（2）运用统计学和数学原理，对历史数据资料进行数量分析，找出研究对象中相对稳定的关系，并用统计图表或数字公式表示出来。（3）建立各种数理模型，对历史现象与过程进行模拟研究。在上述诸方面中，电子计算机的使用是历史计量方法的一个重要特点。使用程序一般为下列几个步骤：其一，系统地积累、贮存史料，使统计分析有可能实现，从而为进一步研究提供基本条件。在对历史资料的处理中，某些具有数字特征的资料，如人口、价格、选举、婚姻、财产登记等方面的统计尤为重要。其二，统计分析。将处理成电码的卡片用电子计算机按不同的要求进行统计分析，往往是大量的数据运算，其中许多运算过程不利用电子计算机是很难进行的。其三，用统计分析的结果来验证理论的正确与否。此外还利用电子计算机建立资料检索库。在美国，利用电子计算机检索的史学家，用10分钟即可以基本查完一个课题，其工作量相当于一个人用30种语言看了200多种杂志上的9万余篇文章。电子计算机的利用为史学研究增添了新的手段，也大大提高了研究工作效率。

当今，计量史学已成为历史学研究中一支有相当实力和影响力的学科，对推动史学研究，具有重要的意义。第一，它使过去无法使用的大量数字资料得到了应用，弥补了旧史料的不足。第二，开拓了史学研究中诸如制度、结构等新课题，并促进了有争议问题的解决。第三，加工整理出利用计算机可进行阅读的大批资料，积累了大量学术研究信息。第四，促进了史学研究队伍的现代化，使史学家在治史的同时也受到一些自然科学的训练。总之，计量史学是当代社会科学与自然科学相融合并在研究中运用现代科学技术而产生的新兴学科，它可以帮助史学家更精确、清楚地提出问题，并从定性和定量两个方面解决问题，得出科学合理的结论。

当然，计量史学同其他一些研究方法一样，不可避免地也会存在一些局限和不足。正如英国著名史学家巴勒克拉夫所说："数量分析能够说明社会的'正常的'状态，而不能说明作为质的变化结果而发生的大的中断以及一个社会形态向另一个社会形态的转变过程。要言之，它能叙述社会过程，却不能独立完全恰当地说明社会过程。"再者，原始资料中的错误和不准确，也使计量的结果必然不大可靠，有人指出："输入的是垃圾，出来的仍然是垃圾。"另外，如何正确地利用历史遗留下来的数字资料也是计量方法中的一个问题。目前西方史学界存在着滥用数字资料的现象，有的史学家甚至片面强调数字资料的客观性，而否定一定的史学理论和思想的指导意义。因此，马克思主义的历史科学在肯定计量史学的价值和吸收其中的科学、有效成分时，也要看到它的局限性，摈弃其中不科学或歪曲社会历史本质的思想，将其恰当、正确地运用到我们的史学研究中，真正发挥计量方法在历史研究中的积极作用。

心理史学

心理史学又称心理历史学，20世纪在西方史学界诞生的一个新的史学分支。它是历史学与心理学相互渗透产生的学科。它通过运用现代心理学的理论和方法，分析某个历史人物或某一社会阶层或集团的心理特征和心理活动，探索人类过去的种种行为，以期对历史现象或历史发展进程作出心理学上的解释。

心理史学的产生，是以精神分析学派的理论和方法用于历史研究为开端的。精神分析学说诞生于19世纪末20世纪初，是由奥地利的精神病医生弗洛伊德（1856—1939）根据诊治神经症的经验创立的。它所集中探讨的是人的欲望、动机、情感，不仅探讨个人现实的行为，还追溯个人的生活史和童年的经历，尤其注重对潜意识的动机和行为的探讨。这一理论应用于历史研究并非偶然，而是有深刻的内在原因。因为精神分析家与历史学家研究历史课题之间有着共同点。其一，两者都是研究人的行为、思想和动机，研究对象大体相同。其二，两者都必须收集资料和证据，历史学家从历史档案和其他历史资料来源中收集，精神分析家则从患者的经历、背景和自述中收集，然后根据资料和证据对研究对象作主观上的分析和判断，这是在研究方法上的相同点。其三，是认识论上的共同点。精神分析追溯个人的生活史，承认人的行为和思想的连续性，这对许多历史学家颇具诱惑力。正是这些共同点，为精神分析与历史学的结合提供了基础。

但是，心理史学真正形成为一个流派或一门学科，经历了一个相当长的过程。首先应用精神分析理论来研究历史人物的是弗洛伊德及其追随者。1910年弗洛伊德率先写出论述达·芬奇的长篇专论。在他的带动和影响下，20世纪20年代西方曾出现一股试图用精神分析理论撰写传记的热潮。不过这批作者既非历史学家也非受过训练的精神分析家，因而他们的作品大多遭到史家的鄙弃，没有引起史学界的响应。进入20世纪50年代后，历史学与精神分析理论融合的时机逐渐成熟。1957年，威廉·兰格就任美国历史学会主席，他在就职演说中认为：当历史学的研究范围已经扩展到社会史、经济史、心智史、科学史等方面时，它的任务已不再是扩大研究的广度，而是向深度发展，这样才能建立"最新的历史学"，而达到这个目的的办法就是应用精神分析理论。他吁请美国历史学家要用心理分析法加深对历史的理论研究，并以此作为"今后的任务"，因为"现代心理学注定要在历史阐述中起越来越大的作用"。1958年，心理史学家埃里克森出版了《青年路德：心理分析学与历史研究》。这是一部经典性的心理史学名著，它的出版连同兰格的演说，标志着心理史学的形成。

在兰格和埃里克森的鼓舞带动下，美国心理史学迅速发展。20世纪60—70年代，许多历史学家怀着极大的兴趣涉猎这一领域，出版了一批专著和论文，并创办了刊物。1970年，利夫顿发表了《论心理历史学》。1971年，梅兹利什主编了《心理分析与历史》。同年，《美国历史评论》连续刊登了彼得·洛温贝格的《海因里希·希姆莱命运的青少年时代》和《纳粹青年追随者的心理历史根源》两文。1973年，创办《童年史季刊·心理历史学杂志》和《心理历史学评论》。1974年，大型论文集《心理历史学研究》出版，从理论上论述了这一新的史学研究学科。1975年，《心理历史学图书目录》出版，收集了美国出版的运用心理分析方法撰写的史学论著的目录。加利福尼亚大学、耶鲁大学、普林斯顿大学等著名大学还招收了心理史学专业的博士研究生。目前，心理史学在整个美国史学界乃至西方史学界呈现日益发展的趋势。在美国经常刊载心理史学文章的刊物有数十种，一些著名的史学刊物如《美国历史评论》《现代史杂志》《历史学家》等，还出过心理史学专辑。据统计，20世纪70年代完成的心理史学博士论文在整个历史科学中占有相当突出的比重。20世纪80年代的统计尚未见到，但有迹象表明其发展速度比70年代更快。就整个西方史学界来说，自20世纪初到1979年，用英语出版的心理史学著述约有1723种，其中书籍457部，文章1131篇，博士论文135篇。此外还出版了417种有关心理史学的理论和方法论的著作。

当前西方心理史学的主要研究领域有：（1）童年史。主要探讨儿童早期的心理状态，它是20世纪60年代以后发展起来的一个新的研究领域。由于童年史构成了研究个性类型和历史上个人和团体行为的基础，因此它引起了历史学家的普遍关注和兴趣。（2）心理传记。主要研究个人的心理状态，研究历史上一些重要人物的童年时期、青年时期直到成年时期的心理发展过程。（3）团体心理史。主要通过对某些团体的心理状态的研究，来解释他们的行为，并进而揭示其在历史进程中的作用和意义。

心理史学的优越性及其与传统史学的区别，在于两个特点：第一，心理分析法依靠理论，特别是依靠精神分析理论来理解和解释历史。第二，心理分析法采纳证据的范围比传统史学方法宽。一般历史学家只从历史往事中寻找证据，但心理学家在依靠理论时，也用现在的事情作证据，来证实他们的解释。总的来说，西方史学家运用心理分析方法研究历史，表现了探索和创新精神，对一些历史人物和事件的某些侧面的解释也富有启发意义，特别是将历史人物的心理状态与其他社会因素结合起来进行分析，确能给人以启迪和借鉴。但是，它也存在着明显的缺点和错误。最根本的问题是它的理论基础是建立在弗洛伊德的理论之上的，这种精神分析理论在某些领域如治疗精神病方面是有价值的，但扩展到纷繁的人类社会历史领域，难免有主观性的缺陷。因为社会历史中的人是实践的人，人的本质属性是社会性，这种属性在阶级社会中则首先表现为阶级性。如果仅从人的本能欲望和心理分析的角度去取舍史料来研究人类社会的历史，很难得出科学的结论。因为不适当地夸大个别历史人物心理状态的作用，忽略经济、政治、社会等因素的制约作用，甚或以推测想象取舍史料，都有悖于治史原则，尤其与唯物史观相去甚远，这当然是难以捕捉到历史的本质的。

当然，心理史学的弊端是可以避免的。马克思主义的唯物史观也从不否认历史人物的心理状态、性格特征对历史活动及历史发展进程的影响。马克思在论述历史的偶然性时说："发展的加速和延缓在很大程度上是取决于这些'偶然性'的，其中也包括一开始就站在运动最前面的那些人物的性格这样一种'偶然情况'。"这里所说的历史人物的"性格"，指的正是历史人物的心理特征。可见，马克思主义唯物史观也承认精神力量对历史发展起"加速和延缓"作用。同时，唯物史观又特别强调人们的思想动机、欲望这些精神和心理因素是社会历史环境和历史潮流的产物。因此，在运用心理分析法分析历史人物的心理特征、气质性格的诸种表现时，还要看到形成这些心理因素的社会历史条件，从而给个人心理特征及其行为与社会历史之间的关系以科学的解释。这样，才能将心理史学的分析方法建立在科学的基础之上，使之成为历史研究的一种科学的方法。

口述史学

口述史学也称"口碑史学"，是历史学的研究方法之一，即运用通过访谈所收集到的口头资料研究历史的一种方法。其内容既包括搜集和使用口述或口传史料的方法，也包括在研究历史中的某些专题时运用这种口述史料。一般是史学家走访社会各界及各阶层人士，请他们回忆自己的经历或见闻，将谈话内容记录和整理，作为历史资料加以运用。

口述史学是一种既古老又新颖的史学方法。在无文字的社会中，人们依靠代代口述，记载下了他们所走过的漫长历史道路，也为今人留下了可供研究与参考的宝贵历史资料。在现今非洲的某些村落里，一些人仍能凭记忆背诵远至十代以上的家谱。这说明利用口述或口传的方法记述和传播历史是可行的。但是，真正运用口述材料研究历史的，当首推古希腊著名史学家希罗多德，他在《历史》中大量地使用了口述材料。

在其之后的修昔底德在《伯罗奔尼撒战争史》中，也使用了不少口述材料。在中国，司马迁的《史记》也记载了一些人们口头流传的旧闻轶事。

然而，口述史学作为历史学研究中的一个分支而真正成为一门科学，是20世纪的事。1933年，美国著名史学家阿兰·内文斯（1890—1971）发表了《通往历史之路》一书，主张运用口述材料研究历史，提出要创立一个组织，"系统地搜集和记录口头传说和近60年内参加国家、社会、政治、经济和文化生活的著名美国人士的回忆"。他认为通过利用口述史料可以避免学者因缺乏原始的文献、文字资料而使研究受到影响。他的主张引起不少史学工作者对口述资料的兴趣。在内文斯等人的倡导和努力下，学者于1948年，主要对哥伦比亚地区一些知名人士做了有关个人经历的采访。以后，内文斯将研究范围扩大到收集美国各个领域中对历史有影响的人物的口述回忆，其中最大的一个项目是通过采访能提供关于美国总统情况的人，对历届美国总统进行口述研究。在内文斯的大力倡导和亲身实践的带动下，口述史学首先在美国逐渐发展起来。20世纪五六十年代，美国各地先后建立了不少地方性的口述史组织和研究机构，至1966年，全美口述史研究机构大约有90个。一批志在开拓新领域的研究者开始把目光投向处于社会下层的广大普通民众，在妇女史、家族史、地区史、黑人史、印第安人史等许多新的史学领域，都使用了口述史的研究方法。1966年9月，美国口述史学家在加利福尼亚的阿罗黑德湖，成立了"美国口述史学会"，并出版专业刊物《口述历史通讯》，后更名为《口述历史评论》。

欧洲一些国家，在二战后也逐渐开展对口述史的研究，近年来呈现日趋活跃的局面。英国史学家在20世纪70年代初建立了口述史学会，出版了专业刊物《口述史》。史学家们越来越多地在著作中使用口述材料，U.莫里斯从苏格兰和威尔士各阶层居民中收集到500多种口述史料，并以此为基础撰写了关于20世纪英国史的著作。另一位英国史学家P.汤普森1978年写了《往昔的声音：口述史》一书，对口述史的发展过程、如何权衡口述史料与文字史料的利弊、口述史料的价值等问题作了阐述，成为口述史研究的比较权威的著作。在法国，进入20世纪70年代后，口述史研究逐渐开展起来，比较有影响的有对法国 1930 年的勃鲁姆政府、1938 年的达拉第政府和 1940 年的维希政府的口述研究；对长衫党的口述研究；对社会保险问题的口述研究；对二战期间基督教徒情况的口述研究；等等。在日本，口述史学方法在地方史、妇女史的研究中也得到普遍运用，有关这些问题的许多著作都是在广泛采访的基础上，利用口述史料写成的。加拿大、意大利、澳大利亚等国的史学家也分别在 20 世纪 70 年代初建立了口述历史档案馆或口述史学会，并出版了专业性刊物。

新的科学技术和科技手段为口述史的发展增添了助力。随着打字机、电影、电视、幻灯片、录像，特别是录音机的出现，口述史的研究方法越来越"现代化"，录音机可以把被采访者所讲的每一句话准确无误地记录下来，使口述史学家不必再依赖笔录和费神的强记，从而更加便利了口述史学家的研究，使更多的口述著作不断问世。近年来，西方史学界出版的有较大影响的口述史著作有：P. 汤普森的《爱德华时代的人》（1975 年）、R. 塞缪尔的《乡村生活与劳动》（1975 年）、W. 特利的《血：一部黑人老兵口述的越南战争史》（1984 年）、L. 帕塞利的《大众记忆中的法西斯主义——都灵工人阶级的文化经历》（1987 年）等。此外还出版了一些专门论述口述史学方法的著作，如 W. 鲍姆的《地方史团体的口述史》、C. 戴维斯等人的《口述史学：从磁带到打字机》、D. 赫尼基的《口述历史编纂学》等。

口述史学作为用来证实、纠正和增补传统的文字历史资料的一种有效手段，在当代史学研究中具有重要的价值和意义。它在搜集和保存史料方面不仅填补了文献资料的空白，而且拓宽了史学研究的范围，使史学研究跃出了文献史料的天地，丰富了史学研究的对象和内容。英国史学家 P. 汤普森认为，口述史料的主要价值，在于它可以阐明那些身后没有留下文献和书面史料的阶层、阶级和社会团体的生活实况，它能接近历史研究的"中心焦点"，它能为整个社会而不仅是为特权上层社会的历史学服务。它为工人阶级的历史开创了十分广阔的前景，而来源于工人阶级各阶层的口述史料和口头证据能够完全改变历史事件的面貌。另一位英国著名口述史学家约翰·托什更进一步论述了口述史学的意义。他认为，口述的材料大多来自普通人叙述自己的亲身经历，所以口述史能够使普通民众的声音与书面记载中那些被精心整理过的社会情况一并为人们所知，能够纠正书面材料有关过去记载中许多方面的偏见。过去社会史学家在研究社会史时，使用的有些记载都留有记载者偏见的痕迹，结果"对工会专职人员而不是对普通工人的记载成了劳工史的特征，对建筑与环境卫生改良而不是对房客生活状况的反映成了住宅史强调的重点，对地产的管理与农村经济而不是对农场工人工作条件的记述占据了农业史的主要内容。而且书面文献基本上出自成年男性之手，那些不属于有闲写作等级的妇女没留下什么文字，同时这些文献中几乎根本找不到有关人们童年经历的记载"。而口述史则有助于改变这种情况，"使社会史富有人的特点"。美国口述史学家斯坦利·维斯塔尔则指出："我们过分地倾向于让印刷的记录获得过多的权威。在采访中，人们有许多机会来测验提供消息者的忠诚、能力和知识。但当我们阅读时，我们什么也听不到。"

另有一些口述史学家认为，口述史学也是一种有效的历史教育方法，在教学上，它能把静态的历史教学变成一种动态的活动，把学生同社会紧密联系起来，使他们对社会的了解不再仅限于书面材料，而是深入社会实际采访、调查，把自己造就成为对社会有用的人才。同时，由于口述史学可以让过去的沉默者讲话，可以反映普通群众的历史风貌，有助于历史学研究多样化、多层次的发展；它与传统的以文献为依据的史学相结合，可以更好地全面真实地反映过去的历史。

当然，口述史也有很大的局限性。在时间上，口述史料只能提供在人们一定的记忆能及的年代范围内的历史。在内容上，主要限于某些专题诸如地方史、劳工史、儿童史、婚姻史等，而对一些较大的课题如有关政治、军事、经济、外交等只能起补充作用。因此，也有不少西方学者对口述史研究方法抱怀疑态度，甚至提出尖锐批评，认为口述史学或许会向学者提供一些"宝贵的线索"，但总的来说却是存了"一大堆废物"。

虽然口述史学受到一些人的批评和指责，但目前在西方仍呈现继续发展的趋势，有关口述史学的著作不断问世，运用口述方法收集材料进行著述的，不仅有史学家，而且还有许多从事新闻、文学、教育等行业的工作者。口述史学现今已成为史学研究方法的一个重要部分。可以预见，随着历史的演进，它将会日臻完善，成为有着广阔发展前途的新史学科，并得到史学家们更恰当的评价和运用。

心态史学

心态史学又称心智史学或精神形态史学，是从法国社会史研究的粗干中独立出来的新分支。它是一门研究历史上人们特别是其中的某一群体或集团的心态结构及其演变过程和趋势的史学新学科。研究对象主要是这种心态结构和各种表现，即历史上社会群体在社会生活中所共有的观念和意识，以及这种观念和意识与当时现实物质环境之间的关系。它是历史学与文化人类学、社会心理学、宗教学、文学艺术等相交叉形成的学科。

心态史学与心理史学常有交叉重叠之处，但二者的含义并不相同。一是二者在研究的内容和手段上不同。心态史学所研究的是历史上社会群体或集团所共有的观念和意识，是人类社会精神文化乃至整个人类历史中最具有相对稳定性的部分，研究方法上，大多仅以一般史学的常规方法来叙述、分析和解释其内容，并不用精神分析学说或心理学的理论。而心理史学则主要是以精神分析理论或现代西方心理学理论为研究手段而形成的史学流派，其研究对象和内容既可以是人类群体，也可以是个人；既可以是心态，也可以是经济、政治、外交等。二是产生的根源不同。心态史学是应西方新史学扩大研究范围的要求而产生的；心理史学虽然也是西方新史学的一个结果，但它不是由扩大史学研究范围直接产生的，而是由新史学要求改进研究手段和西方人文科学各学科间互相渗透的趋势所促成的。

心态史学由法国年鉴学派所始创。1929年，以吕西安·费弗尔和马克·布洛赫为首的年鉴学派发动了对西方传统史学的革命，其主要目标是改变历史学仅以上层的军事、政治活动为研究内容的状况。此后，西方新史学冲破了旧的藩篱，不仅将以往的政治、经济状况列入研究计划，而且将以往的社会文化、信仰和社会群体共有的意识、观念都包括进自己的研究范围，心态史学应运而生。法国心态史学的发展经历了萌生、初步发展和勃兴三个阶段。在萌生阶段，年鉴学派的创始人布洛赫和费弗尔作出了突出的贡献。1924年布洛赫在其第一部重要著作《创造奇迹的国王们：对英法王权超自然力量特征的研究》中，揭示了一种带有奇迹色彩的历史现象：中世纪时，英法两国的民众普遍相信他们的国王具有一种超自然的神奇能力，通过触摸可使淋巴结核病患者痊愈。布洛赫对这一持续了800年的"奇迹"如何由最初的传闻发展为国王定期给病人触摸的一整套礼仪及其消亡，作了全面的考察，其中大量涉及民间信仰和社会心态问题。1939年他的综合性巨著《封建社会》也对中世纪人们的精神状态进行了相当的研究。费弗尔涉及这方面的研究主要表现在两部著作中，即《马丁路德：一个命运》（1928年）和《拉伯雷的宗教：16世纪的不信神问题》（1942年）。前者分析了当时德意志社会中到处存在的不满情绪以及社会冲突与宗教观念之间的相互作用，力图从社会精神氛围的角度阐释马丁路德的个人心态和行为；后者着力考察了拉伯雷所处时代的社会文化和习俗，详尽剖析了各种社会心态，认为宗教已完全融入人们的日常生活，教会几乎控制了人们的一切，断言当时不存在产生无神论思想的社会条件。上述几部著作为后来法国心态史学提供了典范。尽管他们这时并未明确提出心态史学，然而实际上在理论和实践中都已把"心态"引入史学家的领地，为日后心态史学勾勒了一个基本轮廓。因此，年鉴学派的创始人可称得上是心态史学的开创者。

二战结束到20世纪60年代后期是法国心态史学发展的第二阶段。在这一时期，法国著名中世纪史专家乔治·杜比和著名近代史专家罗贝尔·芒德鲁对心态史领域进行了新的开拓工作。20世纪50年代中期，他们在法国高等院校里开设了最早的心态史讨论班。杜比在法国高等实用研究院开设了"17世纪法国人的心态"讨论班，芒德鲁在南方的艾克斯文学院开设了以中世纪心态史为主题的讨论班。1960年，芒德鲁发表了《欧洲的巴罗克：悲怆的心态与社会革命》，此文后来被勒高夫等人视为早期心态史研究的代表作。1961年，他又出版了《近代法国导论（1500—1640）：论历史心理学》，揭示了近代法国各社会群体的心态及其演变。20世纪60年代前期，芒德鲁在为研究生开设普通讨论班的同时，还主持了一个由有关专家参加的高级讨论班，对如何深入开展心态史学的研究进行了卓有成效的探讨。由于他的努力，"心态"一词逐渐被史学界所接纳。巴黎文献学院教授夏尔·萨马朗在为著名的《七星文库》主编《史学及其史学方法》时，特请杜比写了《心态史学》一章，这标志着心态史学正式进入法国的史学殿堂。

20世纪60年代末，心态史学进入勃兴阶段。1968年芒德鲁发表了心态史学的典范之作《17世纪法国的法官与巫师：一项历史心理学的分析》。书中揭示了这样一个历史现象：在17世纪初，对巫术魔法的追究仍然是世俗法律机构的重要任务，巫师被认为是魔鬼的帮凶和策划可怕的堕落阴谋的人，但是到17世纪末，各地法院大都放弃了对巫师的诉讼。芒德鲁从分析这一现象的转变着手，说明了一种心态结构的解体。与此同时，杜比也连续发表了几部心态史学的力作，如《西方基督教的青少年期》《战士与农民》《大教堂的时代》《三个等级与封建主义的想象》等。其中以《战士与农民》最具代表性，他通过分析农民在中世纪时的心态，对当时的赋税制度作了令人耳目一新的解释。特别值得一提的，这一阶段出现了以勒高夫、阿里埃斯、佛费尔等为代表的一大批出色的心态史学家。勒高夫是年鉴学派第三代领衔人物，他于1977年出版了《为了另一个中世纪》、1981年出版了《"炼狱"观念的产生》、1986年出版了《中世纪的想象》等力作。尤其是收入《为了另一个中世纪》一书中的重要论文《教堂的时间与商人的时间》，从中世纪人们的时间观念的变化入手，剖析了贯穿于整个中世纪的人们的心态变化，受到学术界高度评价。阿里埃斯写了《18世纪以来的法国人口史及法国人对生活的态度》（1948年）、《旧制度时期的儿童及人们的家庭生活》（1960年）、《人面对死亡》（1977年）。其研究成果有二：一是人们在避孕及其他性生活有关的问题上的心态变化，二是人们在死亡问题上的心态变化。佛费尔是当前法国心态史研究权威，也是法国著名的马克思主义史学家，他的代表作有《普罗旺斯对死亡和彼世的看法》《巴罗克式的虔诚和非基督教化：18世纪普罗旺斯对死亡的态度》《过去的死》《宗教与革命：共和二年的非基督教化运动》《意识形态和精神形态》等。在上述心态史学家的影响下，许多年轻的史学家投身于心态史的研究，许多杂志的栏目、硕士和博士论文题目也朝这一方向转变，心态史书籍成为出版业中的畅销书。当前心态史学已成为法国学术界的一门"显学"，一位法国心态史学的大师骄傲地宣称它是史学研究的最高峰，是全世界史学的必由之路。

心态史学开辟了史学研究的新领域，更新了人们对史料的认识，使人们精神活动方面的研究得到了应有的重视，也深化了社会史的研究。心态史在总体上应属于社会史的范畴，但以往的年鉴学派的史学家多偏重于对社会经济史的研究，尤其是长时期的结构或态势的研究，而忽略了人们精神生活对社会发展的影响。心态史学的兴起无疑给社会史全方位的研究提供了一个全新的角度。同时，心态史学为跨学科研究，特别是计量方法提供了理想的用武之地，扩大了年鉴学派和新史学派在学术界的影响，它标志着研究的重点从社会经济向社会文化的转移。当然，心态史学本身也还存在着不足，如有的学者过分强调心态的地位和作用，往往把心态作为一个完全独立的实体，片面拔高心态的地位，或热衷于研究某一历史时期的共同心态，往往只看到心态的时代性，而对其阶级性等注意不够。此外还存在着总体性、综合性研究日趋减少、"史学碎化"现象日益突出的偏颇。这些问题都是心态史学今后所要克服的。

心态史学还是一门较年轻的学科，除法国外，西方史学界对其认识也不统一，所下的定义也众说纷纭。在美国，有人把心态史学纳入历史心理学的范畴，有的则把它与文化史等同起来。在我国，心态史学尚处于传入介绍阶段，一些学者已发表了许多专文，如罗凤礼的《再谈西方心理历史学》（《史学理论》1989年第4期），田晓文的《从精英文化到大众文化——西方新心智史学研究动向》（《史学理论研究》1992年第2期），吕一民的《法国心态史学述评》（《史学理论研究》1992年第3期），等。但是，运用西方心态史学理论和方法研究我国历史上社会群体或集团的心态结构、观念认识及其演变，尚是一块有待开拓的处女地。

新政治史学

　　新政治史学是研究国家政治现象、政治行为、政党力量和人民群众政治态度发展变化及其规律的学科。历史学的新分支。研究对象上，它摈弃传统史学注重研究王公贵族、主教、将军、元首领袖等精英人物的倾向，转而注意下层人民群众。研究方法上，它跳出叙事方法的藩篱，引进自然科学和社会科学中一些新兴学科的研究方法，将叙述与分析、短时段研究与长时段研究、事件研究与趋势研究等结合起来进行研究。研究领域上，它打破传统政治史的偏狭，将研究范围推向更广阔的领域。其基本特点是，把传统政治史与行为科学和数量方法结合起来，强调政治史研究中政治概念、政治象征和意识形态的重要意义。

　　新政治史兴起于20世纪60年代的美国史学界。1961年，美国著名史学家李·本森发表了一部力作：《杰克逊民主主义的概念》。该书被认为是第二次世界大战后美国政治史教学中最权威的著作之一，是20世纪60年代美国学术思想和学术研究的顶峰。该书把历史作为一门"政策科学"，运用计量史学的分析方法，通过对美国选举结果报告作量化分析，论述了19世纪30年代和40年代美国的政治运动，从而奠定了新政治史的基础。此后，一些史学家纷起响应，运用行为研究方法和严格的分析法加强对美国政治运动的研究。20世纪60年代后期，相继出版了美国新政治史学家的三部重要著作，即1967年乔尔·西尔贝的《党的圣地：1841—1852年代表大会的选举行为》、托马斯·亚历山大的《地方压力与政党力量》和1969年米歇米·霍尔特的《1848—1860年比特斯堡共和党的形成》。这三部著作，将美国新政治史的研究推向了高潮。与此同时，美国著名新政治史学家阿兰·博格发表了题为《美国"新政治史"》的论文，从概念和方法上探讨了这门新兴学科的特征。美国"大学间政治研究联合会"和美国历史协会的"政治史数量资料特别委员会"还共同组织了"新政治史"大型讨论会。李·本森则领导一研究小组，致力于整理美国历史上的选举资料和国会唱名册，以便使用电子计算机统计分析。20世纪七八十年代以来，新政治史研究不断发展，并创立了一些新的研究机构，完成了数百项研究计划，取得了丰硕的研究成果。目前，这一学科已在美国史学界得到公认。

新政治史的主要研究对象是美国政治集团的选举行为。新政治史学家认为，选举行为不仅反映了社会、文化和经济团体的价值，也反映了重大政治问题和国民的思索意识取向。对选举行为的研究，主要表现在四个方面。（1）群众的选举行为。美国后起的新政治史学家瓦尔特·伯纳姆通过研究得出的结论是：美国选举的群众性，是19世纪90年代政治改组之后才开始的，而在此之前，符合选举条件的成年男子大多被排斥在选举之外。另一些新政治史学家如库萨尔、腊斯克和斯塔格尔等，通过研究则证明，在选举上对南方选民的待遇是不公平的，黑人和贫苦白人都从南方选民队伍中被排挤出去。（2）选举行为上的种族文化模式。李·本森认为，相同的种族文化集团的成员，往往在政治上会作出相同的决定。克莱伯纳则认为，党派的形成并不是根植于经济上的阶级差别，而是共有价值的政治表达，这种表达归因于选举人的种族或宗教集团成员的地位。20世纪60年代末、70年代初，有些学者开始用回归估计的研究方法，来测定某一社会集团或文化团体在选举行为上的文化模式。（3）选举中文化因素的作用。新政治史学家对文化因素，特别是种族文化因素和宗教文化因素在选票上的价值，作了重点分析，其方法是把文化因素与数量资料、文字史料相结合进行分析。（4）党派在选举中的竞争。新政治史学家以选举问题为突破口，研究了美国国会中各党派间的竞争，以及联邦政府和州政府通过相互对抗的政党来交替执政的情况，揭示了历史上一些政治改组的内幕，对某些政治问题起到了曝光的作用。

新政治史学的理论和方法，打开了政治史研究的新天地，推动了史学研究的发展。特别是它注重政治行为、政治文化、政治心理以及数量统计分析的方法，对更新史学观念，促进史学进步，具有重要的价值和意义。当然，新政治史学不可避免地存在着许多局限性，如有些新政治史学著作在量化研究方面还不够严肃；有的新政治史学家往往缺少传统史学家的深厚功底；特别是在研究中缺乏马克思主义的阶级分析方法，忽略了广大劳动人民在推动美国政治进步中的作用；等等。尽管如此，作为一门新兴学科，在反叛传统政治史学的研究上，还是有许多值得我们借鉴之处的，尤其对我们研究西方政治史，有一定的启迪作用。

文化历史学

文化历史学是研究人类社会文化现状及其发展过程和发展规律的科学。历史学的分支。它是历史学与文化学、人类学、民俗学等交叉形成的学科。主要研究对象为：文化特质、文化功能、文化类型，民族文化的特点、形成和发展的过程，各种文化要素在人类文化整体结构中的作用、地位及其相互作用与影响的历史过程和规律，文化的趋势，不同文化源流的交往与融合的历史机制等。

文化史的研究，在西方可追溯到18世纪。法国启蒙思想家伏尔泰1756年出版的《论世界各国的风俗与精神》，是西方第一部文化史专著，开创了西方文化史研究的先河。他从世俗的观点把世界历史作为一个整体来考察，肯定中国、波斯、阿拉伯、印度等欧洲以外的其他各国人民对世界文化发展的巨大贡献；并把世界上所有的巨大文化中心的历史事件联系起来比较研究，指出东方文化优于西方文化，曾对西方文明产生过重大影响。他批驳了《圣经》所说的人类文化起源于希伯来人文化的谬误，并把欧洲的文明发展史放到博大的世界文明中去研究衡量，克服了以往西方史学以欧洲为中心的偏狭史观。伏尔泰在书中还提出了一个研究文化史的庞大纲领，包括科学发明史、技术发展史、艺术史和经济史等，倡导把人类的精神文明的进步作为专题加以研究。19世纪后半期到20世纪初，文化史研究引起欧美一些学者的关注，主要代表人物有英国的巴克尔、瑞士的布克哈特、德国的普雷克特、美国的罗宾逊等。进入20世纪初，以法国"年鉴学派"为代表的新史学逐渐崛起，使以德国的兰克为代表的传统实证主义政治史学观受到挑战。新史学主张把人类文化作为历史研究对象，并从整体上进行研究，出版了一批影响深远的文化史论著。由此，文化史学开始受到世界各国史学家的普遍重视。第二次世界大战以后，特别是20世纪七八十年代以来，西方史学界的研究兴趣普遍向文化史转移，不论是年鉴学派还是马克思主义学派，都把注意力由"硬件"转向"软件"。文化史学家涉猎的范围十分广泛，美国学者 L. 亨利在其编著的《新文化史》一书中，所收入的当代文化史的文章内容包括从民众节日游行的形式分析社会结构，用文学批评中的"接受审美"理论重新检验史料，从文学描写分析特定时期的特定心理状况，以及从室内装饰看文化环境等，既有思想史、民俗史、社会史的内容，也有文学批评理论在史学中的应用等内容。实际上，文化史并不仅仅是一个内容或范围的问题，更重要的是一个方法问题，因为任何历史课题都可以从文化史的角度来研究。近年来常常可以听到"大众文化""政治文化""企业文化"等术语，这些原本属于文化人类学、政治史和经济管理学上的命题，现在都成了文化史学的范畴，这在一定程度上也反映了文化史学的兴盛。

　　文化历史学研究的主要内容可以概括为三个方面：（1）研究不同时代、不同国家和民族的文化特征，运用综合比较的方法探讨文化的形成、内部结构和表现形式。文化是人类社会发展过程中逐步形成的一种复杂的历史现象。它作为一种观念形态，总是在一定的地理环境和社会结构中发展起来并受其制约，因此，文化必然具有鲜明的时代性、地域性和民族性。综合研究各民族、各地域及各时代的民族文化便成为文化史学的重要内容。（2）研究文化在人类社会历史进程中的地位与作用，从文化与社会政治、经济的相互关系的角度，探讨文化在不同地域、国家和民族的不同时代中的功能。文化会反作用于社会的经济、政治过程，只有将文化置放在更为广阔的背景下和更为深远的历史层次上进行研究，才能揭示文化在促进人类发展过程中的作用和功能。（3）研究各种文化的流动、交融及其因果关系。民族文化发展过程必然是自身的传递过程和与各种文化相互交融、相互影响而形成的综合过程，即纵向的继承发展和横向的交融。这种"纵横"传递、交流、继承和融合的关系，便成为文化史学的重要研究内容。文化历史学常用的研究方法是综合比较的宏观研究法和具体分析的微观研究法。近年来，欧美一些文化史学家开始重视统计法、数学模拟法，并广泛采用电子计算机进行模拟分析、研究。

中国的文化历史学研究，早在20世纪30年代前后就已经开始。中国学者在译介外国主要是欧美、日本学者的文化史著作的同时，也对中国的文化史进行了研究，出版了一批著述，如柳诒徵的《中国文化史》、杨东莼的《中国文化史大纲》等，但总的来说，较为落后。近年来，文化历史学的研究开始引起中国史学界的重视，掀起一股文化研究热潮，特别是中西方文化对比研究、中国传统文化与现代化，成为学术界的热门课题。1982年12月，在复旦大学举行了全国首次"中国文化史学者座谈会"，讨论了中国文化史的研究对象、范围和特点等重要的理论问题。1984年3月，创办了全国第一个文化史专门刊物《中国文化史研究集刊》。1986年6月，在复旦大学举行了"首届中国文化国际学术讨论会"。目前，北京、上海、西安、武汉、天津等地都有了文化史研究的群众性专业学术团体。西安和武汉重点研究汉唐文化和明清文化，四川重点研究巴蜀文化，湖南、湖北重点研究荆楚文化，上海、北京等地则致力于外国文化史和中外文化史的比较研究。我国学者对文化史学的研究特点，倾向于从整体上将文化作为一个系统进行研究，主张打破各文化之间的界限，从总体上开展对中国文化各学科之间的综合研究。虽然中国的文化史学研究比欧美起步晚，但若以当前的势头发展下去，这门新兴学科在我们这个文化古老的国度里，必将大有所为，硕果累累。

历史地理学

历史地理学是研究各历史时期地理环境结构及其发展变迁规律的科学。它是历史学与地理学相互交叉融合而产生的新兴边缘学科。历史学与地理学相交叉可产生两门学问：一是作为地理学分支之一的历史地理学，研究对象是各个历史时期地理环境的演变和规律；二是作为历史学分支之一的地理历史学，研究对象是过去地理环境之中的有意识的人的活动，即用地理学的理论和方法去研究有关历史现象。其实二者实难截然分开，因为二者研究的对象难以分割，所用的方法既有历史学的方法又有地理学的方法。从广义上看二者实可以等量齐观。因此有人认为，历史地理学可视为地理学的分支，但也可视为是历史学的一门分支（任乃强：《略谈我研究历史的方法》，《历史知识》1981年第1期）。

史地结合的研究，在我国源远流长，可追溯到汉代。汉成帝时我国目录学的始祖刘向，即进行了疆域地理志的研究；朱赣的《风俗记》，则进行地方地理志的研究；东汉史家班固的《汉书·地理志》则是中国封建社会沿革地理的创基佳作。沿革地理在中国封建社会隶属于史学范围，并被当作史学的辅助工具而应用和研究。以后历代也多有名著，如郦道元的《水经注》、顾祖禹的《读史方舆纪要》、杨守敬的《历代疆域图》等等。但这些著作只限于考察地理现象的沿革，考证古今地理现象的异同，而未形成以历史时期全部地理现象作为对象研究其变迁规律的独立的历史地理学。到了近代，顾颉刚教授倡导组织的"禹贡学会"，在前人研究的基础上，对边疆史的研究也多有成绩。1938年他与史念海合著了《中国疆域沿革史》，1934年组织北大等校学者创办了《禹贡》半月刊，促使当时学术界形成一股研究历史地理的风气，取得一批研究成果，培养出一批历史地理学专门人才。但是解放以后，关于地理环境对客观历史进程所起作用诸问题，曾引起过争议和讨论，斯大林关于地理环境作用的论断成为主要理论依据。斯大林的论点虽然没有在理论上完全否定地理环境的作用，但在实际研究中却极少有人专门从地理的角度去说明或解释历史。因此，解放以来，我国学者虽然在历史地理研究方面取得很大成绩，但从地理角度研究历史、说明中国社会特点等理论领域却建树无多。正如侯仁之在《光明日报》1988年9月21日发表的《扩大我们的科学视野》中所指出的：解放以来，我国在历史地理学方面虽然进行了大量的专题研究，积累了丰富的第一手资料，但却很少有人进行理论上的全面总结，对于国际上历史地理学的新理论和新发展，也不像20世纪50年代初那样给予应有的重视和介绍。党的十一届三中全会以后，我国学者才真正开始了对这门学科的研讨。1981年，中国地理学会历史地理专业委员会创办了《历史地理》学术刊物。1985年，谭其骧教授主编了《中国历史地图集》，这是一部中国历史地理学学科建设上具有开拓性建树的著作，同时一大批具有真知灼见的论文，也纷纷面世，如黄盛璋的《历史地理学与历史学》（《史学月刊》1983 年第 1 期）、严钟奎的《论地理环境对历史发展的影响》（《暨南学报（哲学社会科学版）》1985 年第 3 期）、徐咏祥的《论导致普列汉诺夫地理环境决定论倾向的理论根源》（《中国社会科学》1986 年第 1 期）、宁可的《地理环境在社会发展中的作用》（《历史研究》1986 年第 6 期）、赵世瑜的《二维视野：地理环境影响人类历史的新解说》（《光明日报》1987 年 7 月 19 日）、李著鹏的《系统的输入与历史的特殊性》（《世界历史》1989 年第 2 期）等等。这些文章从各个角度阐述了地理环境对历史发展所起的作用，对历史学与地理学的结合作了理论上的探索。

在西方，历史地理学也经历了从沿革地理向历史地理的演化过程。19世纪以前，欧洲也是将历史地理作为古代学、历史学的辅助学科对待的。1880 年英国学者弗里曼出版了《欧洲历史地理》，这是世界上第一部历史地理学著作，但也仅停留在考察地理现象的沿革上。1902 年，英国地理学家麦金德出版了《不列颠与不列颠海洋》一书，主张历史与地理的统一，认为只有通过考察地域变化的历史过程，才能进一步预测地理现象的未来。麦金德的学说，是对历史地理学的创论。但是，真正从理论和方法上奠定历史地理学基础的，还当推法国年鉴学派。1922 年，费弗尔发表了《大地和人类的进化：地理历史学导论》，从方法论上特别是从地理学与历史学的关系上论述了他的新颖的历史观。在这部著作中，他批判了传统史学割裂人类史与自然史的倾向，认为历史研究的对象是人，而人是自然界的一部分，因此应把对人类历史的研究与对人类生活的自然环境的研究紧密结合起来，历史学家不考虑地理环境就不能研究社会的发展，地理学家不考虑人类对地理环境的影响就不能理解自然的变化。但是，他也反对那种认为人类社会的发展都取决于地理环境的地理决定论，认为自然环境只能为人类发展提供一些可能性，却不是决定人类发展的必然性因素。他指出，历史地理学要研究的基本问题，并不是地理环境对人类历史的影响，而是人类社会与地理环境的相互关系。这部书在史学界和地理学界均产生了巨大影响，成为这门新的边缘学科的奠基之作。1935年，他与阿尔贝·第戎合著了《莱茵河：历史和经济问题》，进一步阐述了上述理论，认为莱茵河这样的大河虽然可能成为政治疆域的分界线，但不能将人们隔开，它是将沿岸人们联系起来的航道，从古代、中世纪到近代，它都发挥着经济和文化纽带作用。费弗尔这位年鉴学派大师的理论，后来逐渐被西方学者接受，从而最终形成这门新的学科。

历史地理学的研究内容十分广泛，可分为下列几个分支：（1）历史自然地理学。研究各个历史时期自然地理现象的分布、变迁及其发展规律。（2）历史人文地理学。研究各个历史时期人文地理现象的分布、变迁和发展规律。它又可分为研究历史上某一国家或地区生产力的分布、发展及其规律的历史经济地理学，研究历史上疆域行政区划形成、划分及其变迁的历史政治地理学，研究历史上居民的分布、变迁及其规律的历史聚落地理学，研究各个历史时期文化地理现象的分布、传播与变迁的历史文化地理学，研究各个历史时期有关军事地理的分布及变化的历史军事地理学等五个分支。（3）历史区域地理学。主要对地区或部门之间的历史地理因素，进行综合研究、考察。（4）历史地图学。用地图法表达历史地理学的研究成果，属地图学与历史地理学交叉融合形成的边缘学科。

历史地理学作为一门独立的学科，今后将在很长时期内存在并发展，它对地理学和历史学的研究以及对各个历史时期的地表演变及其规律的研究，均具有很大的价值和意义。

历史社会学

历史社会学是运用社会学的特定范畴与方法研究社会现象及其变迁规律的学科。它是一门具有历史倾向的跨学科的社会学科，主要由历史学与社会学交叉而形成。其主要研究任务是对历史上社会结构和长期变化过程进行研究，综合人类社会的事实，考察人类社会文化的变迁，阐明人类社会的起源及社会组织、结构、制度等发展、变化规律。

历史社会学的产生和发展，经历了三个时期：（1）初步形成时期

（19世纪40年代至20世纪20年代）。在这一时期，马克思、托克维尔、埃·杜尔海姆以及马克斯·韦伯等人第一次提出了有关历史社会学的论题，并做了富有成就的研究，于是历史社会学便得以初步形成。这一时期的历史社会学，基本课题主要围绕着欧洲工业化以及民主革命的社会起源而展开的。但这一时期历史社会学从学科意义上说，还不成熟、不完善。（2）消沉时期（20世纪20年代至60年代）。这一时期，由于社会学领域实证主义成分的过度膨胀，致使社会学的主流发展到了完全脱离历史的地步。在这种背景之下，从总体上看，历史社会学难以引起人们的关注而消沉下来。尽管如此，仍有少数学者在进行研究，如皮·亚索罗金关于人类文明发展史的研究，乔·霍曼斯对于历史背景和事件的当代社会学分析等，均取得了一定的成就。（3）复苏、重建和兴盛时期（20世纪60年代至今）。在这一时期，由于极端实证主义热情的冷却，一些学者开始寻找新的视角、新的思路与方法研究社会问题，于是历史社会学开始受到学术界的重视。特别是自20世纪50年代起，从事发展研究的学者们看到，第三世界的"低度发展"状况实际是殖民主义、帝国主义以及富国控制的结果，不能用"发达"国家的历史经验来规定这些国家的发展道路。因此，第三世界国家必须在所处特定的历史背景下制定自己的发展模式。这种思路极大地激发了社会学学者们历史地研究既定社会现象的兴趣，于是，历史社会学的命运出现巨大转折，日趋兴盛起来。这一时期，对历史社会学进行研究并作出贡献的典型代表人物，应首推美国学者查尔斯·蒂利和伊曼纽尔·沃勒斯坦。自20世纪70年代中期以来，他们创造性地把历史倾向引入社会学研究，并在美国各种社会学会议上，提交了一定数量的历史论文，从而将历史学同社会学有机地统一起来。目前，历史社会学的题目成为许多重要的社会学学术讨论会的重要内容，许多大学也都开设了历史社会学课程，各种学术杂志、报刊也竞相辟出"历史社会学"专栏。进入20世纪80年代中叶以来，美国一批才华横溢的学者在历史社会学方面取得了突破性的进展。如杰尔·科恩通过对文艺复兴时期意大利经济的研究，对韦伯关于理性资本主义理论进行了重新考察；杰克·戈德斯通运用比较研究的方法，对英国革命的人口和制度前提进行了仔细探索；维克多利亚·邦内尔对20世纪早期俄国暴动的根源进行了细致的研究；玛丽·佛尔波若克对普鲁士、沃尔坦波哥和英格兰的清教徒和虔信派教徒的宗教运动进行了开拓性的分析；等等。这个时期的特点：研究范围拓宽，课题增多，方法科学。特别值得注意的是，历史社会学家们通过各自的研究，对非西方国家和民族进行了深入的历史比较，从而改变了以西欧为研究对象的传统做法。

历史社会学的研究包括两大基本内容：（1）对于某些历史现象进行社会学的研究和分析。从选题及理论框架上来看，历史社会学试图超越历史学的传统题目与理论框架，其研究的历史现象主要有下列几种类型：城市及其他社区、人口变动、家庭、婚姻冲突，精英、分层、社会流动，集体行动、大众文化等。在研究方法上，历史社会学运用了社会学的一些技术方法来加工处理历史资料。如查尔斯·蒂利对历史上的革命和起义这种现象即作了社会学的研究，他认为革命和起义是一种集体行动"集体暴力"，这种社会学的概念所包含的意蕴要甚于历史学中的革命和起义一类的概念。他在《造反的世纪：1830—1930年》和《阶级冲突与集体行动》等著作中，对历史上多种类型的"集体暴力"进行了认真的研究，总结出了有关阶级冲突达到怎样程度才会引发这种群众性的"集体暴力"。奥地利历史学家迈克尔·米特罗尔和雷因哈德·西德尔对于历史上的欧洲家庭作了典型的社会学分析，他们在合著的《欧洲家庭史》中，使用社会学的特有方法分析了历史上欧洲家庭的职能、结构类型、家庭周期、家庭冲突、代际关系、老龄关系、家庭政策等系列问题。（2）对某些特定社会现象的溯源研究。历史社会学家在按照社会学的范畴与方法选择了一些既定的社会现象作为研究题目之后，没有将研究限于其结构、功能范围以内，而是把这些既定的社会现象作为在历史过程中所形成的事物来处理，着重分析这些既定社会现象得以形成的原因以及它们的历史演变线索，这同传统社会学的做法是不同的。在对某些既定社会现象的溯源研究上，伊·沃勒斯坦有关当代世界体系的分析较为典型。他认为，当代世界体系的诸项特征，都可以从历史过程中找到其得以形成的根源。与以往的世界性帝国及各色各样的小体系不同，1500年前后所出现的资本主义生产方式有着一个明显的趋向，这不是广泛扩张性。15世纪，首先在欧洲形成了以经济力量雄厚的英格兰为核心，以经济实力稍弱的威尼斯为半边陲的早期世界体系。从16、17世纪开始，在重商主义及殖民主义的强力推动下，世界体系逐渐向世界各地蔓延。最终，俄国、印度、马来西亚和拉丁美洲均开始了边陲化，世界大体系得以形成、确立并延续至今。巴林顿·摩尔1966年出版的《专制和民主的社会起源》，对现代政治制度的分析也采取了类似的做法。他认为，要弄清现代政治制度这种社会现象，必须从其产生、演变的历史过程中寻找根源。他从复杂的全球性的现代化过程中，理出了三条主要的政治发展脉络：以英、法、美为代表的西方民主道路，以德、日为代表的法西斯主义道路，以俄国、中国为代表的社会主义道路。这三条道路得以形成的根源在于不同时代、不同社会背景下阶级关系模式的变异和转换。他认为两大文明形态社会遗留下来的大量阶级因子，会对现代的政治制度的形成产生强烈的影响，使之多类型化、复杂化。

历史社会学的特点：（1）跨学科性。历史社会学是处于历史学与社会学这两门学科之间的一边缘性学科，具有这两门学科的双重属性。在实际研究中，历史社会学学者既可从历史学家那里借鉴档案的方法，或把历史学家的著作当作第二手的论据；也可从社会学家那里借鉴特定的社会学研究方法，并以社会学的观点去解释历史问题。因此，人们有时很难区分历史社会学的研究内容到底是属于历史学的领域还是属于社会学的领域。如历史上的城市化问题、资本主义的发展、民主政治的起源等，既有历史学的色彩，又有社会学色彩，很难简单地将它划归为历史学的领域中考察，而只能归为历史社会学领域。正是这种跨学科的特点，使历史社会学的发展有着极大的潜力。（2）侧重宏观研究。历史社会学的研究课题多为宏观性题材，如人口过程、社会流动、社区研究等。即使是一些微观性的选题，也作宏观研究的处理，将其放到广阔的历史背景中，充分考虑各种社会因素对它的制约与影响，使之"宏观化"。（3）重视比较历史研究。通过对历史上两个以上事物的对比，找出事物之间的相同点与相异点，用以解释事物存在与发展的一般性规律和特殊性规律。尤其对既定社会现象的溯源研究是历史社会学的一个很重要的内容，其方法是选择两项时间上相似、空间上相隔、本体内部相似或相异的既定社会现象，将之分别推返至各自曾经历过的历史环境中，然后进行比较，分析是怎样的环境或过程塑就了它们各自的相同或相异之处。这种做法会使人们对既定社会现象演变原因及过程的理解更为丰富、更为深刻。

历史社会学对于从总体上克服社会学界的一些重大偏执，以及对历史事实进行新的分析、形成新的解释都起了有益的作用，对某些历史事实的研究得出了合乎科学、合乎规范性的解释，取得了不小的成就。但是，它目前也存在着一些缺陷。第一，尚缺乏应有的体系性，在使用的概念、方法上存在着不统一、不规范的情形。第二，仅仅拘于具体历史现象的研究，没有将历史现象上升到普遍的、一般性的历史因素的高度去概括与研究。第三，对历史因素的社会功能问题的研究有所忽略。现在，历史社会学已移植到我国的学术界，在大家的悉心扶植下，克服上述缺陷，它一定能得到迅速的发展。

新人口论史学

新人口论史学也称马尔萨斯主义史学。当今西方社会经济史学的新分支。历史学与经济学、人口学、家庭史学等交叉形成的学科。它是以生态平衡规律研究人口发展与生活资料的关系、人口与就业的关系的学科。

新人口论史学与马尔萨斯人口论有着血肉相连的关系。马尔萨斯是英国经济学家，1789年他发表了《人口论》，提出"人口原理"，认为食物为人类生存所必需，人口的增殖力相对于土地生产人类生活资料的能力是无限大的，因为人口在无妨碍的条件下，按几何级数增加，而生活资料只以算术级数增加，但人类生存必需食物的自然法则必须使这两种力量保持平衡。贫穷与罪恶等就是这自然法则作用的必然结果，因为贫困、罪恶等抑制了人口的繁殖力，抑制了人口增加。他认为：平等制度会鼓励人口增殖，即使平等制度实现，也会由于人口原理的作用很快遭到毁灭。因此，"人口原理"是社会一切灾难的根源，无论怎样完美的"平等的社会制度"，也最终将要遭受人口增长超过生活资料增加的破坏。由于马尔萨斯否认人口的社会性，把人口规律视作永恒的自然规律，马克思在历史唯物主义理论领域内对此进行了批驳，指出人口问题是社会问题，社会生产方式决定人口规律，人口问题虽然影响社会的发展，但并不对社会发展起决定性作用。马尔萨斯所看到的各个社会所共有的规律即生态平衡规律，在理论上是有一定合理性的，因此，这一规律也就成为新人口论史学的基础。

第二次世界大战以后，资本主义经济出现高速增长，但好景不长，20世纪五六十年代整个经济陷入危机，经济停滞，民主运动不断出现，失业现象频频发生，一系列社会经济问题有待于资产阶级学者来解释。于是，英、法及西欧其他一些国家出现了一批探索人口与经济发展关系的经济史学家。1950年在巴黎第九次历史科学国际会议上，英国学者麦·波斯坦发表了《中世纪社会经济基础》，文中强调指出应将人口作为历史研究的重要因素考虑。此文一出，引起许多英国史学家的同声呼应，形成新人口论史学派。几年以后，该学派的学者在各个领域著文写书，发展了新人口论史学。其中有代表性的新人口论史学著作有：J.N.蒂托的《英国的农村社会》（1969年），J.哈彻的《瘟疫、人口和英国经济》（1977年），E.米勒和J.哈彻的《中世纪的英格兰》（1978年），M.W.佛林的《英国人口的增长》（1972年），D.钱伯斯的《英格兰前工业化时期的人口、经济与社会》（1972年）等。这些史学家都把马尔萨斯人口论奉作至理，撇开社会生产关系，将阶级关系置于视野之外，试图从人口发展的变化中寻求社会经济发展的条件，从而形成新的人口理论。到20世纪70年代中期，新人口论史学在系统的资料基础上稳步发展，并形成了自己的理论体系。

马尔萨斯人口论与历史人口学相结合，构成新人口论史学的支柱，其理论基础是人口与生产资料的平衡。人口是社会生活的主体，人口问题对社会有着各种影响。人口发展与社会发展不相适应，势必产生一系列社会问题，而社会问题又往往成为人口变动的历史背景。在人类社会的各个历史时期，特别是以农业为主的前工业化社会，人口生产能力与生活资料生产能力相互作用，推动供求规律发挥作用，从而导致社会经济的变革。由于人是生活资料的生产者，英国经济史家波斯坦断言：从根本上讲，"人口的数量决定整个经济的运行和个人财富的变动"。因此，新人口论史学的任务就在于研究人口过程与各种社会因素之间的关系及其相互影响，了解它们在发展过程中已经出现或可能出现的不平衡以及由这种不平衡带来的各种现实问题，在此基础上探讨人口与社会协调发展的规律。

　　要论证人口发展对社会经济运行的决定作用，必须掌握较为准确的人口数据和人口发展特征。早期的历史人口学家多从一些残缺不全的人头税表、课税表推算人口的数量及其变化，根本不能说明人口长期变化的趋势。为了弥补这一缺陷，新人口论史学家采用或创造了一些新的计量研究技术，对各个时期的人口进行计量研究，例如采用新模拟法、聚集分析法、家庭重建法等，重现了有关人口数量、出生率、婚姻率和死亡率的变化趋势。新人口论史学家认为，人口发展的周期通过市场经济中三个要素即地租、物价、工资对社会经济运行发生决定性作用。因此，他们提出人口与经济要素相关联的三个重要假说。第一个假说：社会的生活资料需求与土地资源的供给之间有着直接的联系，这里指的是人口与土地的比例均衡联系。这种关系的变化表现为地租的提高和减少。地租代表土地的价值，而土地价值的变动归因于人口发展对土地需求的变动。第二个假说：物价根据供求规律发生波动，而这种波动影响社会和经济的状况。一般说来，物价特别是粮价的变动反映人口数量的变化。尽管货币贬值、收成好坏、消费方式等其他因素也会产生物价的波动，但人口发展因素在供求规律中占首要地位。第三个假说：工资根据可就业人数的变化而波动。人口数量的变动说明社会劳动力的增减，而劳动力供求的不平衡又导致劳动价格的波动；劳动价格的波动不仅仅意味着工资支付的变化，而且说明生活水平的变化，因此，社会财富分配的不均是由于人口数量变动的缘故。上述三个假说，构成了新人口论史学阐述历史发展的准则，这是在马尔萨斯人口论的基础上形成的新的"人口学模式"。

新人口论史学对历史的研究有许多合理之处。英国马克思主义史学家希尔顿在 1986 年出版的《阶级斗争和阶级冲突》中说："应该承认，在重申封建生产方式中领主与农民之间的剥削关系的同时，也应该强调波斯坦学说的满腔热情（即新人口论史学派）对我们了解晚期中世纪经济的合理贡献，即农业人口与土地资源的相互联系。"确实，在以农业为主的前工业社会，无论处在哪一种社会经济形态之下，农业人口与土地资源平衡关系的变动都会对经济和社会的变革产生极大影响。早期的一些经济学家和历史学家一直认为：中世纪封建时期是自然经济时期。这就低估了封建社会的商品生产和国际贸易的发展程度。新人口论史学从人口发展与价格（工资）的关系的研究中证明，庄园经济和农民经济中的简单商品成分极高，货币关系在中世纪初就进入封建经济方式，因此，农民交换中用劳动量来计算商品量的习惯价格向适应价值规律的市场价格转化。这一史学成果对传统史学观念的变革具有重要意义。新人口论史学对早期工业化的研究也有一定贡献。如波斯坦认为，从近代工业化的早期历史看，工业化的开始需要三个先决条件：一是充足的粮食供给以保证日益增长的人口需求和城市人口的扩大；二是国内市场网络的建立；三是越来越多的人口从农业转向工业的生产部门。18 世纪英国的工业化和 20 世纪初俄国的工业化均在上述三个条件下开始的。20 世纪初美国和加拿大工业化的开始也具有类似的特征。

当然，新人口论史学在史学方法论上也存在着谬误。其一是"马尔萨斯主义的谬误"。新人口论史学家认为，社会经济的发展在不同历史时期只有量变的变异，不存在任何质变；在所有量变因素中，人口数量变动是首要因素。于是，他们把人口的周期性变动看作解释历史上一切重大变化如农奴制瓦解、资本主义起源、土地革命、工业化等社会经济革命的唯一依据，视为历史发展的主要推动力。其二是"反历史主义的谬误"，认为历史不存在社会经济形态的变革和更替，只有经济制度的周期性运动，也即是说历史是"纯经济"的。这种理论系统地反映在波斯坦 1973 年编的《中世纪农业与中世纪英格兰的普遍问题论文集》中。尽管新人口论史学有上述局限性，但它在人口发展与经济发展关系的研究中所取得的成就，还是富有影响并值得我们汲取的。

在我国，对人口的研究经历了一个曲折的过程。1957年经济学家马寅初在他的《新人口论》中，针对当时的社会经济发展的具体条件，提出控制人口数量、提高人口素质、实行计划生育的主张。但他的这一主张在很长时期内受到不公正的批判。20世纪70年代末以后，人口盲目增长的现实和计划生育工作的开展，迫使我们重新考虑人口研究的必要性。于是我国学者又重新开始了人口问题的研究。目前，在人口统计、人口分析技术以及人口预测等方面取得了一些进展，但对人口史、人口与社会政治、经济发展关系等问题的研究，还有待深入。因此，引进西方新人口论史学的理论和方法，吸收和借鉴他们的研究成果，以促进我们的研究，将具有一定的意义。

西方家庭史学

西方家庭史学是研究家庭结构的演变和家庭在社会经济变革中的地位和作用的科学。社会历史学的分支。历史学与社会学、人口学、经济学、法学等交叉形成的新兴学科。研究对象为家庭结构的模式、家庭土地继承权、家庭内部劳动力分工，以及家庭式生产在西欧近代化起步时期的巨大作用等。研究方法为运用传统的史料实证法与现代数据分析法结合起来的史学研究方法。

家庭史学是当代西方社会发展变化的产物。20世纪以来，西方家庭经历了许多变化。20世纪下半叶以来，性解放的浪潮曾一度席卷西方社会，婚外性行为剧增，离婚率上升，家庭道德观念松弛，人口出生率下跌。女权运动在欧美社会蓬勃发展，许多已婚女子不再满足于哺养子女和担任家庭主妇的工作，走出家庭，进入劳务市场。面对这些新的家庭问题，人们寻求理解，希望通过对家庭历史的了解，正确地认识和处理现实家庭问题，由此形成了跨学科的家庭史研究。

家庭史学正式兴起于20世纪70年代，主要流行于英国、法国和美国。英国的家庭史学派又称"剑桥人口与社会结构研究团体"，研究中心设在剑桥大学，研究成员分布在英国和西欧各大院校。在这一研究团体中，剑桥大学教授 P.拉斯勒特是这个领域的先行者，自 20 世纪 60 年代以来，他一直致力于家庭史学的研究，1972 年发表了《过去的家庭和家族》，1977 年又以这篇论文题目为名主编并出版了一部论文集。另一著名学者 R.沃尔 1972 年编著了《英国家庭平均人口》，1983 年又出版了《欧洲历史上的家庭形态》。剑桥大学教授 J.古秋等人 1976 年主编了《家庭和继承权》。牛津大学高级讲师 R.库珀 1976 年发表了《英国贵族家庭长子继承权》。与此同时，法国、美国学者也发表了许多研究家庭史的论著。整个 20 世纪 70 年代，英、法、美三国有关家庭史研究的论著占全世界该领域论著总数的 40% 以上。英、法有关家庭史方面的论著在 20 世纪 20 年代至 40 年代初期，平均每 5 年不足 10 种，而 1972—1976 年 5 年中却分别上升至 212 种和 252 种。在美国，20 世纪 70 年代末还出版了家庭史学的专业期刊《家庭史杂志》，成为家庭史学的舆论中心之一。

西方家庭史学研究，主要有以下几个领域。（1）家庭人口史。主要依据洗礼、结婚、葬仪方面的教区记录以及 19 世纪之前某些村庄、城镇人口统计数据和官方全国性人口调查统计资料进行研究，研究主要集中在结婚、出生及死亡的年龄、比率等几个问题上。一些史家认为，在西欧，17、18 世纪 90% 以上的普通民众的结婚年龄一般较晚，大致在青春期后 10 年或更晚一些，主要原因在经济方面。随着资本主义的发展，很大一部分青年人离开原先作为生产单位的家庭，充当雇工；他们在生产领域中与家长分离的同时，也希望经济上独立，靠自己的劳动来积累结婚费用，因而婚龄便推迟了。在出生率方面，16 世纪以前西欧大多数家庭出生育的频率为每隔两年生一子；17 世纪下半叶后因穷人夫妻双方卷入劳动力市场，分居较多，加之 17、18 世纪后开始采用避孕术，出生率有所下降。在死亡率上，17 世纪以前人口死亡率较高，大部分儿童夭折，因为大多数家庭由于经济原因对子女采取蓄意或半蓄意的虐婴和弃婴态度。成年已婚妇女死于难产者也很多。因而一对夫妻维持婚姻的时间并不长，有人认为在 17 世纪的法国，农民的婚姻关系一般在 12—17 年左右。（2）家庭社会史。主要从静态和动态两方面研究历史上各种社会组织和群体（如世系、血亲、家族、家庭等）结构的演进，其中包括研究一些特定的年龄群体，如儿童、青年或老年在特定历史时期或不同历史时期的构成等问题。现在，家庭社会史学家已在许多问题上取得比较一致的意见，如通过对西欧和亚洲家庭结构的比较，确立了家庭结构体系，提出家庭可分为简单型家庭和联合型家庭两种类型。中国、印度等地区的家庭是联合型，其特征为早婚早育，平均结婚年龄男子小于26岁、女子小于21岁；世代同堂，长者管家；大家庭往往发展成数个小家庭。西欧的家庭体系则为简单型，平均结婚年龄男子大于26岁、女子大于23岁；婚后自立门户，丈夫管家；儿女婚前往往外出充当仆从。另外，史学家们还公认，在17—18世纪的英国，人口流动性很大，平均每10年内，乡村人口的构成改变在50%以上。乡村家庭人口流动性的原因是成年人大多卷入了资本主义生产的劳务市场，外出做工。（3）家庭经济史。主要研究家庭在不同时期的经济职能及其对家庭成员的影响。穷人家庭的经济职能古今变化很大，17世纪前它主要是一个生产单位，全体家庭成员以家庭为单位从事生产活动。现在欧美社会的家庭却大多主要是消费单位，这种变化是怎样发展而来的呢？家庭经济史学家们正在努力探寻这些变化的轨迹。（4）世系、血亲与家庭研究。史学家们认为，家庭、家族、氏族都曾经是整个社会结构的不同组成部分，是联系个人与社会的纽带，通过研究它们，可以弄清历史上社会结构与家庭的相互影响和作用，尤其是社会结构对家庭形式的影响。因此，一些史学家对婚姻禁忌、交换制度、父权制家长及宗法氏族对小家庭的控制与影响等进行了有益的探索。（5）人的成长阶段史。人的一生大致可分为童稚、成年和老年三个阶段，人生三阶段的历史状况都引起了西方史学家的重视和研究。法国史学家菲力浦·阿力斯的《旧制度下的儿童及家庭生活》是儿童史研究领域开拓性的力作，书中提出许多引起争论的重要观点，他认为，儿童作为不同于成年人的一个特别人生阶段的观念，在欧洲只是在17世纪才产生的。美国史学家德莫西的《儿童的演进》，将历史上双亲与儿童的关系分为6个时期、6种模式：4世纪前为"杀婴模式"，4—13世纪为"弃婴模式"，14—17世纪为"矛盾模式"，18—19世纪为"闯入模式"，19世纪后期至20世纪上半叶为"社交模式"，20世纪中叶以后为"帮助模式"。他认为，在历史的长河中父母对其孩子的态度是在不断改善、逐渐好转的，是一种直线型的进步。在成年领域，青春期观念出现的时间是一个争执较多的问题。在老年史方面，争议的问题是老年人地位变化的估价问题。（6）宗教与家庭。许多史学家对新教尤其是加尔文教对家庭的影响作了探讨，主要集中在4个方面：家庭生活特点的变化，新教对儿童养育的影响，新教对于性生活的影响，马克斯·韦伯的关于节俭、勤勉的清教伦理对资本主义发展的影响。

除上述6个方面外，西方家庭史学家还对"家庭生产方式""家庭土地财产分配""性关系""传统家庭向现代家庭的过渡"等问题进行了研究。经过数十年来的发展，西方家庭史学已取得了不少令人瞩目的成就。它的综合性、跨学科的研究方法，对整个史学的理论、模式和研究方法的进步和发展，从整体上起到了推进作用。当然，家庭史学也还有不少不尽如人意之处，其理论体系还不够完善，史学方法也带有严重的片面性，对家庭历史的具体问题研讨颇多，而对家庭与整个社会结构、社会变化的联系重视不够；对上层社会家庭史研究较多，对普通民众家庭史的研究不足；等等。正因为存在这些偏差，自20世纪80年代以来，西方家庭史学家不断注意总结过去的经验，讨论未来发展趋势。1987年《家庭史杂志》组织专家、学者对存在的问题进行了讨论，不少史学家撰文指出，家庭史现在正处于发展的十字路口，今后合理的发展方向是重视家庭和家族与整个社会结构的联系。

美国企业史学

美国企业史学是研究美国企业经济的变迁、发展规律及其对美国整个经济结构和社会结构的作用和影响的科学。它是历史学与经济学、社会学、经营学等交叉形成的学科，其主要研究对象为美国大企业的兴衰与社会经济和社会政治的关系，并揭示企业内部的经济活动的发展轨迹和变化趋向。

企业史学在美国并非一开始就是一块独立的专门史学领域。它早期"混迹"于政治史、经济史之中，后来成为经济史的一个分支，直到20世纪30年代前后才形成为一门独立学科。20世纪30年代以前，美国史学界对企业发展史的研究基本持否定态度，注意力更多地集中在企业家身上，以评价企业家的功过是非来撰写企业史，将企业史写成是贪得无厌的资本家巧取豪夺的掠夺史。如1884年亨利·德马雷斯特·劳埃德发表的《不利于共和国的财富》，揭露了当时石油业、矿业、肉类加工及糖业中大托拉斯聚敛财富的卑劣行径，认为文明的覆灭不是来自下层的野蛮人，而是来自上层的野蛮人，来自巨大的金钱制造商。1904年女作家艾达·塔贝尔在《美孚史》中，通过研究美孚的原始公司契约、文件、报刊、政府调查报告以及法院证词等重要资料，披露了美国石油垄断工业的丑闻。其他一些新闻工作者、政治评论家、作家等，也发表文章对大企业发展史进行揭露。这在美国历史上被称为"黑幕揭发运动"。他们对企业家丑闻的披露，让企业家在美国民众心目中留下了一个丑恶的不可磨灭的印象。1927年，历史学家查尔斯·比尔德夫妇合著的《美国文明的兴起》和费农·帕林顿的《美国思想意识中的主要潮流》（第一卷）出版发行，对企业的发展进程进行了初步的研究。虽然他们在书中对企业巨头仍然进行了披露，但也承认大企业组织内部的"现代科学与文明，营业的精明，经济节省的创造力以及有能力为全世界创造财富"。1926年，与比尔德、帕林顿同时代的著名历史学家特纳发表了《地域在美国历史中的重要意义》一文，提出西部新兴工业的建设者与东部传统工业中的投资家极不相同，约翰·洛克菲勒、赛勒斯·麦考密克、J.阿穆尔和杰库克是中西部先驱者的积极进取的后代。他还以美国历史协会主席的身份提醒历史学家，企业家之所以能够成为领袖人物，是由于他们各自创造性的天才、心理、道德、性情以及他们所处时代、所处地区的思想观念。这些思想虽然为一些人所接受，但并未能改变大多数美国人的传统看法，因20世纪30年代的危机，整个社会对企业家更加怨声载道，在史学界产生企业家即"强盗大王"的观点。1934年，马修·约瑟夫逊发表了《强盗大王：1861—1901年的美国大资本家》，第一次使用了"强盗大王"来形容企业巨头，从此，这个词成为企业巨头的代名词。

美国企业史学正是在"强盗大王"观点盛行之际悄悄诞生的，其创始人是德裔美国史学家华莱士·多纳姆和 N. 格拉教授。多纳姆是哈佛管理学院的教务长，他感到企业家和企业活动的历史和历史知识能够对学生的培养起重大作用，极力倡导对企业史进行科学的研究。1927 年，经济史学家格拉教授离开明尼苏达大学，来到多纳姆所在学院，被任命为企业史教授，承担研究和讲授这门专史的工作。1928 年，他们创办了《经济史与企业史杂志》，格拉教授任总编。格拉认为，企业史应当是"企业管理工作的历史"，企业家总的来说"在创造性的工作中都是超出一般水平以上的"。他号召扩大对企业史的宣传，广泛开展企业史研究。在他的倡导下，成立了企业史学会，每月出版《通报》，定期召开年会，并筹集资金，组织力量研究公司发展史。于是形成企业史学派，出版了一批研究成果。仅哈佛大学在十几年内即出版了企业史丛书 20 多卷，成为企业史研究中心。西北大学、纽约大学、宾夕法尼亚大学也开展研究和编写企业史的活动，成为仅次于哈佛大学的研究中心。20 世纪 30 年代出版的具有代表性的关于企业家的传记和著作有：约翰·弗莱恩的《上帝的黄金：洛克菲勒的生平及其时代》（1932 年），伯赖·亨德里克的《安德鲁·卡内基的一生》（1932 年），威廉·哈森的《1856—1884 年塞勒斯·霍尔·麦考密克的收割机》（1935 年），亨里埃·拉森的《杰·库克：私人银行家》（1936 年）等。在此基础上，格拉教授还编写了企业史的通俗读物和教科书，1939 年发表了《企业与资本主义：企业史入门》，并与拉森合写了《美国企业史指南》，这两部书至今仍是美国各大学企业史的主要教科书。自 20 世纪 30 年代开始，大学开设企业史课程的数目逐渐增多，并招收专修企业史的学生。经过格拉教授和一些企业史学家的努力，企业史终于在 1939 年为经济史学会所承认，随后，企业史学会成为美国历史协会的一个分会，参加美国历史协会的各届年会。该学会还设立了"企业史基金"，为大学毕业生和青年教师提供奖学金，为教授们在休假日或离休后从事企业史研究提供经费。随着企业史研究的不断深入，企业史成为美国历史学会讨论的重要议题。

自20世纪60年代始，企业史学出现一种新的趋向，这一趋向的主要代表是哈佛企业家中心。这一中心是由洛克菲勒基金会资助，从1949—1958年，定期出版《对企业家历史的考察》。这一中心的史学家在新的史学思想的指导下，不是把注意力集中在个别公司、个别企业家的微观分析上，而是更多地集中在整个企业界发展的宏观问题上，如促进经济发展的国民经济结构、工业结构、企业内部的组织结构、管理体制等。他们还综合社会科学各个领域的研究成果，采用政治学、经济学、心理学、社会学、人类学等跨学科的方法深入分析企业与社会的关系，探讨企业发展对社会的影响。治学方法上还吸收了史学界最新的研究方法，如经济计量学等。在收集史料方面也一反过去偏重研究法院听证会记录、政府调查报告等，而主张研究公司的历史档案。有的企业史学家还将现代资产阶级经济学——熊彼特的"创新理论"引进历史学，分析了导致企业家开发新产品、新市场和新原料的各种力量，指出到1900年为止，企业家已经创立了现代的大公司，大公司把原料的购买、制造、加工、销售以及金融财政等部门联合起来，在中央机构的控制下，每一生产过程由各有关部门来进行管理，各部门之间相互协作。所以，企业家是"那个时代的重要创新者"，他们进行的不是技术创新，而是"组织的创新和市场销售方法的创新"。这说明由于史学理论和史学方法的更新，得出的结论已不同于过去的企业史学派。同时，在新的企业史学中，出现了一些很有价值的著作，如托马斯科·克伦的《1845—1890年的铁路领导人：企业活动中的企业精神》（1953年），阿尔弗雷德·钱德勒的《战略与结构：美国工业企业史中的片断》（1962年）和《看得见的手：美国企业中的管理革命》（1977年），格伦·波特的《大企业的兴起：1860—1910年》（1937年）等。在这些新的企业史学著作中，有的使用社会学家的社会学概念作为分析的武器，深入研究了19世纪中期和后期的企业家的心理；有的对美国大企业的行政管理结构、组织管理结构进行了深入而又富有启发性的研究，指出了每个大公司自觉不自觉地从早期高度集中的组织结构走向分散的，与多种部门相结合的组织结构的过程和规律；有的则把企业管理革命提高到更高的高度来认识。现在，新企业史学派的观点，

227

当代社会科学新学科览要

已为大多数美国人所接受，他们的研究成果也获得了较高的评价。

当然，企业史学也存在一些偏颇，如研究的对象大多数是个别公司、个别企业家的历史，有些著作流于叙述而缺少分析概括，或偏重于史实而忽视理论，有的则在企业家的优厚待遇下为企业家树碑立传。尽管如此，这一史学领域仍是一门富有研究前途的新学科。史学与企业的结合，企业对史学研究的资助、支持，也使史学这一古老的领域充满活力，使史学研究不仅具有社会效益，且有经济效益。当前，我国的企业史学尚属一块等待开垦的处女地，美国企业史学研究的盛况和前景，对我们当有一定的启迪和借鉴作用。

美国学

美国学是采用多学科、综合比较方法研究美国的一门新兴学科。它是历史学与文学、艺术、社会学、人类学、民俗学等交叉形成的学科。其特点是强调、突出美国的民族性，同时也强调学科间的联系，主要对重大的历史和现实问题，进行多学科的宏观分析和综合研究。

美国学产生于20世纪30年代。1931年，耶鲁大学的斯坦利·威廉斯教授与R.加布里埃尔教授首先合开了历史、文学两学科交叉的课程"美国思想与文明"。两年以后，在他们的影响和努力下，耶鲁大学率先设置了历史、文学、艺术的跨学科的培养研究生的规划。1937年，哈佛大学也设立了以美国文明史为主的美国学博士培养计划。此后，美国一些大学如芝加哥大学、宾夕法尼亚大学等也纷纷起而效之，掀起对美国学的研究。这标志着美国学的诞生。但是，这门学科兴起后，也遭到一些坚持传统史学观念的人的反对，认为"美国学"是"非驴非马"的大杂烩，其课程在一些学校受到限制，这个专业的毕业生被视为"次品"而不予重视。尽管如此，一些学者仍坚持他们的主张的正确性，排除各种干扰，继续这种跨学科的教学与研究，终于迎来了二战后这门学科兴旺发达的局面。1949年，一些从事美国学研究的学者在明尼苏达大学创办了《美国季刊》，不久，该刊又转归宾夕法尼亚大学主办，发表了一批有真知灼见的学术论文，拥护者日益增多。1952年，宾夕法尼亚大学正式建立了全国性的"美国学研究会"，《美国季刊》成为该学会的机关刊物。至1974年，美国已有242所大学开设了"美国学"的课程，其中30所大学设有美国学的博士学位。目前"美国学研究会"拥有正式会员2000多人，集体会员100余个，一些著名大学如哈佛大学、宾夕法尼亚大学、耶鲁大学、斯坦福大学、加利福尼亚大学等都是这个研究会的集体会员单位。1985年10月，该研究会在圣迭戈召开的年会中，有2400余名学者与会参加学术研讨，其中包括许多外国学者。中国的"美国学"考察团应邀出席了这次会议，并在会上介绍了中国"美国学"研究概况。目前，"美国学"作为一门新兴学科，已越出美国国界并在其他国家"开花结果"。据华盛顿大学编辑的《国际美国学研究》（1962年创刊）刊载的1985—1986年世界5000名"美国学"学者名单，世界上主要国家几乎都有了"美国学"。

美国学的兴起及其发展、壮大，是与它本身所具有的特点分不开的。美国学的培养目标，就是通过训练使学生从整体上更加清晰与准确地了解美国的历史与现实。华盛顿大学在其"美国学"指导书中明确指出：通过历史、文学、艺术以及社会科学的跨学科综合研究，使学生能对从殖民地起至现代的美国历史全过程有一个明晰的了解。有了这种了解，对美国现实中的重大问题也就可以看得更加全面、准确。培养目的就是使学生具有广博的基础知识与多种基本能力，提高学生对社会的适应性，便于寻找工作。这些特点决定了美国学的课程设置是多学科、多领域的。它最初以历史、文学、艺术为主，以后逐渐扩大，到目前它已包含哲学、社会学、人类学、民俗学、图书馆学、工业考古学、历史考古学、宗教学、教育心理学以及某些自然科学等学科。耶鲁大学1985—1986年美国学研究生的课程有历史、文学、艺术、宗教、政治科学、行为科学、哲学等学科的50余门课程。其中仅属历史学科的就有早期美国史专题、内战与重建、美国妇女史、公共政策发展史、美国与英法革命、美国文化史、美国思想史、1860—1880年的美国工业化、美国政治中的最高法院、当代美国外交、美国与苏联东欧、奴隶暴动与加勒比海奴隶制研究等诸多课程。斯坦福大学的美国学课程共开了8个学科的60多门，其中文学艺术27门、哲学2门、人类学2门、社会学3门、法律学3门、经济学2门、历史学10门、政治科学13门，另外还有方法论课程若干。在各大学中，美国学的侧重点也因校而异，如华盛顿大学以历史哲学为主，哥伦比亚大学以文化为主，耶鲁大学以文学历史为主，宾夕法尼亚大学以社会思想与社会行为为主，等等。美国学的教学组织实行的是不同程度的横向联系的组织形式，出现了跨系、跨校甚至跨国的教学组织。如印第安纳大学的美国学教学组织只有一个负责教授和一位秘书，各种课程的教师均由有关系科派出，组成系际委员会一类的机构组织教学。华盛顿大学的美国学教研规划，则由本校教授及耶鲁大学、哥伦比亚大学和伯克利加州大学的教授共同承担。哥伦比亚大学还打破国界，聘请德国、法国、日本、印度、波兰、芬兰、澳大利亚等国的教授组成教学委员会一类的机构。教学组织的横向联系特点，是由培养目标与课程设置决定的，因为任何一个系或学校，都不可能将所有课程承担下来。此外，美国学的教学课程还有实用、重视方法论和灵活主动等特点。除上面提到的课程安排外，还有图书馆博物馆概论、档案资料整理、遗址文物保护、当前的技术与科学、新闻传播、广告制作，等等。方法论课程有计量史、口述史、心理史等。同时，还安排很多研讨会和到社会中进行实践调查。这对提高学生各方面的实际能力起到了重要作用。

当然，美国学也存在着缺陷，即它缺少统帅各种学科各种领域的一条主线，各学科各领域之间没有形成一个有机的整体，流于庞杂。如1980年10月召开的年会，讨论课题有设计史、用户第一主义、旅游、电影、大城市生活、铁路运输、自然环境、家庭生活与美国社会、新闻与小说、医学与文化、暴力与政治、宗教与战争等，五花八门，庞杂不堪。目前，一些美国学学者也想解决这个问题，如洛杉矶加州大学提出以文化人类学为主线，印第安纳大学强调把底层文化与上层文化的结合作为主线，斯坦福大学主张用一种综合的概论作统帅，还有一些大学则提出一切归于"历史"，等等，各执一词，莫衷一是。看来这一问题在短期内还难以统一起来。尽管有此弱点，美国学仍不失为一个有生命力的新学科，其研究方法和课程设置、培养目标等，对我们具有一定的启迪作用。

（原载于《当代社会科学新学科览要》，南京大学出版社1996年版，第820—880页）